शेर-ओ-सुख़न

पाँचवाँ भाग

प्राचीन और वर्त्तमान ग़ज़लगोई पर तुलनात्मक अध्ययन, हरजाई, बेवफ़ा, ज़ालिम माशूक़ के एवज़ नेक और पाक हबीब का तसव्वुर, रोने-बिसूरने की प्रथा बन्द, रंजो-ग़म का मुसकान-भरा स्वागत, निराशावाद का अन्त

यह शाइरी नहीं है, तमन्ना की क़ब्र पर।
तामीर एक ताजमहल कर रहा हूँ मैं॥

—अख़्तर अन्सारी

शेर-ओ-सुख़न

(पाँचवाँ भाग)

अयोध्याप्रसाद गोयलीका

भारतीय ज्ञानपीठ

वाणी प्रकाशन : भारतीय ज्ञानपीठ की पुस्तकों
के एकमात्र प्रकाशक एवं वितरक

सजिल्द पहला संस्करण : 1954
सजिल्द दूसरा संस्करण : 1958
सजिल्द तीसरा संस्करण : 1999
सजिल्द चौथा संस्करण : 2023

लोकोदय ग्रन्थमाला : ग्रन्थांक 31

प्रकाशक
वाणी प्रकाशन ग्रुप
4695, 21-ए, दरियागंज, नयी दिल्ली-110 002
फ़ोन : 011-23273167, 23275710
ईमेल : sales@vaniprakashan.in

ISBN : 978-81-263-0109-6

शेर-ओ-सुखन
पाँचवाँ भाग
(शायरी)
अयोध्याप्रसाद गोयलीका

Shairi O Sukhan
Vol.-V
(Urdu Poetry)
by Ayodhya Prasad Goyaliya
मुद्रक: आर.टेक ऑफ़सेट प्रिंटर्स, दिल्ली-110 032

Price : INR. 310

साहू-जैन-कुल-दिवाकर
आयुष्मान् प्राणप्रिय अशोककुमार
और
सौभाग्यवती बहूरानी इन्दु-श्री को
अनेक शुभ भावनाओं एवं
शुभाशीर्वादों सहित
सस्नेह भेंट

नज़र आये-न-आये कोई आँसू पूँछनेवाला।
मेरे रोने की दाद ऐ बेकसी! दीवारो-दर देंगे॥

—शाद अज़ीमाबादी

कोई सुने न सुने इन्क़लाब की आवाज़।
पुकारने की हदों तक तो हम पुकार आये॥

—अनवर साबिरी

न खींच ऐ चारागर! मजरूह दिल से ख़ूँचु का नावक।
सजाया है बड़ी काविश से हमने इस गुलिस्ताँ को॥

—दिल शाहजहाँपुरी

विषय-सूची

सिंहावलोकन

[१९०१ से १९५४ ई० तककी ग़ज़लगोई]

नई करवट

महिला शायरायें

मुशायरा

सूचनायें :—

१—प्रस्तुत पाँचवें भागमें प्रारम्भसे १९५४ ई० तककी ग़ज़लका इतिहास सम्पूर्ण हो गया है। यदि स्वास्थ्य और समयने इजाज़त दी तो अब मैं 'नज़्म'का क्रमवद्ध इतिहास और उसके सर्वश्रेष्ठ शायरोंका जीवन-परिचय एवं कलाम अपनी नवीन कृतियों—'शायरीके नये दौर' और 'शायरीके नये मोड़' में यथाशक्य देनेका प्रयत्न करूँगा। इन ग्रन्थोंकी रूप-रेखाका किंचित् आभास पाँचवें भागके अन्तमें दी हुई दो पृष्ठोंकी विज्ञप्तिसे हो सकेगा।

२—वर्त्तमान युगमें—१ 'जोश' मलीहाबादी, २ 'अहसान' बिन दानिश, ३ 'हफ़ीज़' जालन्धरी, ४ 'साग़र' निज़ामी, ५. 'फ़ैज़ अहमद 'फ़ैज़', ६ बालमुकुन्द 'अर्श', ७ 'साहिर, लुधियानवी, ८ 'जज़्बी', ९ 'मजाज़',[1] १० सरदार 'जाफ़िरी, ११ आनन्दनारायण 'मुल्ला', १२ विश्वेश्वरप्रसाद 'मुनव्वर', १३ 'रविश' सद्दीक़ी, १४ जगन्नाथ 'आज़ाद', १५ नरेशकुमार 'शाद' १६ अहमद 'नदीम' क़ासिमी आदि सैकड़ों शायर ऐसे हैं, जो ख्यातिके शिखरको छू रहे हैं। इन सबका परिचय एवं कलाम 'शायरीके नये दौर' और 'शायरीके नये मोड़' नामक नज़्मके इतिहास-ग्रन्थोंमें लिखा जा रहा है।

३—शेर-ओ-सुखनके पाँचों भागोंमें ग़ज़लका इतिहास और ग़ज़ल-गो शायरोंका परिचय दिया गया है और उक्त शायर दुनिया-ए-नज़्मके बादशाह हैं। यद्यपि इनमें अधिकांश शायर ग़ज़ल भी कहते हैं; परन्तु अपने विचारों और कलामकी दृष्टिसे ऐसे सब शायरोंका उपयुक्त स्थान 'शायरीके

---

[1] इन ९ शायरोंका संक्षिप्त परिचय एवं कलाम 'शेरो-शायरी' के २५०-३०० पृष्ठोंमें दिया जा चुका है।

नये दौर' और 'शायरीके नये मोड़' में हैं। अतः उनकी दुनियाके क्रमवद्ध इतिहासके साथ ही ख्याति प्राप्त नज़्म-गो शायरोंका यथास्थान उल्लेख किया जायगा।

४—उन ख्याति-प्राप्त ग़ज़ल-गो शायरोंका परिचय भी उक्त दोनों नवीन पुस्तकोंमें मिलेगा। जिनकी आयु ५० से अधिक नहीं है। यानी जो इसी बीसवीं शताब्दिमें उत्पन्न हुए और १९२० के बाद १९५४ तक किसी भी अवधिमें प्रसिद्ध हुए। अथवा अपने रंगे-सुख़नके कारण वयोवृद्ध होते हुए भी नये युगके शायरोंमें जिनका शुमार है। क्योंकि 'शेरो-सुख़न' में प्राचीन शायरोंके अतिरिक्त वर्त्तमान युगीन स्वर्गस्थ अथवा वयोवृद्ध उन्हीं शायरोंका उल्लेख हुआ है, जिनकी आयु ५०से अधिक है यानी जो १९वीं शताब्दीमें पैदा हुए और १९२० ई० के लगभग उस्तादीके मर्त्तबेको पहुँच गये। इनसे कम आयुके नज़्म-गो एवं ग़ज़ल-गो शायरोंका परिचय 'शायरीके नये दौर' और 'शायरीके नये मोड़' ग्रन्थोंमें होगा। इतिहासकी सुरक्षाकी दृष्टिसे पुरानोंके साथ नयोंकी ख़लत-मलत मुझे उचित प्रतीत नहीं हुई। युगानुसार और क्रमवार परिचय देना ही उपयुक्त जँचा।

५—'शेरो सुख़न' ग़ज़लका इतिहास है। लेकिन उसमें चन्द ऐसे शायरोंका भी परिचय एवं कलाम दिया गया है, जो ग़ज़ल और नज़्म दोनों कहते हैं। क्योंकि वे अपनी आयु अथवा ख्यातिके लिहाज़से इसी युगके शायर हैं। यथा स्थान १०–५ नज़्मोंके नमूने भी दे दिये गये हैं।

६—पाँचवें भागमें ५–६ ऐसे शायरोंका भी उल्लेख हुआ है जो अपनी आयु अथवा कलामकी दृष्टिसे नवीन पुस्तकोंके लिए उपयुक्त थे। इसका कारण यही है कि पहिले ख़याल था वर्त्तमान युगीन ग़ज़ल-गो शायरोंका परिचय एवं कलाम भाग २,३,४ में अधिक-से-अधिक ७०० पृष्ठोंमें सम्पूर्ण हो जायेगा। इसीलिए भाग दो की सूचनाओंमें ५ वें भागकी सूचना नहीं थी, किन्तु पृष्ठ-संख्या आवश्यकतासे अधिक बढ़ जानेके कारण पाँचवाँ

भाग बढ़ाना पड़ा और उसके शेष पृष्ठोंकी पूर्त्तिके लिए ४–५ शायर नवीन पुस्तकोंके देने पड़े।

७—'शेरो-सुखन' के चौथे भाग 'नई लहर' परिच्छेदमें और पाँचवें भागमें पृष्ठ १७९ से २१८, तक, १९४४ से १९५४ ई० तककी भिन्न-भिन्न रंगकी ग़ज़लोंके नमूने दिये गये हैं। ताकि ग़ज़लकी सर्वांगीण जानकारी हो सके। इन ग़ज़ल-गो शायरोंमें वृद्ध, युवक, पुरातनवादी, सुधारवादी, साम्यवादी, सम्प्रदायवादी, प्रगतिशील, इन्क़लाबी, देशभक्त, सभी तरहके शायर हैं। इनमें अनेक साहिबे-दीवान हैं और उस्तादीके मर्त्तबेको पहुँचे हुए हैं और बहुत-से कूचये-शायरीमें पाँव ही रख रहे हैं। इनमें सर्वश्रेष्ठ शायरोंका परिचय और विस्तृत कलाम 'शायरीके नये दौर' और 'शायरीके नये मोड़' में दिया जा रहा है। यहाँ तो नवीन ग़ज़लगोईके प्रसंगानुसार उनके केवल चन्द अशआर पेश किये गये हैं।

८—'शेरो-शायरी' और 'शेरो-सुखन' में केवल १४ हिन्दू शायरोंका उल्लेख हुआ है। वर्त्तमान युगीन अनेक ख्यातिप्राप्त हिन्दू शायरोंका परिचय 'शायरीके नये दौर' और 'शायरीके नये मोड़' में संकलित किया जा रहा है और पुराने प्रसिद्ध-प्रसिद्ध शायरोंके कलामकी खोज की जा रही है। उन सबका परिचय किसी भिन्न ग्रन्थमें देनेका प्रयास किया जायगा।

डालमियानगर
१ जुलाई १९५४ ई०

गो. प्र. गोयलीय

सिंहावलोकन

[१९०१ से १९५४ की ग़ज़ल गोई]

उर्दू-शायरीपर अंग्रेज़ी-साहित्यका बहुत अधिक प्रभाव पड़ा। अंग्रेज़ीके प्रसारसे पूर्व उर्दू-शायरीका एक मात्र माध्यम फ़ारसी-शायरी था।

शायरीमें परिवर्त्तनके कारण

उसका अनुकरण एवं पुराने विचारोंकी पुनरावृत्ति करते रहना ही तत्कालीन उर्दू-शायरोंका एक मात्र लक्ष्य रह गया था। ग़ज़लका क्षेत्र सीमित था। इस सीमित क्षेत्रमें कोई कहाँतक उड़ान भरता? 'ग़ालिब'ने ग़ज़लमें पहले-पहल परिवर्त्तन एवं परिवर्द्धन किया और इसमें उन्हें बहुत अधिक सफलता प्राप्त हुई। उन्होंने अपनी तीक्ष्ण बुद्धि और प्रतिभासे अनेक मौलिक विचारोंका ग़ज़लमें इस कौशलसे समावेश किया कि ग़ज़ल नये आबो-ताबके साथ चमकने लगी और अब वह केवल मानसिक अभिरुचिको तृप्त करनेके बजाय जीवनोपयोगी भी होने लगी।

ग़ालिबकी इस सूझ-बूझसे शायरोंको एक नवीन दिशाका ज्ञान हुआ और ग़ज़लका क्षेत्र भी पहलेकी अपेक्षा काफ़ी विस्तृत हुआ, किन्तु ग़ालिबकी प्रतिभाके लिए तो असीमित क्षेत्रकी आवश्यकता थी। स्वयं अकेले वे कहाँ तक इस क्षेत्रको विस्तृत करते रहते? लाचार उन्हें कहना पड़ा—

कुछ और चाहिए वुसअ़त मेरे बयाँके लिए

यही वुसअ़त (विस्तीर्णता) उर्दू-शायरीको अंग्रेज़ी-साहित्यसे प्राप्त हुई। अंग्रेज़ी कवितायें प्रेमके अतिरिक्त—राजनैतिक, सामाजिक, आर्थिक, व्यावहारिक, दार्शनिक, आध्यात्मिक, प्राकृतिक, राष्ट्रिय आदि अनेक जीवनोपयोगी एवं सामयिक विचारोंसे ओत-प्रोत होती थीं। विश्वकी मुख्य-मुख्य घटनाओंको बहुत सुरुचिपूर्ण ढंगसे अंग्रेज़ी कविताओं द्वारा व्यक्त किया जाता था।

अंग्रेज़ी पढ़े-लिखे भारतीय शायरोंपर इन कविताओंका बहुत अधिक

प्रभाव पड़ा। वे भी उर्दू-शायरीको परिपूर्ण बनानेके लिए प्रयत्नशील हो उठे।

अंग्रेज़ी पढ़े-लिखे उर्दू-शायर अंग्रेज़ी-कविताके विस्तारसे तो प्रभावित हुए, परन्तु सौभाग्यसे अंग्रेज़ी-संस्कृतिसे कोई लगाव नहीं रखा। अंग्रेज़ी-कविताका अन्ध-अनुकरण न करके, उन्होंने अपने समाज, देश, संस्कृति आदिको अपनी कविताका लक्ष बनाया। वे अपने देशके—वनों-पर्वतों, दरियाओं-वाटिकाओं, सुन्दर नगरों, भव्य इमारतोंकी ललित कलाओं एवं मोहक दृश्योंको नज़्म करने लगे। अपने देशके पौराणिक-ऐतिहासिक महापुरुषोंके गुणोंका नज़्मों द्वारा बखान करने लगे। कला केवल कला न रहकर अब वह जीवनोपयोगी बनने लगी।

उन दिनों भारतका वातावरण भी ऐसी शायरीके लिए बहुत अनुकूल एवं उपयुक्त था। १८५७ ई०के विप्लवके बाद भारतके राजनैतिक, सामाजिक, धार्मिक, साहित्यिक आदि सभी क्षेत्रोंमें एक उथल-पुथल-सी मची हुई थी। अंग्रेज़ोंके भारतपर अधिकार जमा लेनेके कारण भारतीय सशंकित हो उठे कि कहीं राज्यके साथ-साथ धर्म-मज़हब, संस्कृति एवं तमद्दुनसे भी हाथ न धोना पड़े। इन्हें सुरक्षित रखनेके लिए हिन्दू-मुसलमानोंमें होड़-सी लग गई। हिन्दुओंने विश्वविद्यालय और गुरुकुलकी नींव डाली तो मुसलमानोंने यूनिवर्सिटी, मकतब तामीर किये। हिन्दू-मुसलमानोंद्वारा सभायें और अंजुमनें बनाई जाने लगीं। पत्र एवं अख़बार निकाले जाने लगे। समाजोत्थान और राष्ट्रिय चेतनाको उभारनेके लिए नज़्में और कविताएँ लिखी जाने लगीं। 'हाली'ने मुसद्दस लिखकर मुसलमानोंके क़ौमी जज़्बेको उभारा तो 'इक़बाल'ने देश-प्रेमका बीजारोपण किया। नौबतराय 'नज़र', दुर्गासहाय 'सरूर', ज्वालाप्रसाद 'बर्क़' आदि शायरोंने पौराणिक, ऐतिहासिक, महापुरुषोंके जीवन नज़्म किये तो इस्माइल मेरठीने बालकोपयोगी नज़्में लिखीं। अंग्रेज़ी कविताओंको उर्दू-नज़्मका रूप दिया। कोई प्राकृतिक दृश्योंको नज़्म करने लगा तो कोई भव्य नगरों और इमारतोंकी कलाओंको उजागर करने लगा।

अभी तक उर्दू-शायरीमें वतनियत (देशभक्ति) का वह शदीद जज़्बा नहीं आया था, जिसकी वतनको अज़हद ज़रूरत थी। सौभाग्यसे उन दिनों बंगालमें बंग-भंगके विरुद्ध आन्दोलन छिड़ गया। इस आन्दोलनको सफल बनानेमें समूचा बंगाल प्राणपणसे जुट गया। क्रान्तिकारी दल संगठित किये गये। आग्नेय गद्य-पद्य द्वारा लार्ड कर्ज़नकी 'बंग-भंग' नीतिकी तीव्र भर्त्सना की गई, और इस आन्दोलनको इतना बल दिया गया कि इसकी लपटें समूचे भारतमें फैल गईं। बंगालियोंद्वारा लिखी गई बंग-प्रेमकी कविताएँ जब अन्य प्रान्तोंमें पहुँचीं तो अन्य भाषा-भाषी कवि उनसे काफ़ी प्रभावित हुए और वे प्रान्तीय क्षेत्रसे निकलकर समूचे भारतको अपना देश समझने लगे और देश-प्रेम सम्बन्धी नित-नई कविताएँ लिखने लगे। उर्दू-शायरीपर भी इस आन्दोलनका काफ़ी प्रभाव पड़ा और उसमें बहुत तेज़ीसे वतनियतके जज़्बे उभरने लगे। इस क्षेत्रमें पं० बृजनारायण चकबस्तने आगे बढ़कर धौंसेपर चोट जमाई और देश-प्रेमके वे राग अलापे कि लोग वज्दमें आ गये।

प्रथम महायुद्ध, रौलट ऐक्ट, जलियानवालाबाग़-गोलीकाण्ड और असहयोग आन्दोलनके कारण शायरीने एक नया मोड़ लिया! इस इन्क़लाबी शायरीके जन्मदाता हज़रत 'जोश' मलीहाबादी हैं। उन्होंने देश-प्रेम, हिन्दू-मुसलिम ऐक्यपर सैकड़ों नज़्में लिखीं। साम्प्रदायिक संघर्षोंकी बड़े तीव्र शब्दोंमें भर्त्सना की। भारतके स्वतंत्रता संबंधी प्रत्येक पहलूपर उन्होंने इतना लिखा कि भारतका कोई भी कवि उनकी हमसरी नहीं कर सका! 'सीमाब' अकबराबादी, साग़र निज़ामी आदिने भी इन विषयोंपर बहुत काफ़ी लिखा! किसान-मज़दूर, पूँजीपति, मुफ़लिसकी ईद, ग़रीबकी दीवाली, आदिपर बहुत काफ़ी लिखा गया।[1]

द्वितीय महायुद्धके दिनोंमें—ब्लेकहाल, कण्ट्रोल, राशनिंग, परमिट,

---

[1]विशेष परिचयके लिए 'शायरीके नये दौर' देखिये।

चोर बाज़ारी, क़हते-बंगाल, एटमबम, आज़ाद हिन्द फ़ौज, सुभाषचन्द बोस, लालक़िला, हिटलर, मुसोलिनी, लेनिन, स्टालिन, अन्धी लड़ाई, १९४२का स्वतन्त्रता संग्राम आदिपर न जाने कितनी नज़्में लिखी गईं[1] और १९४७के बाद तो नज़्मोंका एक सैलाब-सा आ गया। भारत-विभाजन, साम्प्रदायिक-हत्याकाण्ड, हिजरत, शरणार्थी, करफ़्यू, दरिन्दे, जब इन्सान वहशी बन गया, जश्ने-आज़ादी, आज़ादीके बाद, सुबहे-आज़ादी, वतनमें आख़िरी रात, आदि हज़ारों नज़्में कही गईं और कही जा रही हैं।

इन नज़्मगो शायरोंमें पुरातनवादी, प्रगतिशील, क्रान्तिकारी कांग्रेसी, साम्यवादी समाजवादी, मुसलिमलीगी आदि सभी विचार धाराओंके हैं और अपने-अपने ढंगसे अपनी भावनाओंको व्यक्त करते रहते हैं।

नज़्म और ग़ज़ल

इस दौरमें नज़्मकी बाढ़ इतनी द्रुतगतिसे आई कि मालूम होता था, ग़ज़ल तिनकेके समान बह जायगी—लेकिन वह बहनेके बजाय उत्तरोत्तर विकसित एवं उन्नत होती गई।

एक-दो वर्ष पूर्व तक नज़्मोंने ख़ूब ज़ोर पकड़ा, किन्तु अब वह आँधी थम गई है और ग़ज़ल पूरे आबो-ताबके साथ चमक रही है। इसका कारण यही है कि छोटी-से-छोटी बातको नज़्ममें बहुत बढ़ा-चढ़ाकर विस्तारसे व्यक्त किया जाता है। इसके विपरीत ग़ज़लमें बड़ी-से-बड़ी बातको एक-दो शेरोंमें समो दिया जाता है। नज़्मगो शायर कुएको तालाब बनाते हैं; ग़ज़लगो शायर गागरमें सागर भरते हैं।

संक्षेपमें यूँ समझिये कि ग़ज़ल सूत्र है, नज़्म भाष्य है। ग़ज़ल कहानी है, नज़्म उपन्यास है। ग़ज़ल संकेत है, नज़्म स्वीकृति है। ग़ज़ल सूक्ति है, नज़्म काव्य है। ग़ज़ल हृदयकी अनुभूति है, नज़्म शायरीका प्रदर्शन है।

नज़्मोंमें अधिकतर सामयिक घटनाओं, तत्कालीन रीति-रिवाजों

---

[1]इन सबका विस्तृत परिचय 'शायरीके नये मोड़'में मिलेगा।

आदिका उल्लेख रहता है। इसलिए उसमें स्थायित्व नहीं आने पाता। अक्सर देखा जाता है कि जो नज़्म एक समयमें इस सिरेसे उस सिरेतक आम हो जाती है, वही चन्द दिनोंमें विस्मर्ण कर दी जाती है। इसके विपरीत ग़ज़लमें जो भी कहा जाता है, वह रंगे-तग़ज़्ज़ुलमें कहा जाता है; जिससे कि समय और रुचिके अनुसार लुत्फ़ उठाया जा सकता है। सामयिक घटनाओंका उल्लेख समयपर तो इंजेक्शनका काम करता है, परन्तु समयके साथ धीरे-धीरे उसका प्रभाव कम हो जाता है। बंग-भंग, रौलट-ऐक्ट, जलियानवाला बाग़, असहयोग-आन्दोलन, बृटिश-शासन-विरोधी नज़्मोंको आज कौन पूछता है? पौराणिक, ऐतिहासिक, धार्मिक, राजनैतिक, सुधार आदि आन्दोलन सम्बन्धी और नेताओंकी प्रशस्तियोंमें लिखी गईं नज़्मोंका युग समाप्त हो गया है। दूर क्यों जायें, द्वितीय महायुद्धके प्रारम्भसे १९५२ ई० तक—हिटलर, मुसोलनी, स्टालिन, राशनिंग, चोर बाज़ारी, भारत-विभाजन आदिपर न जाने कितनी नज़्में लिखी गईं, परन्तु आज वे इतनी जल्दी आउट आफ़ डेट हो गई हैं कि उनके रचयिता भी उन्हें सुनानेमें संकोचका अनुभव करते हैं। हालाँ कि जब लिखी गई थीं, तब उन्हींका चर्चा चारों तरफ़ था।

किसी भी तरहके प्रचारके लिए नज़्म अत्यन्त उपयोगी साधन है, उसका प्रभाव तुरन्त होता है, लेकिन आवश्यकता पूर्ण होते ही उसका असर भी समाप्त हो जाता है। ग़ज़ल आन्दोलन आदिके लिए विशेष उपयोगी नहीं। उसका महत्व सुख-शान्तिके दिनोंमें मालूम होता है।

नज़्मके इतने प्रबल वेगके समक्ष भी ग़ज़ल पाँव जमाये खड़ी रही और पूरे जाहो-जलालके साथ जलवागर रही, इसका कारण यही है कि

ग़ज़लकी उन्नतिके कारण

वर्त्तमान ग़ज़लकी बागडोर जिनके हाथोंमें आई, उनका व्यक्तित्व साहित्यिक समाजमें महत्त्वपूर्ण एवं प्रतिष्ठित था। वे उन पुराने उस्तादोंके जानशीन थे, जिनके झण्डे बज़्मे-अदबमें गड़े हुए थे। उनका प्रभावशाली व्यक्तित्व ऐसा था कि नज़्मगो शायर भी उनका आदर एवं

सम्मान करते थे। उनमें-से बहुत-से नज़्मगो शायर या तो उनके गुरु-भाई थे, या उनके शिष्य थे। परस्पर संघर्षका तो कोई प्रश्न ही नहीं था। नज़्म और ग़ज़ल दो महत्त्वपूर्ण कला थीं। साहित्यकी श्रीवृद्धि करनेके लिए अपनी-अपनी रुचिके अनुसार किन्हींने नज़्मको और किन्हींने ग़ज़लको अपना लिया।

वे नज़्मगो शायर, जिनकी शायरीका प्रारम्भ ग़ज़लगोईसे हुआ था और जो ग़ज़लगो उस्तादोंके शिष्य थे, नज़्मोंके साथ ग़ज़लें भी कहते रहे। इक़बाल, चकबस्त, सीमाब, जोश मलसियानी, सफ़ी लखनवी, नज़र लखनवी, दत्तात्रिय कैफ़ी, बर्क़ देहलवी, असर लखनवी, हफ़ीज़ जालन्धरी, साग़र निज़ामी, रविश सद्दीक़ी आदि नज़्म और ग़ज़ल दोनों ही कहते रहे। इसी तरह अधिकांश तरक़्क़ीपसन्द एवं प्रगतिशील नवयुवक शायर भी ग़ज़ल कहते रहते हैं। हालाँ कि उनको ख्याति नज़्मगोईके कारण मिली।

वर्त्तमान युगीन जिम्मेवार ग़ज़लगो शायरोंने युगानुसार ग़ज़लमें अनेक परिवर्त्तन एवं परिवर्द्धन किये। वे धीरे-धीरे अपना लबो-लहजा बदलते गये, सुधार करते गये! दृष्टिकोणको व्यापक और उदार बनाते गये। समयानुसार नये-नये भाव समोते गये। परिणाम इसका यह हुआ कि ग़ज़ल आज पूरे आबो-ताबके साथ चमक रही है।

ग़ज़लपर अक्सर यह आक्षेप किया जाता है कि उसमें हुस्नो-इश्क़, रिन्दो-मैख़ाना, और गुलो-बुलबुलकी दास्तानके अतिरिक्त न तो तत्कालीन घटनाओंका उल्लेख किया जाता है, न सामयिक विचारोंको महत्त्व दिया जाता है, और न अन्य लोकोपयोगी भावोंका समावेश होता है।

ग़ज़लपर एतराज़

ग़ज़लगो शायर भरी बहारमें बैठे हुए बहारको रोते रहते हैं। देशमें चाहे आग लग रही हो, चाहे क्रान्तियाँ प्रस्फुटित हो रही हों, चाहे विप्लवोंकी आँधियाँ आ रही हों, चाहे भुखमरी और महामारियाँ ताण्डव नृत्य कर

रही हों, ग़ज़लगो शायर तब भी अपनी धुनमें मस्त मैख़ानेमें झूमते हुए, वीरानोंमें मजनूंनावार घूमते हुए और गुलशनोंमें रोते-बिसूरते हुए नज़र आयेंगे। ऐसे ही शायरोंसे खीजकर मौ० मुहम्मदहुसेन आज़ाद यह कहनेपर मजबूर हुए थे—

हैफ़ आता है कि खोई उम्र मज़मूँ बाँध-बाँध।
ऐसी बन्दिशसे तो बेहतर था कि छप्पर बाँधते॥

उक्त आक्षेप किन्हीं ग़ज़लगो शायरोंपर चस्पाँ हो सकते हैं, परन्तु सभीके लिए इस तरहकी धारणाएँ उचित नहीं, और अब तो ग़ज़लका क्षेत्र बहुत विस्तीर्ण होता जा रहा है और उसमें नित नये परिवर्त्तन एवं परिवर्द्धन होते जा रहे हैं। ग़ज़लगो शायरोंने प्रायः सभी आवश्यकीय विषयोंपर प्रकाश डाला है। जीवन सम्बन्धी हर तथ्यपर उनकी दृष्टि रही है। बक़ौल शख़्से—

ग़ज़लका मर्म

यह और बात है दुनिया उन्हें न पहचाने

खेद है कि सर्वसाधारण उनके इन जौहरोंसे अनभिज्ञ हैं। सर्वसाधारण तो खैर सर्वसाधारण हैं, वे उन्हें परखनेको दिव्यदृष्टि कहाँसे लाते? आश्चर्य तो इसका है कि अच्छे-अच्छे सुख़न फ़हम भी ग़ज़लका वास्तविक मूल्य न आँक सके। आजकी बात जाने दीजिए। पुराने ज़मानेमें ख़ुदाए-सुख़न 'मीर'के समकालीनोंमें—सौदा, दर्द, सोज़, और नौजवानोंमें—क़ायम, यक़ीन, असर, ताबाँ, बेदार, ज़िया, हसन, बयान, अफ़सोस—जैसे ख्यातिप्राप्त शायर मौजूद थे। दिन-रात मुशायरोंकी धूम रहती थी। फिर भी 'मीर'को यह क़लक़ रहा कि उनके जौहरको परखनेवाले जौहरी न मिले। इस क़लक़को उन्होंने पचासों बार अनेक तरहसे व्यक्त किया है—

किस-किस अदासे रेख़्ते[1] मैंने कहे वलेक[2]—
समझा न कोई मेरी ज़बाँ इस दयारमें[3]॥

'मीर'का उक्त शिकवा बेजा नहीं है। ग़ज़लके शेरका वास्तविक आशय समझनेके लिए उसीके अनुकूल दिलो-दमाग़ और वातावरण होना चाहिए। शायरने जिस वातावरणसे प्रभावित होकर या जिस लक्ष्यको लेकर शेर कहा है। यदि उसे पढ़ते समय पाठकके मन एवं मस्तिष्ककी स्थिति भी तदनुरूप होगी तो उस शेरके जौहर पूरे आबोताबके साथ जलवा-गर हो जायेंगे, अन्यथा जैसे हज़ारों वस्तुएँ जीवनमें रोज़ाना नज़रोंसे गुज़रती रहती हैं, वैसे ही वह भी गुज़र जायगा और हम उसके वास्तविक तथ्यसे लाभान्वित न हो सकेंगे।

मेरी नज़रोंसे सैकड़ों शेर रोज़ गुज़रते हैं। मीर-ओ-ग़ालिब आदिके दीवान न जाने कितनी बार पढ़े हैं। जब भी पढ़े हैं, उनमें नई-नई ख़ूबियाँ नज़र आई हैं। पढ़ते समय जिस स्थितिमें मन एवं मस्तिष्क होता है, उसी तरहके शेर आँखोंमें चमकने लगते हैं। 'ग़ालिब'के इसी शेरको लीजिए—

गो हाथमें जुम्बिश नहीं, आँखोंमें तो दम है।
रहने दो अभी साग़रो-मीना मेरे आगे[4]॥

उक्त शेर बज़ाहिर तो क़तई रिन्दाना है, और शेरके बाह्य अर्थसे आम आदमियोंके मनोंमें सम्भवतः यही भाव उदित होंगे कि शायर कितना

---

[1]उर्दू-शायरीका पहला नाम; [2]लेकिन; [3]संसारमें; [4]हाथमें साग़र एवं मीना उठानेकी शक्ति नहीं रही तो न सही, अभी आँखोंमें तो देखनेकी सामर्थ्य शेष है। पी नहीं सकता, मगर उन्हें देखनेका तो आनन्द उठा सकता हूँ। इसलिए साग़र एवं मीना सामने ही रखे रहने दिये जायें।

हविस परस्त एवं पियक्कड़ है कि पीनेकी सामर्थ्य न रखते हुए भी उसके मोहमें लिप्त है। इस शेरको 'शेरोशायरी'में देते हुए भी मैं इसके अन्तरंगसे परिचित था; परन्तु आप बीती घटनाने जो शेरका लुत्फ़ दिया, वह बयानसे बाहर है।

१४ अक्तूबरसे १५ दिसम्बर तक खाँसीकी पीड़ाके कारण मुझे चार-पाईपर पड़ना पड़ा। मौत जब बार-बार आकर झाँकने लगी तो डाक्टरों और हितैषियोंने लिखने-पढ़नेकी सख़्त पाबन्दी लगा दी। शेरोसुखनके २, ३, ४ भाग इलाहाबाद ला जर्नल प्रेसमें कम्पोज़ हो चुके थे। उनके प्रूफ़की मैं बहुत उत्सुकतासे प्रतीक्षा कर रहा था। अपने जीवनकालमें ही उनके छपवानेकी लालसा मुझे कुरेद-कुरेदकर खाये जा रही थी। रुग्ण शैय्यापर पड़ा हुआ बहुत बे-सब्रीसे रोज़ाना प्रूफ़ आनेका इन्तज़ार-करता रहता था। प्रतीक्षा करते हुए जब कई रोज़ हो गये, तब मैंने ज्ञान पीठके मैनेजर श्री बाबूलालजी फागुल्लसे पूछा तो उन्होंने हिचकिचाते हुए कहा कि "प्रूफ़ तो कई रोज़से आये पड़े हैं, परन्तु डाक्टरके परामर्शानुसार आपको नहीं दिखाये गये हैं।" मैंने कहा—"कौन कम्बख़्त उन्हें पढ़ना चाहता है, मगर भगवान्‌के वास्ते तुम उन्हें मेरे सामने मेज़पर तो रख दो ताकि मैं उन्हें पड़ा-पड़ा निहार तो सकूँ।" फागुल्लजीने प्रूफ़ लाकर रखे ही थे कि कई हितैषी बन्धु आ गये। उन्होंने जो प्रूफ़ मेरे पास देखे तो फागुल्लजीको उठा ले जानेके लिए इशारा किया। मैंने रखे रहनेकी मिन्नत की, तो बोले—"जब प्रूफ़ पढ़नेकी इजाज़त नहीं है तो सामने रखनेसे क्या लाभ?" हितैषियोंकी नासहाना नसीहत सुनकर मैं तड़प उठा और बेसाख़्ता ग़ालिबका उक्त शेर मुँहसे निकल पड़ा। आँखें डबडबा आईं और मन भारी हो गया। हितैषियोंने मेरे मनकी व्यथाको समझा और प्रूफ़ वहीं पड़े रहने देकर मुझे मानसिक शान्ति पहुँचाई। इतने दिनों बाद मैं उस रोज़ ग़ालिबके उक्त शेरके अभिप्रायको महसूस कर सका, और यह भी यक़ीनी नहीं कि अब भी ठीक-ठीक समझ पाया हूँ।

ग़ज़ल इतनी भावपूर्ण कोमल कला है कि उसके वास्तविक रहस्यको पारखी दृष्टि ही जान सकती है। उसकी अपनी निजी भाषा, भाव, उपमा, अलंकार और शैली है। अपने भाव व्यक्त करनेका अपना निजी लबो-लहजा और ढंग है।

ग़ज़लका बार पत्थरकी तरह सीधा न होकर दुशालेमें लिपटा हुआ होता है। ग़ज़लगो शायर ख़ुदाकी बात कहे या शैतानकी, आध्यात्मिकताकी गुत्थियाँ सुलझाये या आधिभौतिकताकी, तात्विक विवेचन करे या राज-नैतिक घात-प्रतिघातका वर्णन, उसे सब ग़ज़लकी सीमाके अन्तर्गत कहना पड़ता है। सीमाके बाहर कहा हुआ शेर ग़ज़लका शेर नहीं कहला सकता। वह तग़ज़्ज़ुल (ग़ज़लगोई)से गिरा हुआ शेर होगा। ग़ज़लमें सीधे भाव व्यक्त न करके परदेमें कहे जाते हैं।

इक आफ़ते-ज़माँ है यह 'मीर' इश्क़-पेशा।
परदेमें सारे मतलब, अपने अदा करे हैं॥

ग़ज़ल संकेतात्मक शायरी है। चाहे उसमें कैसे ही भाव व्यक्त किये जायें; वे सब गुलो-बुलबुल, साक़ी-ओ-मैख़ाना एवं हुस्नो-इश्क़ आदिके परदेमें कहे जाते हैं। बक़ौल 'ग़ालिब'—

हरचन्द हो मुशाहद-ए-हक़की गुफ़्तगू।
बनती नहीं है, बादा-ओ-साग़र कहे बग़ैर[1]॥

और इन बादा-ओ-साग़रकी आड़में कहे हुए भावोंको समझना आसान नहीं—

---

[1]ईश्वरीय चर्चा (मुशाहद-ए-हक़की गुफ़्तगू) करनेके लिए भी शराब और सुराही जैसे शब्दोंका प्रयोग अनिवार्य है। ग़ज़लमें उसकी निश्चित उपमाओंका प्रयोग अत्यन्त आवश्यक है।

'मीर' साहबका हर सुख़न है रम्ज़[1]।
बे हक़ीक़त है शेख़ क्या जाने॥

जो बात कही जाय, वह रंगे-तग़ज़्ज़ुलमें कही जाय, यही ग़ज़लगो शायरका बहुत बड़ा कमाल है। यूँ तो अध्ययन एवं अभ्याससे और गुरुकी अनुकम्पासे जो चाहे, वही व्यक्ति ग़ज़ल कह सकता है; परन्तु तग़ज़्ज़ुल जिस भावपूर्ण एवं संकेतात्मक कलाका नाम है, उसमें सफलता प्राप्त करना हँसी-खेल नहीं। बक़ौल 'मीर'—

है नज़्मका सलीक़ा हरचन्द सबको लेकिन—
जब जाने कोई लावे यूँ मोतीसे पिरोकर॥

मोतीसे पिरोनेकी कलामें दक्षता प्राप्त करनेके लिए अपनेको डुबोना और खपाना पड़ता है। ग़ज़ल हुस्नो-इश्क़ एवं दर्दो-ग़मकी शायरी है। ग़ज़लका शेर प्रभावोत्पादक तभी होगा, जब वह उसीके अनुरूप दिलो-दमाग़ रखनेवाले शायरने कहा होगा।

मीर— **'मीर' तब गर्मे-सुख़न कहने लगा हूँ मैं कि इक उम्र।**
जूँ शमअ़ सरे-शाम ता-सुबह जला हूँ॥

क्या करूँ शरह ख़स्ता जानीकी?
मैंने मर-मरके ज़िन्दगानी की॥

आबलेकी-सी तरह, ठेस लगी, फूट बहे।
दर्दमन्दीमें गई, सारी जवानी उसकी॥

इश्क़में खोये जाओगे तो बातकी तह भी पाओगे।
क़द्र हमारी कुछ जानोगे, दिलको कहीं जो लगाओगे॥

---

[1]संकेत, भेद, पेचीदा बात है।

आज़ार खींचनेके मज़े आशिक़ोंसे पूछ।
क्या जाने वोह कि जिसका कहीं दिल लगा न हो ॥

हृदय प्रेमसे ओत-प्रोत हो, मन इतना संवेदनशील हो कि दीन-दुखियों-को देखकर द्रवित हो उठे। जीवनभर शमअ़की तरह गलता रहे, तब कहीं कलाम प्रभावोत्पादक बन पाता है। रंग और तूलिकाके सहारे चित्र तो बन जाता है, परन्तु मुँह बोलती तसवीर नहीं बन पाती। यह तभी बन पाती है, जब चित्रकार अपनेको खो और डुबो देता है।

दिल नहीं दर्दमन्द अपना 'मीर'।
आहोनाले असर करें क्योंकर ॥

गुलो-बुलबुल, साक़ी-ओ-मैखाना, हुस्नो-इश्क़ आदि रूपकोंद्वारा ग़ज़लका निर्माण होता है। यही ग़ज़लके प्राण हैं। इनको बग़ैर समझे ग़ज़लका वास्तविक मर्म हृदयंगम नहीं हो सकता। इन रूपकोंसे ही ग़ज़लके शेरमें रंगे-तग़ज़्ज़ुल आता है। इन्हीं रूपकोंसे सोज़ो-गुदाज़ पैदा होता है। यही हृदतंत्रीको झंकृत कर देनेकी उसे शक्ति देते हैं। यही उसमें शेरियत लाते हैं।

ग़ज़लके रूपक

गुलो-बुलबुल

गुलो-बुलबुलकी आड़ लेकर ग़ज़लगो शायरोंने राजनैतिक दाव-घातों, शोषितों, पीड़ितों आदिके सम्बन्धमें इस ख़ूबीसे कहा है कि सब कुछ कहनेपर भी वे गिरफ़्तमें नहीं आ सकते। गुल, बुलबुल, गुलशन, बाग़बाँ, सैयाद, गुलचीं, क़फ़स, आशियाँ यह सब रूपक[1] हैं, जिन्हें ग़ज़लगो-शायर अपने मनोभाव व्यक्त करनेके लिए उपयोग करते हैं। जो शायर इन

---

[1]इन सब रूपकोंपर शेरोशायरी, पृ० ८०–९३में विस्तारसे प्रकाश डाला गया है।

रूपकोंके गूढ़ अर्थसे अपरिचित होते हुए भी शेर कहते हैं, वह स्वयं भी उपहास्पद होते हैं और शायरीको भी दूषित करते हैं। ऐसे ही शायरोंकी बदौलत ग़ज़ल बदनाम हुई। एक पुराने लखनवी शायरका शेर है—

बाग़में जाते तो हो पहने गुलाबी टोपी।
बुलबुलें-बे-अदब आ बैठे न ऐ जाँ सरपर॥

यह बेचारा शायर इतना ही जानता था कि बुलबुल गुलाबके फूलपर आशिक़ रहती है। अतः उसकी कल्पनाने ज़ोर मारा तो वह केवल इतनी उड़ान भर सका कि बुलबुल फूलके धोकेमें गुलाबी टोपीवालेके सरपर भी बैठ सकती है।

वह ग़रीब जब ग़ज़लके अन्तरंगसे और उसके रूपकोंके वास्तविक भावोंसे परिचित ही न था, तब इसके सिवा वह कहता भी क्या? अब रंगे-तग़ज़्ज़ुलके चन्द अशआर दिये जाते हैं—

दुबले-पतले महात्मा गांधी जब बन्दी किये गये तो देशमें एक मातम-सा छा गया था। उस भावनाको 'साक़िब' लखनवीके शब्दोंमें यूँ व्यक्त किया जा सकता है—

कहनेको मुश्ते-परकी[1] असीरी[2] तो थी, मगर—
ख़ामोश हो गया है चमन बोलता हुआ॥

बन्दी-गृहमें पड़े हुए भी यदि शत्रुका कोई भेद मालूम हो जाय तो जैसे भी बने उसे देशके कर्णधारों तक पहुँचा देना चाहिए—

साक़िब— **किसीका रंज देखूँ यह नहीं होगा मेरे दिलसे।**
नज़र सैयादकी झपके तो कुछ कहदूँ अनादिलसे[3]॥

---

[1]मुट्ठीभर परोंकी; [2]गिरफ़्तारी; [3]बुलबुलोंसे।

सोनेके पिंजरेमें पराधीन जीवन बितानेकी अपेक्षा रूखी-सूखी खाकर झोंपड़ेमें रहना हज़ार दर्जे बेहतर—

आरज़ू— **ऐ 'आरज़ू' ! इस बाग़में फूलोंके क़फ़ससे।**
बहतर हमें वोह अपना नशेमन कि है ख़सका[१]॥

शरीफ़ों एवं लुच्चोंको एक लाठी हाँकनेवाला शासक अन्धा नहीं है तो और क्या है।

आरज़ू— **उदू न थी, मगर अन्धी ज़रूर थी बिजली।**
कि देखे फूल, न पत्ते, न आशियाँ, देखा॥

देशकी सुख-समृद्धिका उपयोग करनेवाले देशके दुर्दिनोंमें भी अपने देश-प्रेमका परिचय दें—

जिगर— **काँटोंका भी हक़ है आख़िर।**
कौन छुड़ाये अपना दामन॥

हमारी आँखोंके सामने हज़ारों देश-भक्त गोलीसे भून दिये गये, फाँसी चढ़ा दिये गये और हम अशक्त बने सब कुछ देखते रहे। कैसी दयनीय स्थिति थी—

सफ़ी— **ज़ोर ही क्या था जफ़ा-ए-बाग़बाँ देखा किये।**
आशियाँ उजड़ा किया हम नातवाँ देखा किये॥

चन्द शेर बग़ैर टीका-टिप्पणीके दिये जा रहे हैं। सुविधाके लिए उनके ऊपर शीर्षक लगा दिये हैं—

अकर्मण्यता

असर— **यह सोचते ही रहे और बहार ख़त्म हुई।**
कहाँ चमनमें नशेमन बने, कहाँ न बने?

---

[१]घास-फूसका।

सामर्थ्यके अनुसार

आनंदनारायण मुल्ला— अपनी क़ूवत आज़माकर अपने बाज़ू तोलकर।
आशि-ए-हस्तीमें[1] उड़ना है तो उड़, पर खोलकर॥

सहृदयता

महशर— तमाम उम्र इसी एहतियातमें[2] गुज़री।
कि आशियाँ किसी शाख़े-चमनपै बार[3] न हो॥

सुखमें दुःख छिपा है

ख़ुर्शीद— क़फ़स दूर ही से नज़र आ रहा है।
क़यामत है अपनी बुलन्द आशियाँनी[4]॥

क्षण भंगुर वैभव

मीर— कहा मैंने "कितना है गुलका सबात"[5]?
कलीने यह सुनकर तबस्सुम[6] किया॥
देर रहनेकी जा नहीं यह चमन।
बू-ए-गुल हो, सफ़ीरे-बुलबुल हो॥

यह कृपालुता ?

अदीब सहारनपुरी— कौन इस तर्ज़े-जफ़ाये आसमाँकी दाद दे?
बाग़ सारा फूँक डाला, आशियाँ रहने दिया॥

---

[1]जीवन-आकाशमें; [2]सावधानीमें; [3]बोझ; [4]ऊँचाईपर घोंसला बनाना; [5]निवास, स्थायित्व; [6]मुसकान।

साक़ी-ओ-मैख़ाना

ग़ज़लमें वर्णित, शराब, रिन्द, मैख़ाना, साक़ी आदिसे जनसाधारण वास्तविक मद्य-प्रसारका तात्पर्य्य समझते हैं। उन्हें क्या मालूम कि जिन ग़ज़लगो शायरोंने कभी शराब छूई तक नहीं, वे भी इस विषयपर जीवन पर्यन्त लिखते रहे। क्योंकि यह सब भी ग़ज़लके अत्यन्त आवश्यक रूपक हैं। इनके बग़ैर काम ही नहीं चल सकता। यहाँ हम चन्द शेर बग़ैर किसी टिप्पणीके पेश कर रहे हैं। आशा है उनके शीर्षकोंसे भावोंके समझनेमें कोई कठिनाई न होगी।

हिन्दू-मुस्लिम-ऐक्य

मुल्ला— कभी तेग़े-क़लमसे भी मिटे हैं तिफ़रक़े[1] दिलके।
मिटाना है तो पहले रखके साग़र दरमियाँ समझो॥

लालची

रियाज़— मक़सूद है कोई न पिये वोह हरीस[2] हूँ।
वाइज़ हुआ, मैं रिन्द क़दहख़्वार क्या हुआ॥

दानीसे

अदम— शिकन न डाल जबींपर शराब देते हुए।
यह मुसकराती हुई चीज़ मुसकराके पिला॥

आलोचकोंसे

दिल— तेरी फ़र्दे-अमल[3] हो पाक इस दुनियामें ऐ वाइज़!
कोई पीता है पीने दे, कहीं ढलती है ढलने दे॥

---

[1]वैमनस्य; [2]लालची, ईर्षालु; [3]कर्मोंकी तालिका।

शासन-व्यवस्थापकोंसे

मुल्ला— निज़ामे-मैकदा साक़ी ! बदलनेकी ज़रूरत है।
हज़ारों हैं सफ़ें जिनमें, न मैं आई, न जाम आया ॥

वुसअ़ते-बज़्मे जहाँमें हम न मानेंगे कभी।
एक ही साक़ी रहे, और एक पैमाना रहे ॥

ये छिद्रान्वेषी

ताबिश सुलतानपुरी—जहाँवाले न देखें इसलिए छुप-छुपके पीता हूँ।
ख़ुदाका ख़ौफ़ कैसा? वोह तो इसयाँपोश[1] है साक़ी!

कलके ढोंगी, आज नेता

मीर— मसजिदमें इमाम आज हुआ, आके वहाँसे।
कल तक तो यही 'मीर' ख़राबात नशीं[2] था ॥

चेतावनी

मीर— ऐ वोह कोई जो आज पिये है शराबे-ऐश।
ख़ातिरमें रखियो कलके भी रंजो-ख़ुमारको ॥

हुस्न-ओ-इश्क़

ग़ज़ल, हुस्नो-इश्क़ और सोज़ो-गुदाज़ (व्यथा-वेदना) की शायरी हैं। जिन ग़ज़लगो शायरोंको कभी किसीपर मरनेकी सआ़दत मयस्सर

---

[1]अपराधोंपर परदा डालनेवाला, पाप ढकनेवाला; [2]शराबखानेमें पड़ा रहनेवाला।

न हुई, उनको भी कूचये-हुस्नकी नरमासराई करना लाज़िमी होती है। क्योंकि ग़ज़लका निर्माण ही हुस्नो-इश्क़के तन्तुओंसे हुआ है।

ग़ज़लके बाह्य रूपसे ऐसा मालूम होता है कि ग़ज़लगो शायर कूच-ए-महबूब (प्रेयसीकी गली) में फटेहाल दीवानावार घूमते रहते हैं। माशूक़के दरबानोंसे पिटते हैं, ज़लीलो-ख्वार होते हैं; मगर वहाँसे टलनेका नाम नहीं लेते। महबूब (प्रेयसी) उनकी हरकतोंसे नालाँ है; मगर वे ख़तोंका ताँता बाँधे रखते हैं। खत ही नहीं भेजते, दरबानकी निगाह बचाकर स्वयं भी मकानमें कूद जाते हैं। माशूक़की गालियाँ खाते हैं, दुतकारे जाते हैं, मार सहते हैं, घायल होते हैं, मगर अपनी हरकतोंसे बाज़ नहीं आते। गोया ज़लीलोख्वार बने रहनेके अतिरिक्त उन्हें कोई अन्य कार्य्य नहीं हैं। न उनके पत्नी है, न बच्चे हैं, न गुरुजन हैं और न उनके पास कोई लोकोपयोगी कार्य है।

लेकिन शेरका अन्तरंग देखिये तो कुछ और ही आलम नजर आता है। यह नहीं भूलना चाहिए कि ग़ज़लगो शायर हर बात इशारेमें और परदेमें बयान करता है। कभी वह विश्व-वेदनाको अपनी वेदना बनाकर ग़मे-जानाँके परदेमें पेश करता है[1] और कभी अपनी वेदनाको विश्वभरकी वेदना समझकर ग़मे-दौराँके रूपमें पेश करता है।[2] यानी जो वह संसारमें देखता और सुनता है, वह इश्क़ो-हुस्नके परदेमें बयान करता है। बक़ौल 'मीर'—

---

[1]जो ग़म हुआ, उसे ग़मे-जानाँ बना लिया

यानी सांसारिक आपदायें किसी भी कारणसे आयें, वे सब इश्क़की वजहसे आईं। यही समझकर उसका उल्लेख ग़ज़लमें किया जाता है।

[2]हमपर अकेले ही यह आपदाओंका पहाड़ नहीं टूटा है, अपितु समस्त मानव-समाज इसके नीचे पड़ा कराह रहा है। उन सबका दुःख दूर होनेमें ही अपना कल्याण है। यही भावना ग़मे-दौराँ है।

कहियेगा उससे क़िस्स-ए-मजनूँ।
यानी परदेमें ग़म सुनाइयेगा ॥

अर्थात्—ग़ज़लगो सब बातें रूपकोंद्वारा परदेमें कहता है। चन्द उदाहरण देखिये—

बादशाहत मिटनेपर मुग़लिया सल्तनतका मिट जाना, इतनी बड़ी घटना है कि उसपर नज़्मगो शायर पोथा लिख सकता है, परन्तु ग़ज़लगो शायरको तो एक ही शेरमें सब कुछ व्यक्त करना चाहिए और वह भी रंगे-तग़ज़्ज़ुलमें। मुग़लिया सल्तनतके मिटनेसे, शाहज़ादों और शाहज़ादियोंके इधर-उधर भटकनेसे और दिल्लीके उजड़नेसे प्रभावित होकर 'मीर'ने अपनी कई ग़ज़लोंमें इस तरहके भाव व्यक्त किये हैं—

नाम आज कोई याँ नहीं लेता है उन्होंका।
जिन लोगोंके कल मुल्क यह सब ज़ेरे-नगीं था ॥

था मुल्क जिनके ज़ेरे-नगीं साफ़ मिट गये।
तुम इस ख़यालमें हो कि नामो-निशाँ रहे ॥

सब्ज़ाने-ताज़ा रौकी जहाँ जलवागाह थी।
अब देखिये तो वाँ नहीं साया दरख़्तका ॥
दिल्लीमें आज भीक भी मिलती नहीं उन्हें।
था कल तलक दमाग़ जिन्हें ताजो-तख़्तका ॥

'मीर'के उक्त चारों शेर व्यथा-पूर्ण हैं और तत्कालीन इतिहासका एक झलकमें दिग्दर्शन करानेमें कमाल रखते हैं; किन्तु इन अशआरमें रंगे-तग़ज़्ज़ुल नहीं दिखलाई देता। ग़ज़लके प्राण हुस्नो-इश्क़के रूपकका कहीं भी उल्लेख नहीं हुआ।

उजड़ी हुई दिल्लीमें बैठकर मिर्ज़ा 'ग़ालिब' इसी घटनाको रंगे-तग़ज़्ज़ुलमें देखिये किस सलीक़ेसे व्यक्त करते हैं—

दिलमें ज़ौक़े-वस्लो-यादे-यार तक बाक़ी नहीं।
आग इस घरमें लगी ऐसी कि जो था जल गया'॥

इतने बड़े विध्वंसकी बात 'ग़ालिब'ने किस ख़ूबी और सादगीसे कही है कि क़ानूनकी ज़दमें भी न आयें; सुख़न-फ़हम लुत्फ़ अन्दोज हो सकें और जनसाधारण ज़ौक़े-वस्लके चक्करमें ही पड़े रहें।

रंगे-तग़ज़्ज़ुल

पिछले पृष्ठोंमें 'तग़ज़्ज़ुल' शब्द कई बार प्रयुक्त हुआ है। तग़ज़्ज़ुलसे हमारा आशय ग़ज़लगोईसे है। कवितामें जब तक कवित्त्व न हो, कविता नहीं। मिठाईमें मिठास, मेहदीमें लाली, फूलमें सुगन्ध और आदमीमें आदमीयत होना आवश्यक है तो ग़ज़लमें तग़ज़्ज़ुलका होना भी ज़रूरी है। तग़ज़्ज़ुलके बिना ग़ज़ल बेजान, बेमज़ा और फ़ीकी है। ग़ज़लमें उसके रूपकोंके मिश्रणसे रंगे-तग़ज़्ज़ुल पैदा होता है।

चन्द उदाहरण—

ज़ौक़की ग़ज़लका एक मशहूर शेर है—

नाम मंज़ूर है तो फ़ैज़के असबाब बना।
पुल बना, चाह बना, मसजिदो-तालाब बना॥

शेरके वज़नने शायरको इजाज़त नहीं दी, वरना मतब बना, मकतब

'अब हमारे हृदयमें ज़ौक़े-वस्ल (प्रेयसीके मिलनकी अभिलाषा) और यारकी याद तक बाक़ी नहीं है। क्योंकि हमारे हृदयरूपी घरमें ऐसी आग लगी है कि सर्वस्व भस्मीभूत हो गया।

बना, वग़ैरह और भी नेक कामोंकी फ़हरिस्त नज़्म की जा सकती थी। शायरने जिस भावनासे प्रेरित होकर शेर कहा है, उसमें वह सफल हुआ है, लेकिन इस शेरमें तग़ज़्ज़ुल तलाश करनेपर भी नहीं मिलता। ख़ालिस मौलवियाना रंगका शेर है। अगर मौलवियों-जैसी बेतुकी बातें शायर भी कहने लगें तो फिर उनकी विशेषता क्या रही? 'अज़ीज़' लखनवी नेक काम करनेकी प्रेरणा यूँ करते हैं—

पैदा वोह बातकर कि तुझे रोयें दूसरे।
रोना ख़ुद अपने हालपै यह ज़ार-ज़ार क्या?

शेरमें नेक कामोंकी कोई सूची नहीं है, फिर भी उसके पढ़नेसे मनको प्रेरणा मिलती है। आशिक़ सदैव रोता बिसूरता रहता है। ग़ज़लके इसी रूपकको देनेसे शेरमें तग़ज़्ज़ुल भी आ गया और चूँकि शायरने स्वयंको सम्बोधित करके लिखा है; ज़ौक़की तरह दूसरोंको नसीहत नहीं की। इसलिए मौलवियतके इलज़ामसे भी बरी रहे। इसी भावके द्योतक दो शेर 'मीर'के भी मुलाहिज़ा फ़रमाएँ—

बारे दुनियामें रहो ग़मज़दा या शाद रहो।
ऐसा कुछ करके चलो, याँ कि बहुत याद रहो॥

कहता है कौन तुझको याँ यह न कर तू वोह कर।
पर हो सके तो प्यारे टुक दिलमें भी जगह कर॥

अज़ीज़ने कहा है—

पैदा वोह बात कर कि तुझे रोयें दूसरे

आशय तो उनका यही था कि हम ऐसे भले काम करें कि दूसरे हमें याद करें। मगर 'याद'के बजाय उन्होंने 'रोयें दूसरे' नज़्म किया। दूसरोंके रोनेसे लानत-मलामतका भी आशय निकलता है कि लोग कहें "कम्बख़्त

आप तो मर गया और हमें मार गया।" सताये हुए लोग बुरोंकी जानको उनके मरनेके बाद भी रोते रहते हैं। इस ऐबसे 'मीर'का उक्त पहला शेर बेदाग़ है—

ऐसा कुछ करके चलो याँ कि बहुत याद रहो

याद प्यारेकी और भले आदमियोंकी आती है बुरोंकी नहीं।

'मीर'का दूसरा शेर दूसरेको नसीहत देनेकी वजहसे मौलवियतके दायरेमें आ जाता, किन्तु 'मीर'का कमाल देखिये कि दामन बचाकर साफ़ निकल गये। दूसरे मिसरेमें 'प्यारे' शब्द डालकर 'मीर'ने वोह रंगे-तग़ज़्ज़ुल पैदा कर दिया है कि दाद देनेको उपयुक्त शब्द नहीं मिल पा रहे हैं।

'हाली'का यह शेर बहुत मशहूर है—

खेतोंको दे लो पानी यह बह रही है गंगा।
कुछ कर लो नौजवानो! उठती जवानियाँ हैं॥

'हाली'की नज़्मका उक्त शेर अपनी जगहपर बहुत खूब है और नवयुवकोंको स्फूर्ति एवं प्रेरणा देता है। चूँकि उक्त शेर नज़्मका है, इसलिए इसमें रंगे-तग़ज़्ज़ुल नहीं आ पाया है। रंगे-तग़ज़्ज़ुलमें इसी भावका द्योतक तसलीमका शेर है—

इल्तफ़ाते-जोशे-वहशत फिर कहाँ?
हो सके जबतक बयाँबा देख लें॥

[दीवानगीकी यह कृपायें फिर कहाँ मयस्सर? इसी आलममें जितना जंगल देखा जा सके देख लिया जाय]।

जवानी दीवानी नहीं हुई तो फिर जवानी क्या? और उस हालतमें कुछ हाथ-पाँव न मारे तो फिर दीवानगी क्या? इसलिए जो बन सके इस दीवानगीमें कर लें, फिर अवसर हाथ न आयेगा।

बात तो 'तसलीम'ने भी 'हाली' जैसी कही, परन्तु किस खूबसूरतीसे कही है। 'जोशे-वहशत', 'बयाबाँ'के नगीने जड़कर रंगे-तग़ज़्ज़ुलमें चार चाँद लगा दिये और 'देख लें' शब्द डालकर रिन्दाना शेर बना दिया और नसीहत देनेकी ज़हमतसे भी साफ़ बच गये। इसी भावको 'शाद' अज़ीमाबादीने देखिये कितने सलीक़ेसे पेश किया है—

यह बज़्मे-मै है, याँ कोताह दस्तीमें है महरूमी।
जो बढ़कर खुद उठाले हाथमें, मीना उसीका है॥

शेरका ज़ाहिरा मतलब तो सिर्फ़ इतना है कि यह शराबखाना है, यहाँ पीछे रहनेमें नुक़सान है। यहाँ तो आपा-धापी मची हुई है, जो आगे बढ़कर प्याला झपट सकता है, वही पी सकता है। मगर रिन्दाना अन्दाज़में 'शाद'ने इन दो मिसरोंमें वोह स्फूर्ति, प्रेरणा और आग भरी है कि जिसका जवाब नहीं।

'हाली'की ग़ज़लका एक शेर है—

ऐ इश्क़ ! तूने अक्सर क़ौमोंको खाके छोड़ा।
जिस घरसे सर उठाया, उसको बिठाके छोड़ा॥

शेर पढ़ते-पढ़ते ऐसा मालूम होता है कि मौलाना 'हाली' ताँगेमें बैठकर कॉलेजोंके आगे चक्कर लगा रहे हैं; और माइक्रोफोनपर वह ग़ज़ल, जिसका एक शेर ऊपर दिया गया है। चीख़-चीखकर पढ़ रहे हैं और लड़के हैं कि तालियाँ पीट रहे हैं।

इसी मज़मूनको एक शायर देखिये किस सुरुचिपूर्ण ढंगसे पेश करते हैं—

ऐ इश्क़ ! देख हम भी हैं किस दिलके आदमी।
महमाँ बनाके ग़मको कलेजा खिला दिया॥

इश्क़, दिल, ग़म आदि शब्दोंसे शेरमें सोज़ो-गुदाज़ पैदा कर दिया और नासहाना दाग़ भी नहीं लगने दिया। अब 'मीर'का भी एक शेर

बग़ैर किसी टीका-टिप्पणीके सुन लीजिये और मेरी तरह बैठे हुए सर धुनिये—

इश्क़ आदममें नहीं कुछ छोड़ता।
हौले-हौले कोई खा जाता है जी॥

मिर्ज़ा दाग़का एक शेर है—

यहाँ भी तू, वहाँ भी तू, ज़मीं तेरी, फ़लक तेरा।
कहीं हमने पता पाया न हरगिज़ आजतक तेरा॥

स्पष्ट है कि शेर खुदाके लिए कहा गया है। अब देखिये इसी भावको 'मीर' मज़ाजी इश्क़में किस विश्वासके साथ फ़रमाते हैं—

है इस चमनमें वोह गुल, सदरंग महव देखो।
देखो जहाँ वही है, कुछ उस सिवा न देखो॥

'दाग़' यह जानते हुए भी कि ईश्वर सर्वत्र है, उसके जलवेसे वंचित रहते हैं। 'मीर' उसका जलवा सर्वत्र देखते हैं। दोनोंके विश्वास और प्यारमें पृथ्वी-आकाशका अन्तर है। इसके अतिरिक्त दाग़के शेरमें तग़ज़्ज़ुल नामको नहीं और 'मीर'का शेर चमन, गुल, सदरंग, महव आदि शब्दोंसे तग़ज़्ज़ुलका बेमिसाल शेर हो गया है।

मौलाना ज़फ़रअलीका एक शेर है—

यह है पहचान ख़ासाने-खुदाकी इस ज़मानेमें।
कि खुश होकर ख़ुदा उनको गिरफ़्तारे-बला करदे॥

प्रकट रूपमें तो इस शेरमें उसी पुरानी धारणाको नज़्म किया गया है कि ईश्वरभक्तों और भले मनुष्योंपर सदैव मुसीबतोंके पहाड़ टूटते रहे हैं, और यह सब इसलिए होता है, ताकि ईश्वर अपने असली-नक़ली भक्तों एवं अच्छे-बुरे मनुष्योंकी पहचान कर सके। वह महज़ आज़मानेके लिए यह सितमज़रीफ़ी करता है, क्या खूब ?

किसीकी जान गई आपकी अदा ठहरी

यदि वह घट-घटका ज्ञाता है तो फिर उसे यह ज़हमत उठानेकी ज़रूरत भी क्या, किसीको बग़ैर सताये भी वह अपने दिव्यज्ञानसे सब कुछ जान सकता है। लेकिन नहीं, जिसपर वह बहुत ख़ुश होता है, महरबानी फ़रमाकर उसे बलाओं-आफ़तोंमें घेर देता है।

ख़ुदाकी इन्हीं सितमज़रीफ़ियोंसे तंग आकर सर 'इक़बाल'ने उससे पूछा था—

इसी कोकबकी ताबानीसे है तेरा जहाँ रोशन।
ज़वाले-आदमे-ख़ाकी ज़ियाँ तेरा है या मेरा[1]॥

. ख़ुदाकी इन नाज़िल की हुई मुसीबतोंसे घिरे हुए मिर्ज़ा ग़ालिब कितने वेदना भरे स्वरमें कराह उठते हैं—

ज़िन्दगी अपनी जब इस शक्लसे गुज़री या रब!
हम भी क्या याद रखेंगे कि ख़ुदा रखते थे॥

'बहार'कोटीका यह उलाहना कितना व्यथापूर्ण है—

वहीं हज़ारों बहिश्तें भी हैं ख़ुदाबन्दा!
सिसक-सिसकके कटी ज़िन्दगी जहाँ मेरी॥

लेकिन आशिक़के मनमें यह भाव भी आना अधर्म है कि मुझ निरपराधको किन पापोंकी सज़ा मिल रही है। बक़ौल राज़ यज़दानी—

---

[1]इसी नक्षत्रके प्रकाश (कोकबकी ताबानी)से तेरा संसार जग-मग हो रहा है। फिर भी तू इसीको मिटा रहा है। मैं पूछता हूँ, तेरी इस हरकतसे स्वयं तेरा नुक़सान हो रहा है या मेरा? जब तू ख़ुदा-ख़ुदा कहनेवालोंको मिटा डालेगा, तब तुझे ख़ुदा कौन कहेगा? इन्हींकी बदौलत तो तू ख़ुदा बना हुआ है।

सज़ाको झेलनेवाले यह सोचना है गुनाह ।
कोई क़ुसूर भी तुझसे कभी हुआ कि नहीं ।।

हम भी कहाँकी बात कहाँ ले गये । हमें कहना सिर्फ़ इतना था कि मौ० ज़फ़रअलीका ज़ाहिरा आशय केवल इतना है कि ख़ुदा जिनपर महरबान होता है । ख़ुश होकर उन्हें बलाओंमें फँसा देता है । यानी उन्होंने ख़ुदाकी आड़में उस हक़ीक़तको उजागर किया है, जो कि हमारे जीवनमें अक्सर घटित होती रहती है । यानी हमारे महरबान, शुभचिन्तक, प्यारे-मीठे ही हमें अक्सर मुसीबतोंमें फँसाते रहते हैं । बक़ौल किसीके—

दोस्तोंसे हमने वोह सदमे उठाये जानपर ।
दिलसे दुश्मनकी अदावतका गिला जाता रहा ।।

ज़फ़रअली और उक्त शायरने एक बातको दो तरीक़ोंसे बयान किया है, और उसमें वे बेहद कामयाब हुए हैं । मगर तग़ज़्ज़ुलकी चाश्नीके बग़ैर शेरमें शेरियत नहीं आ पाती । अब ज़रा 'मीर'का रंगे-तग़ज़्ज़ुल भी मुलाहिज़ा फ़रमायें—

जफ़ा उसपै करता है हदसे जियादा ।
जिसे यार अहले-वफ़ा जानता है ।।

उक्त शेरका लुत्फ़ स्वानुभवी ही उठा सकते हैं । पत्नी या प्रेयसीके बिगड़ने-रूठने, ज़िद करने या तंग करनेपर उससे कहा गया हो कि "जब देखो तुम हमारे सरपर चढ़ी रहती हो, हमें इतना तंग न किया करो ।" तब उसका तेवर बदलकर कहना—"तुम्हारे सिवा मेरा और है ही कौन, जिसपर मैं झूँझल उतारती फिरूँ? अपनेपर ही तान टूटती है, दूसरा कौन सुनता है ?"

'मीर'का शेर पढ़िये और प्रयत्न कीजिये कि आपका भी कोई ऐसा अपना हो, जो आपपर जफ़ा करना अपना हक़ समझता हो । तब शायद

आप 'बासित' भोपालीके इस शेरको पढ़नेके हक़दार हो सकें—

उस ज़ुल्मपै क़ुर्बां लाख करम, उस लुत्फ़पै सदक़े लाख सितम।
उस दर्दके क़ाबिल हम ठहरे, जिस दर्दके क़ाबिल कोई नहीं॥

शब्दोंके रख-रखावकी यही वह कोमल कला है, जो ग़ज़लको कहीं-से-कहीं पहुँचा देती है। मश्क़े-सुख़नसे ग़ज़ल तो हर कोई कह सकता है। मगर उसमें जान नहीं डाल सकता। जान डालनेके लिए अपनी जान खपानी पड़ती है। दर्दे-दिलसे परिचित हुए बिना दास्ताने-ग़म बयान नहीं हो सकती। बक़ौल 'मीर'—

लज़्ज़तसे दर्दकी जो कोई आश्ना नहीं।
सौ लुत्फ़ क्यों न जमा हों, उनमें मज़ा नहीं॥

नई ग़ज़ल गोई

वर्त्तमान युगीन ग़ज़लमें कितना अभूतपूर्व संशोधन, परिवर्त्तन एवं परिवर्द्धन हुआ है? उसका बाज़ारी इश्क़, हरजाई माशूक़, बुलहविस आशिक़ परिवर्त्तित होकर कितने बुलन्द हो गये हैं? ग़ज़लमें कैसे-कैसे अछूते मज़मूनोंका समावेश हुआ है, और ग़ज़लगो शायरोंने कैसे-कैसे बेदाग़ हीरे तराशे हैं? लगे हाथ एक नज़र उनको भी देखते चलिये।

उद्धरणमें इसी युगके शायरोंके शेर दिये जा रहे हैं, ताकि वर्त्तमान युगीन ग़ज़लगोईकी प्रगतिका सही-सही अन्दाज़ा लग सके। तुलनाके लिए पुरानी शायरीका उल्लेख करते समय उसी युगके शेर उद्धृत किये जा रहे हैं, और जहाँ नवीन शायरीमें पुरानी शायरीकी झलक मालूम होती है, वहाँ तुलनाके लिये फुटनोटमें प्राचीन शायरोंमें सर्वश्रेष्ठ 'मीर'के अशआर दिये जा रहे हैं; ताकि पुरानी और नई शायरीकी गति-विधिका ठीक-ठीक आभास मिल सके।

उर्दू-ग़ज़लमें हरजाई एवं बाज़ारी माशूक़का तसव्वुर दरबारी-वाता-

वरण, तत्कालीन वेश्यासक्तिकी आम प्रथा और फ़ारसी-शायरीके अन्ध अनुकरणके कारण आया। यदि तत्कालीन ग़ज़लगो शायर हिन्दी-कविताका अनुसरण करना अपनी शानके खिलाफ़ समझते थे, अथवा हिन्दीसे अनभिज्ञ होनेके कारण उसके गुणोंसे परिचित नहीं थे, तो भी यदि वे फ़ारसीके बजाय अरबी-शायरीका अनुकरण करते तो उर्दू-शायरी पाक इश्क़से मालामाल हुई होती।

पाक इश्क़

अरबी-शायरीका इश्क़ भी इन्सानी इश्क़ है, किन्तु वह कामुकता एवं वासनाके दोषसे मुक्त है। प्रेमी-प्रेमिका एकान्तमें बैठे हुए हैं, किसीकी दृष्टि पड़नेका भी उन्हें खटका नहीं है; परन्तु क्या मजाल कि दोनोंमें-से किसीके हृदयमें भी काम-वासना निहित हो। दोनों प्रेम-विभोर हुए बैठे हैं। यह बात प्रसिद्ध है कि एक बार ऐसे ही अवसरपर किसी प्रेमीने अपनी कामवासना व्यक्त की तो प्रेमिका क्रुद्ध होकर बोली—"क्या इसी लिए तुम मुझसे प्रेम करते थे?" प्रेमिकाके यह शब्द सुनकर प्रेमी गद्-गद् हो गया। उसे अपने भाग्यपर अभिमान हुआ कि उसे इतनी पवित्र और सुशीला नारीसे प्रेम करनेका सौभाग्य प्राप्त हो सका। फिर उसने अपनी प्रेयसीपर वास्तविक बात प्रगट कर दी कि उसने परीक्षास्वरूप ऐसा प्रस्ताव किया था। यदि तनिक भी स्वीकृतिका संकेत मिला होता तो उसे महान् क्लेश पहुँचता और यह खंजर उसने सीनेमें उतार लिया होता।[1]

प्रेयसीसे शादी करना या वासना तृप्त करना, प्रेम नहीं, प्रेमका शव पीटना है, कामुकताको प्रेम कहना शैतानको ख़ुदा कहना है—

आरज़ू— **हविसकार[2] आशिक़ भी ऐसा है जैसे—**
वोह बन्दा कि रख ले ख़ुदा नाम अपना॥

---

[1]मजामीन पृ० २६; [2]कामुक।

बिना किसी वासना या स्वार्थके प्रेममें आठों पहर भीगा रहे, वही प्रेम शुद्ध प्रेम है—

असर— इश्क़ है इक निशाते-बेपायाँ[१]।
शर्त यह है कि आरज़ू[२] न रहे॥

आसी— आशिक़ीमें है महवियत[३] दरकार।
राहते-वस्ल[४]-ओ-रंजे-फ़ुरक़त[५] क्या॥

जिगर— वोह भी है इक मुक़ामे-इश्क़ जहाँ—
हर तमन्ना[६] गुनाह[७] होती है॥

असर— मज़ाक़े इश्क़ हो कामिल तो सूरते-शबनम[८]।
कनारे-गुलमें रहे और पाकबाज़[९] रहे॥

आरज़ू— दरयूज़ागरे-हिर्स[१०] न बन राहे-तलबमें[११]।
दिल इश्क़से ख़ाली है तो कासा[१२] है गदाका[१३]॥

उम्मीद— अरे सूदो-ज़ियाँ[१४] देखा नहीं जाता मुहब्बतमें।
यह सौदा और सौदा है यह दुनिया और दुनिया है॥*

---

*मीर— चाहतका इज़हार[१] किया सो अपना काम ख़राब किया।
इस परदेके उठ जानेसे उसको हमसे हिजाब[२] हुआ॥

[१]स्थाई सुख; [२]अभिलाषा, वासना; [३]तन्मयता; [४]मिलन-सुख; [५]विरह-दुःख; [६]इच्छा; [७]अपराध; [८]ओसकी तरह; [९]फूलपर रहती हुई भी अछूती—अलग—रहती है; [१०]तृष्णाके कारण दर-दरका भिखारी; [११]अभिलाषाओंके मार्गमें; [१२-१३]भिक्षुकका पात्र; [१४]लाभ-हानि।

---

[१]इच्छा प्रकट की; [२]लाज, संकोच।

यह निःस्वार्थ और पवित्र प्रेम सरल नहीं, इसमें जीवनभर तपना पड़ता है—

जिगर— यह इश्क़ नहीं आसाँ, इतना ही समझ लीजे।
इक आगकी दरिया है, और डूबके जाना है॥

आरज़ू— मुहब्बत नहीं, आगसे खेलना है।
लगाना पड़ेगा, बुझाना पड़ेगा॥*

जब इस प्रेमरूपी आगमें मनुष्य तप लेता है, तभी वह सचमुच इन्सान बन पाता है—

शाद— नहीं रहते रिया-ओ-क़बह फिर भूलेसे भी दिलमें।
मुहब्बत यारकी इन्सा बना देती है इन्साको॥†

---

*मीर— सजदा उस आस्ताँका[1] न जिसको हुआ नसीब।
वोह अपने एतक़ादमें[2] इन्सान ही नहीं॥

†मीर— क्या जानिये कि छाती जले है कि दाग़े-दिल।
इक आग-सी लगी है कहीं, कुछ धुआँ-सा है॥
हम तेरे इश्क़से वाक़िफ़ नहीं हैं लेकिन—
सीनेमें जैसे कोई दिलको मला करे है॥

आतिशे-इश्क़[3] जिसके दिलको लगी।
शमअ-साँ[4] आप ही को खाता है॥
इश्क़के दो गवाह ला, यानी—
ज़र्दि-ए-रंगो-चश्मेतर[5] है शर्त॥

चाहतमें[6] दख़्ल मत दे जिनहार[7] आरज़ूको[8]।
करदे है दिलको ख़्वाहिश[9] बीमार रफ़्ता-रफ़्ता॥

---

[1]प्यारेकी चौखटको प्रणाम करना; [2]हमारी सम्मतिमें; [3]प्रेम-अग्नि; [4]मोमबत्तीकी तरह स्वयंको जलाता रहता है; [5]चेहरा पीतवर्ण और नेत्र अश्रुपूर्ण; [6]प्यारमें, इश्क़में; [7]कदापि; [8]अभिलाषाको; [9]इच्छा।

यही शुद्ध प्रेम 'तू', 'मैं' और अपने-परायेका भेद भी मिटा देता है। सर्वत्र अपने प्यारेका जलवा नज़र आता है—

इसलामो-कुफ़्र कुछ नहीं आता ख़यालमें।
मुद्दतसे मुब्तला हूँ मैं आप अपने हालमें ॥*

प्रेममें कहीं-न-कहीं कसर होती है, तभी उपेक्षाका आभास होता है—

राज रामपुरी— नियाज़े-इश्क़में ख़ामी कोई मालूम होती है।
तुम्हारी बरहमी क्यों बरहमी मालूम होती है ॥

अगर इश्क़में कहीं खामी नहीं है, तो फिर बरहमी महसूस होनेके क्या मानी ? इश्क़ तो इन्सानको उस बुलन्दीपर पहुँचा देता है कि—

नाज़िश परतापगढ़ी—शिकवा, न शिकायत, न तसव्वुर, न ख़यालात।
अल्लाहरे यह मेरी मुहब्बतके मुक़ामात ॥†

---

*मीर— दिल साफ़ हो तो जलवागहे-यार क्यों न हो।
आईना हो तो क़ाबिले-दीदार क्यों न हो[1] ॥

दिया दिखाई मुझे तो उसीका जलवा 'मीर'।
पड़ी जहानमें जाकर जहाँ नज़र मेरी ॥
जिस्मे-ख़ाकीका जहाँ परदा उठा।
हम हुए वोह 'मीर' सब, वोह हम हुआ ॥

†मीर— हमें इश्क़में 'मीर' चुप लग गई है।
न शुक्रो-शिकायत, न हर्फ़ो-हिकायत ॥

---

[1]यदि मनमन्दिर स्वच्छ है तो उसमें प्यारेका निवास क्यों न होगा ? मन दर्पण होगा तो वह दर्शन-योग्य होगा ही।

वोह युग समाप्त हुआ, जब इश्क़को बवाले-जान समझकर उससे बचनेकी ताक़ीद की जाती थी—

वसीयत 'मीर'ने मुझको यही की।
"कि सब कुछ होना तू आशिक़ न होना" ॥

अब तो बग़ैर इश्क इन्सान, इन्सान नहीं बन पाता—

असर— इन्सानको बेइश्क़ सलीक़ा नहीं आता।
जीना तो बड़ी चीज़ है, मरना नहीं आता ॥

राधेनाथ क़ौल—इश्क़ जन्नत है आदमीके लिए।
इश्क़ नेमत है आदमीके लिए ॥*

प्रेम-विभोर प्रेमीको प्रेमका मार्ग बतानेके लिए पथ-प्रदर्शककी आवश्यकता नहीं—

दिल— रहनुमाकी[1] क्या ज़रूरत इश्क़ कामिल[2] चाहिए।
दिल जहाँ तड़पे समझ लेना वही है कूए-दोस्त[3]॥

सच्चा प्रेमी घुट-घुटके मर जायगा, किन्तु कोई भी इच्छा ऐसी व्यक्त नहीं करेगा, जो उसकी प्रेयसीको अरुचिकर हो—

---

[1]पथ-प्रदर्शककी; [2]पूर्ण; [3]प्रेयसीका स्थान;

*मीर— क्या हक़ीक़त कहूँ कि क्या है इश्क़।
हक़शनासोंका[1] हाँ ख़ुदा है इश्क़ ॥
इश्क़से जा[2] नहीं कोई ख़ाली।
दिलसे ले अर्शतक[3] भरा है इश्क़ ॥

---

[1]इन्साफ़ पसन्दोंका; सत्यवादियोंका; [2]स्थान; [3]आकाशतक।

आरज़ू— ऐसी हसरत[1] ही से बाज़ आना है ख़ूब।
जो मुझे मरग़ूब[2] उनको नापसन्द॥

जिगर—शौक़का मर्सिया न पढ़, इश्क़की बेबसी न देख।
उसकी ख़ुशी, ख़ुशी समझ, अपनी ख़ुशी, ख़ुशी न देख॥

अर्शी— जब उन्हें अर्ज़े-अलमपर[3] मुज़तरिब[4] पाता हूँ मैं।
जो न पीनेके हैं आँसू वोह भी पी जाता हूँ मैं॥

लुत्फ़ी रिज़वाई—नज़र किसीकी नदामतसे[5] क्या झुकी 'लुत्फ़ी'!
कि याद मुझको ख़ुद अपने ही सब क़ुसूर आये॥

यदि प्रेमीके किसी बर्तावसे प्रेयसीके हृदयको ठेस पहुँचे या उसकी आँखोंसे आँसू आ जायें तो यह उसका अपराध क्षमा योग्य नहीं—

जिगर— हश्रके दिन वोह गुनहगार न बख़्शा जाये।
जिसने देखा तेरी आँखोंका पशेमाँ[6] होना॥

प्रेमी मन ही मनमें घुटता रहता है, परन्तु मनकी बात मुँहपर इस भयसे नहीं लाता कि कहीं उसकी प्रेयसीकी प्रतिष्ठामें बाल न आ जाये—

ख़ुर्शीद फ़रीदाबादी—आ जाये न उनकी निगहे-मस्तपै इल्ज़ाम।
ऐ दोस्त! न कर तज़करि-ए-गर्दिशे-ऐयाम[7]॥*

[1]इच्छासे; [2]रुचिकर; [3]अपनी व्यथाओंके प्रकट करनेपर; [4]बेचैन; [5]शर्मिन्दगीसे; [6]शर्मिन्दा; [7]मुसीबतोंका वर्णन।

*मीर— गिला लबतक न आया 'मीर' हरगिज़।
खपा जी ही में ग़म सारा हमारा॥
तुरबतसे आशिक़ोंकी न उट्ठा कभी ग़ुबार।
जीसे गये वले[1] न गईं राज़दारियाँ[2]॥

[1]लेकिन; [2]भेदकी बातें किसीको न बताईं।

सच्चा प्रेमी 'मोमिन'की तरह अपनी प्रेयसीको बदनाम करनेकी धमकी नहीं देता है—

मुझसे मिल वरना, रक़ीबोंसे मैं सब कह दूँगा।
दुश्मनी अबकी तेरी और वह पहला इख़लास॥

बल्कि बदनामीको स्वयं ओढ़कर प्रेयसीकी मान-प्रतिष्ठाको अक्षुण्य बनाये रखता है—

अर्शी— **ज़माना कहता है बरबादे-आरज़ू मुझको।**
ख़ुदा करे कोई इलज़ाम उनपै आ न सके॥
अस्मते-कोनीन[1] उस बरबादे-उलफ़तपर[2] निसार[3]।
उनके दामनको बचाकर ख़ुद जो रुसवा[4] हो गया॥

और यदि प्रेमी अपनेमें इतनी सामर्थ्य नहीं पाता है, तो उसे जीवित रहनेका अधिकार नहीं—

हसरत— **उस शोख़का शिकवा किया, 'हसरत' यह तूने क्या किया ?**
इससे तो ऐ मर्दे-ख़ुदा ! बेहतर था मर जाना तेरा॥

शिकवे-शिकायतकी पाकइश्क़में गुंजाइश ही नहीं। वहाँ तो सच्चे आशिक़की हालत यह होती है—

फ़ानी— **अब लबपै वोह हंगामि-ए-फ़रियाद नहीं है।**
अल्लाहरे तेरी याद कि कुछ याद नहीं है॥

अर्शी— **आपके अहदे-करमका भी तसव्वुर है गराँ[5]।**
उन मुक़ामातपै अब आपका सौदाई[6] है॥

---

[1]संसारकी प्रतिष्ठा; [2]प्रेममें बरबाद हुए पर; [3]न्योछावर; [4]बदनाम; [5]आपकी कृपाओंके क्षण भी ध्यानमें नहीं रहे हैं; [6]आपका यह दीवाना आशिक़ इतनी बुलन्दीपर पहुँच गया है।

बाक़ी सद्दीक़ी— यह कैसी बेख़ुदी है लिख गया हूँ।
मैं अपने नामके बदले तेरा नाम ॥

मसरूफ़ अलम—उनके तसव्वुरातका[1] अल्लाहरे करम।
तनहा[2] न एक लमहेको रहने दिया मुझे ॥

असग़र— होश किसीका भी न रख, जलवागहे नियाज़में[3]।
बल्कि ख़ुदाको भूल जा सजद-ए-बेनियाज़में[4] ॥*

ग़ज़लका इश्क़ जब इतना पाक और बेलौस होता जा रहा है, तब उसके माशूक़ (महबूब, प्यारे)का मर्तबा कितना बुलन्द, महान एवं गौरवास्पद होना चाहिए ? यह जिज्ञासा सहज-में ही बलवंती हो उठती है। आलमे-इश्क़में महबूब ही सब कुछ है। आशिक़के लिए महबूबकी चौखट काबा और उसको बार-बार निहारना ही नमाज़ है—

महबूबका मर्त्तबा

शाद— तेरी गलीके क़अदह-क़यामकी[5] क्या बात ?
इसीको दिलकी ज़बाँमें नमाज़ कहते हैं ॥

---

[1]ध्यानका; [2]अकेला; [3]प्रेम-मन्दिरमें; [4]प्रेमकी तल्लीनतामें; [5]बैठने, रहनेकी।

*मीर— महव कर आपको यूँ हस्तीमें उसकी, जैसे—
बून्द पानीकी नज़र आती नहीं पानीमें ॥
सदा हम तो खोये-गये-से रहे।
कभू आपमें तुमने पाया हमें ?
ज़ौक़े-ख़बरमें हम तो बेहोश हो गये थे।
क्या जाने कब वोह आया, हमको नहीं ख़बर कुछ ॥
कुछ होश न था मिम्बरो-महराबका हमको।
सद शुक्र कि मसजिदमें हुए मस्तीमें वारिद ॥

जलील— दैरो-काबेकी ज़ियारत[1] तो फ़क़त हीला[2] है।
जुस्तजू[3] तेरी लिये फिरती है घर-घर मुझको ॥

यगाना— मंज़िलकी फ़िक्र क्यों हो, जब तू हो और मैं हूँ।
पीछे न फिरके देखूँ, काबा भी हो तो क्या है ॥

माहिर— हम भी ज़रूर काबेको चलते पर अब तो शेख़ !
क़िस्मतसे बुतकदेमें ही दीदार हो गया ॥

असग़र— हम एक बार जलवये-जानाँना[4] देखते।
फिर काबा देखते न, सनमख़ाना देखते ॥*

'असग़र' तो अपने हबीबकी तलाशमें इतने लीन हैं कि उसे खोजनकी धुनमें वे मन्दिरों-मसजिदोंकी ओर भी नहीं देखते। उन्हें अपने लक्ष्यकी प्राप्तिमें बाधा समझते हैं—

दैरो-हरम[5] भी कूचये-जानाँमें[6] आये थे।
पर शुक्र है कि बढ़ गये दामन बचाके हम ॥

जिन्हें कूचये-महबूब नसीब हो गया है, उनकी क़िस्मतका क्या कहना ? कूचये-जानाँके सामने फ़िरदौस (जन्नत, स्वर्ग)की भी क्या हक़ीक़त ?

---

[1]यात्रा, दर्शन करना; [2]बहाना; [3]तलाश, खोज; [4]प्रेयसीका रूप; [5]मन्दिर,मसजिद; [6]प्रेयसीके स्थानतक पहुँचनेके मार्गमें।

*मीर— हज़ार मर्त्तबा बेहतर है बादशाहीसे।
अगर नसीब तेरे कूचेकी गदाई हो ॥
रहनेकी अपनी जा तो, न दैर है न काबा।
उठिये जो उसके दरसे तो हूजिये किधरके ?
देखा करूँ तुझीको, मंज़ूर है तो यह है।
आँखें न खोलूँ तुझ बिन मक़दूर है तो यह है ॥

हसरत मोहानी—वल्लाह तुझे छोड़के ऐ कूचये-जानाँ !
'हसरत'से तो फ़िरदौसमें जाया नहीं जाता ।।*

बेनज़ीरशाह— वोह तेरी गलीकी क़यामतें कि लहदसे[1] मुर्दे निकल गये ।
वोह मेरी जबीने-नियाज़[2] थी कि वहीं धरी-की-धरी रही ।।

महबूबका मर्तबा ख़ुदासे कम नहीं, बक़ौल किसीके—

दावरके[3] सामने बुते-काफ़िरको क्या कहूँ ?
दोनोंकी शक्ल एक है, किसको ख़ुदा कहूँ ।।

और 'बहज़ाद' लखनवी तो महबूबको ही ख़ुदा समझते हैं—

---

[1]क़ब्रसे; [2]नतमस्तक; [3]ख़ुदाके ।

*मीर— फ़िरदौसको[1] भी आँख उठा देखते नहीं ।
किस दरजा सैरे-चश्म[2] हैं कूए-बुताँसे हम ?
जन्नतकी मिन्नत उनके दमाग़ोंसे कब उठे ?
ख़ाके-रह[3] उसकी, जिसके कफ़नका अबीर हो ।।
फ़रो[4] न आये सर उसका तवाफ़े-काबासे[5] ।
नसीब जिसको तेरे दरकी जिबहसाई[6] हो ।।
किसको कहते हैं, नहीं मैं जानता इसलामो-कुफ़्र ।
दैर हो या काबा, मतलब मुझको तेरे दरसे है ।।

बैठने दे है कौन फिर उसको ?
जो तेरे आस्ताँसे उठता है ।।
यूँ उठे उस गलीसे हम—
जैसे कोई जहाँसे उठता है ।।

---

[1]जन्नतको; [2]तृप्त; [3]मार्ग-रज; [4]नीचे; [5]काबेकी प्रदक्षिणासे; [6]मस्तक रगड़ना ।

आ मेरी कायनाते-दिल![1] मेरी बहारे-जिन्दगी !
आ कि मैं यह न कह सकूँ "मुझको खुदा न मिल सका" ।।

अपने प्यारेके ध्यानमें दिन-रात लीन रहना ही प्रेम-धर्म है—

हसरत मोहानी—शब[2] वही शब है, दिन वही दिन है ।
जो तेरी यादमें गुजर जाये ।।

आसी— जिनमें चर्चा न कुछ तुम्हारा हो ।
ऐसे अहबाब[3] ऐसी सुहबत क्या ?*

अपने प्यारेके चिन्तन और स्मरणके अतिरिक्त प्रेमीको अन्य कुछ भी नहीं सुहाता—

हसरत— हम क्या करें अगर न तेरी आरजू करें !
दुनियामें और कोई भी तेरे सिवा है क्या ?

---

[1]दिलकी दुनिया; [2]रात; [3]इष्ट-मित्र ।

*मीर— गई तसबीह[1] उसकी नज़अमें[2] कब 'मीर'के दिलसे ?
उसीके नामकी सुमरन थी, जब मनका ढलकता था ।।
हर सुबह उठके तुझसे माँगूँ हूँ मैं तुझीको ।
तेरे सिवाय मेरा कुछ मुद्दआ नहीं है ।।
रहते हो तुम आँखोंमें, फिरते हो तुम्हीं दिलमें ।
मुद्दतसे अगर्चे याँ, आते हो न जाते हो ।।
हमनशीं[3] ! क्या कहूँ, उस रश्के-महे-ताबाँ[4] बिन ।
सुबहे-ईद अपनी है, बदतर शबे-मातमसे भी ।।

---

[1]माला, सुमरन; [2]प्राणान्त समयमें; [3]पड़ौसी; [4]जिसके सौन्दर्य्य-पर चन्द्रमाको भी ईर्ष्या हो ।

जलील— मुझे तमाम जमानेकी आरजू क्यों हो ?
बहुत है मेरे लिए एक आरजू तेरी ॥

फ़ानी— एक आलमको देखता हूँ मैं।
यह तेरा ध्यान है मुजस्सिम[1] क्या ॥

जिगर मुरादाबादी—
यूँ जिन्दगी गुजार रहा हूँ तेरे बग़ैर।
जैसे कोई गुनाह किये जा रहा हूँ मैं ॥

जिगर बरेलवी— तुम नहीं पास कोई पास नहीं।
अब मुझे जिन्दगीकी आस नहीं ॥

दिल— नजरका इक इशारा चाहिए अहले-मुहब्बतको।
जबीने-शौक़ झुक जाये जिधर कहिये, जहाँ कहिये ॥

महबूबका जमाल

प्रेयसीके रूप, हाव-भाव (जमाल)का वर्णन करना बहुत ही नाजुक एवं कोमल कला है। तनिक-सी असावधानीसे अश्लीलताके धब्बे उभर आते हैं। ऐसा कौन विवेक-हीन कलाकार होगा, जो अपनी प्रियतमाके गुप्तांगोंका चित्रण करे। लेकिन ग़ज़लगो शायर ऐसा करते रहे हैं। पिछले वक़्तोंके बाज़-बाज़ शायरोंने तो अपनी कामुक मनोवृत्तिका बहुत ही कुरुचिपूर्ण परिचय दिया है। कई स्थलोंपर तो ऐसा मालूम होता है कि उन्होंने अपनी प्रियतमाको नग्न करके चौराहेपर खड़ा कर दिया है—

निज़ाम रामपुरी— वोह जानुओंमें सीना छुपाना सिमटके, हाय !
और फिर सम्भालना वोह दुपट्टा, छुड़ाके हाथ ॥

[1]पूर्णरूपेण ।

ग़म— हर अदा मस्ताना सरसे पाँवतक छाई हुई।
उफ़ तेरी काफ़िर जवानी, जोशपर आई हुई॥

अब ज़माना बदल गया है। वर्त्तमान युगमें प्रियतमाको जो उच्चासन प्राप्त है, उसीके अनुरूप उसके सौन्दर्यका उल्लेख हुआ है।

रियाज़— लें वोह दामनमें क्या गुलाबके फूल।
बारे-दामन[1] जिन्हें गुलाबका रंग॥
रंगका उसके पूछना क्या है।
जिसका साया भी दे गुलाबका रंग॥

नाज़ुक कलाइयोंमें हिनाबस्ता मुट्ठियाँ[2]।
शाख़ोंपै जैसे मुँह बँधी कलियाँ गुलाबकी॥

असर— अब मैं समझा मुराद जन्नतसे।
आप जिस राहसे गुज़र जायें॥
फूल डूबा हुआ गुलाबमें था।
उफ़! वोह चेहरा हिजाबआलूदा[3]॥
दमे-ख़्वाब[4] है दस्ते-नाज़ुक[5] जबींपर[6]।
किरन चाँदकी गोदमें सो रही है॥

जिगर मुरादाबादी—तूँ जहाँ नाज़से क़दम रख दे।
वोह ज़मीन आसमान है प्यारे॥

जलील— निगाह बर्क़[7] नहीं, चेहरा आफ़ताब[8] नहीं।
वोह आदमी है मगर, देखनेको ताब नहीं॥

---

[1]दामनका बोझ; [2]मेंहदी लगी हुई मुट्ठियाँ; [3]शर्मसे भीगा हुआ; [4]सोते हुए; [5]कोमल हाथ; [6]मस्तकपर; [7]बिजली; [8]सूर्य्य।

दिल— सरे-तूर एक बर्क़े-हुस्न लहराती नजर आई।
जरा शोख़ीसे झटका था, किसीने अपने दामाँको ॥
ऐ हुस्न ! जो सजाये-तमन्ना हो, वह क़बूल।
लेकिन तेरी नजरको फिर एक बार देखकर ॥

ईमानकी बात तो यह है कि उसके रूपका वर्णन हो ही नहीं सकता। बक़ौल 'असग़र' गोण्डवी—

अगर ख़मोश रहूँ मैं तो तू ही सब कुछ है।
जो कुछ कहा तो तेरा हुस्न हो गया महदूद[1] ॥

अब चन्द जमालयाती शेर खुदा-ए-सुखन 'मीर'के तबर्रुकन (प्रसाद-स्वरूप) सुनिये—

नजर उठती नहीं कि जब ख़ूबाँ[2]।
सोतेसे उठके आँख मलते हैं ॥

यूँ अर्क़[3] जलवागर[4] है उस रुख़पर[5]।
जिस तरह ओस फूलपर देखो ॥

नाज़ुकी उसके लबकी क्या कहिए।
पंखड़ी इक गुलाबकी-सी है ॥

'मीर' उन नीमबाज़[6] आँखोंमें।
सारी मस्ती शराबकी-सी है ॥

पहुँचे है कोई उस तने-नाज़ुकके लुत्फ़को।
गो गुल चमनमें जामेसे अपने निकल पड़ा ॥

---

[1]सीमित; [2]हसीन; [3]पसीना; [4]उजागर; [5]कपोलपर; [6]अधखुली।

शब[1] नहाता था जो वोह रश्के-क़मर[2] पानीमें।
गुथी महताबसे[3] उठती थी लहर पानीमें॥
साथ उस हुस्नके देता था दिखाई वोह बदन।
जैसे झमके है पड़ा गोहरे-तर[4] पानीमें॥

यह चाँदके-से टुकड़े छुपते नहीं छुपाये।
हरचन्द अपने मुँहको बुर्क़ेमें तुम छुपाओ॥

यूसुफ़से कोई क्योंकर उस माहको[5] मिला दे?
है फ़र्क़ रात-दिनका अज़दीदा-ता-शुनीदा[6]॥

आँखोंमें ही रहे हो, दिलसे नहीं गये हो।
हैरान हूँ यह शोख़ी आई तुम्हें कहाँसे?

शम्सो-क़मरके[7] देखे, जो उसमें जा रहे हैं।
उस दिल-फ़रोज़के भी रुख़सार ऐसे ही थे॥

गुल भी है महबूब लेकिन कब है उस महबूब-सा।
आगे उस क़दके है सरो-बाग़ बेउसूल बसा॥

रश्के-ख़ूबीका[8] उसीके, जिगरे-महमें[9] है दाग़।
वोह जो एक ख़ाल[10] पड़ा है तेरे रुख़सारके[11] बीच॥

देख उसे हो, मलिकसे[12] भी लग़ज़िश।
हम तो दिलको सम्भाल लेते हैं॥

---

[1]रातको; [2]सौन्दर्य्यमें जिससे चन्द्रमा भी ईर्ष्या करे; [3]चन्द्रमासे; [4]मोती; [5]चन्द्रमुखीको; [6]देखने और सुननेमें; [7]सूर्य्य-चन्द्रमाके; [8]सौन्दर्य्यकी ईर्ष्याके कारण; [9]चन्द्रमामें कालिमाका; [10]तिल; [11]कपोलके; [12]देवतासे।

लुत्फ़ कहाँ, वोह बात कहे पर फूलसे झड़ने लग जावें।
सुर्ख़ कली भी गुलकी अगर्चे यारके लाले-लब-सी है॥

जी ही मला जाता है अपना 'मीर' समाँ यह देखेसे।
आँखें मलते उठते हैं, बिस्तरसे दिलबर जब सोकर॥

देखी थी एक रोज़ तेरी मस्त अँखड़ियाँ।
अँगड़ाइयाँ ही लेते हैं अब तक ख़ुमारमें॥

खिलना कम-कम कलीने सीखा है।
उसकी आँखोंकी नीमख़्वाबीसे[1]॥

पिछले ज़मानेमें जब इश्क़ जी का रोग समझा जाता था, तब इश्क़का

रोना-बिसूरना

रोगी शबे-हिज्रमें रोता-बिसूरता था, आहो-नाले करता था और अपने रंजोग़मकी दास्तान बड़-बड़ाता रहता था। बक़ौल मीर—

कभू 'मीर' उस तरफ़ आकर जो छाती कूट जाता है।
ख़ुदा शाहिद[2] है, अपना तो कलेजा टूट जाता है॥

रोते फिरते हैं सारी-सारी रात।
अब यही रोज़गार है अपना॥

वर्त्तमानमें इश्क़ इन्सानके लिए ज़रूरी चीज़ बन गया है। रोने-धोनेसे दामने-इश्क़में धब्बा लगता है—

जिगर मुरादाबादी—इश्क़की अज़मत[3] न हरगिज़ जीते जी कम कीजिये।
जान दे दीजे मगर आँखें न पुरनम[4] कीजिये॥

---

[1]अधखुली; [2]साक्षी। [3]प्रतिष्ठा, महानता; [4]अश्रुपूर्ण।

दिल— मुहब्बत बेअसर उसकी, मुहब्बत रायगाँ उसकी।
कि जिसने उम्रभर पूछे हैं आँसू अपने दामाँसे ॥

रंजो-ग़ममें रोने-धोनेके क्या मानी ? मर्द वह है जो इनका हँसते हुए स्वागत करता है। चन्द नमूने मुलाहिज़ा फ़रमायें—

साक़िब— जवाब ज़ख़्मे-जिगर दे रहा है हँस-हँसकर।
"वही तो दिल है कि जो ख़ुश रहे मुसीबतमें" ॥

रियाज़— असर बढ़ जाय या रब ! इस क़दर सोज़े-मुहब्बतमें।
जहन्नुममें हर अंगारेको समझूँ फूल जन्नत का ॥

असर— ग़म नहीं तो लज़्ज़ते-शादी नहीं।
बे असीरी[1] लुत्फ़े-आज़ादी नहीं ॥

फ़ानी— ज़िन्दगी यादे-दोस्त है, यानी—
ज़िन्दगी है तो ग़ममें गुज़रेगी ॥

मौजोंकी सयासतसे[2] मायूस[3] न हो 'फ़ानी'।
गिरदाबकी[4] हर तहमें साहिल[5] नज़र आता है ॥

रस्मे-बेदाद-दोस्त[6] आम हुई।
तल्ख़िये-ज़ीस्त[7] भी हराम हुई ॥

यगाना चंगेज़ी— ज़ीस्तके हैं यही मज़े वल्लाह।
चार दिन शाद[8] चार दिन नाशाद ॥

---

[1]बन्धनके दुःख देखे बिना; [2]लहरोंके बढ़नेसे, वेगसे; [3]निराश; [4]भँवरकी; [5]तट, किनारा; [6]प्रियतमाके अत्याचार करनेकी प्रथा; [7]ज़िन्दगीकी कड़ुवाहट; [8]ख़ुश।

शाद— अपनी हस्तीको ग़मो-दर्द मुसीबत समझो।
मौतकी क़ैद लगा दी है ग़नीमत समझो॥

पुकारकर वहशियोंसे कह दो, "ख़िज़ाँका भी दौर है ग़नीमत।
क़बाके दामनको ढाँक तो लें अगर न मौक़ा मिले रफ़ूका"॥

आज़ाद अन्सारी— ग़ैर फ़ानी ख़ुशी अता कर दी।
ऐ ग़मे-दोस्त! तेरी उम्र दराज़॥

फ़ानी— तूने करम किया तो ब-उनवाने-रंजे-ज़ीस्त!
ग़म भी मुझे दिया तो ग़मे-जाविदाँ न था॥
ग़म भी गुज़श्तनी है, ख़ुशी भी गुज़श्तनी।
कर ग़मको अख़्तियार कि गुज़रे तो ग़म न हो॥
मेरी हविसको ऐशे-दो आलम भी था क़बूल।
तेरा करम कि तूने दिया दिल दुःखा हुआ॥

आरज़ू— एक दिलमें ग़म ज़माने भरका क्योंकर भर दिया?
ख़ू-ए-हमदर्दीने[1] कूज़ेमें समन्दर[2] भर दिया॥

दिल— ऐ दिले-नाकाम रफ़-ए-ग़मकी सूरत है यही।
वाक़ियाते-ज़िन्दगीको भूल जाना चाहिए॥

अर्शी— जब कभी दर्दे-मुहब्बतमें कमी पाई है।
अपनी हालतपै मुझे आप हँसी आई है॥

मुहम्मद 'असर'—हज़ार ऐशकी सुबहें निसार हैं जिसपर।
मेरी हयातमें[3] ऐसी भी इक शबे-ग़म[4] है॥

---

[1]विश्व-समवेदनाकी आदतने; [2]गागरमें सागर; [3]जीवनमें; [4]दुःखकी रात।

ख़िज़ाँ प्रेमी—ग़म एक इम्तहान था इन्सानके लिए।
जो लोग अहले-ज़ौक़ थे, वोह मुसकरा दिये ॥

दर्द सईदी—

यह क्यों फ़िज़ापर[1] है यासतारी,[2] यह हर तरफ़ क्यों उदासियाँ हैं ?
अभी तो अपनी तबाहियोंपर मैं आप भी मुसकरा रहा हूँ ॥

नाज़िश परतापगढ़ी—

वोह तो ख़ैरियत गुज़री जो ग़मने गोद फैला दी।
वरना हज़रते-'नाज़िश' कौन आपका होता ?
यह लुटा-लुटा-सा आलम, यह उड़ी-उड़ी-सी रंगत।
कहीं छिन न जाय मुझसे मेरे ग़मकी ताज़गी भी ॥
मेरे दर्दमें निहाँ[3] है, वोह निशाते-जाँविदानी[4]।
कि निचोड़ दूँ जो आहें तो टपक पड़े तबस्सुम ॥

राज़ रामपुरी—

इन आँसुओंकी हक़ीक़तको कौन समझेगा।
कि जिनमें मौत नहीं, ज़िन्दगीका मातम है ॥

हुरमतुल इकराम—

मुझसे हर बार मसर्रतने छुड़ाया दामन।
मुझको सौ बार दिया ग़मने सहारा ऐ दोस्त !

अज्ञात—

किसको होती हैं अता इस शानकी बरबादियाँ।
आशियाँ हम क्या बचाते, बिजलियाँ देखा किये ॥

---

[1]वायुमण्डलमें; [2]निराशा छाई है; [3]छुपी हुई; [4]स्थाई सुख।

पिछले ज़मानेके अक्सर शायरोंने जहाँ माशूक़को क़ातिल एवं बेवफ़ा[1] चित्रण किया है; वहाँ आशिक़को भी बहुत ज़्यादा ज़लीलो-ख्वार किया है।[2] यहाँतक कि आशिक़ो-माशूक़ शब्द इतने घृणित और उपहास्पद हो गये हैं कि यह भनक पड़ते ही कि अमुक युवक-युवतीका परस्पर इश्क़ है तो भद्रसमाजमें उनपर उँगलियाँ उठने लगती हैं, चेमेगोइयाँ होने लगती हैं; और उन्हें आवारा, उच्छृङ्खल एवं चरित्रहीन समझ लिया जाता है। यहाँतक कि कुटुम्बी जन उनके अस्तित्वको अभिशाप समझने लगते हैं।

आशिक़-ओ-माशूक़की तसवीर

अब जब कि हुस्नो-इश्क़का मर्त्तबा बहुत बुलन्द तसव्वुर किया जाने लगा है तो आशिक़ो-माशूक़की तसवीरें भी उसी मेयारपर बनाई जा रही हैं। पिछले ज़मानेके माशूक़ विरह-व्यथासे पीड़ित अपने आशिक़की

१— दाग़— अपने बिस्मिलका सर है ज़ानूपर।
किस मुहब्बतसे जान लेते हैं॥

मोमिन—दरबाँको आने देनेपै मेरे न कीजे क़त्ल।
वरना कहेंगे सब कि यह कूचा हरम न था॥

२— ग़ालिब—दे वोह जिस क़दर ज़िल्लत हम हँसीमें टालेंगे।
बारे-आश्ना निकला उनका पासबाँ अपना॥

वाँ जो पहुँचा भी तो उनकी गालियोंका क्या जवाब।
याद थीं जितनी दुआएँ सर्फ़-दरबाँ हो गईं॥

दाग़— देखते ही मुझे महफ़िलमें उन्हें ताब कहाँ?
ख़ुद खड़े हो गये कहते हुए "बाहर-बाहर"॥

अज्ञात— कल जो उठते थे बिठानेके लिए।
आज बैठे हैं उठानेके लिए॥

परिचर्य्या करना तो दरकिनार उनकी मिज़ाज पुर्सीको आना भी शायाने-शान नहीं समझते थे।

तसलीम— गर उन्हें है ख़ौफ़ अर्ज़े-आरज़ू।
दूरसे आकर तमाशा देख लें॥

लेकिन इश्क़ अगर सादिक़ है तो नामुमकिन है कि माशूक़को उस चाहतका पता न लगे और आशिक़के रंजो-ग़ममें उसकी आँखें न डबडबा आयें—

साक़िब— नज़अ़ इक ईद है, वोह रोते हुए आये हैं।
ऐ दिले-ज़ार ! यही वक़्त है मर जानेका॥

अर्शी— अब देखिये पहुँचती हैं बरबादियाँ कहाँ ?
उनकी हसीन आँखोंमें अश्क आ गये हैं आज॥

अज्ञात— तेरी आँखोंसे यह आँसूका ढलकना तौबा !
मैंने गिरती हुई कौनैनकी क़िस्मत देखी॥

वर्त्तमान युगीन शायर जहाँ सुशीला, सहृदया और नेक प्रेयसीका चित्रण कर रहे हैं; वहाँ प्रेमीके बेलौस प्रेम और स्वाभिमानी व्यक्तित्वका भी नक़्श उभार रहे हैं। यह माना कि प्रियतमा ही काबा-ओ-काशी है। उसकी यादमें लीन रहना ही नमाज़ो-उपासना है। मगर प्रेमी भी तो आख़िर मनुष्य है। वह प्रियतमाकी चाहतमें मर मिटेगा, जीवनभर सुलगता रहेगा; किन्तु जानबूझकर की गई उपेक्षा या तौहीनको वह नहीं सह सकेगा। वह मनुष्य है और मनुष्यताका अपमान सहन करना मनुष्यता नहीं पशुता है। इस हीन स्थितिमें वह किसी भी क़ीमतमें रहनेको प्रस्तुत नहीं।

आनन्दनारायण मुल्ला—

तूने फेरी लाख नरमीसे नज़र।
दिलके आईनेमें बाल आ ही गया ॥*
किसीके पाँवका रौंदा हुआ नहीं 'मुल्ला'।
वोह है तो गर्द, मगर राहे-कारवाँमें नहीं ॥

शाद अज़ीमाबादी—

दिले-मुज़तरिब ! तुझे क्या कहूँ, अबस उनके पाँवपै सर रखा।
जो ख़फ़ा भी हो गये थे तो क्या, कि वोह आदमी थे, ख़ुदा न थे ॥†

जिगर— हमसे नज़र फेर ली उस शोख़ने।
हम भी हैं इन्सान ख़फ़ा हो गये ॥*

फ़ानी— रस्मे-ख़ुद्दारीसे गो वाक़िफ़ न थी दुनियाए-इश्क़।
फिर भी अपना ज़ख़्मे-दिल शरमिन्द-ए-मरहम न था ॥

आरज़ू— उनकी बेजा भी सुनूँ आप बजा भी न कहूँ।
आख़िर इन्सान हूँ मैं भी, कोई दीवार नहीं ॥

---

*मीर— याँ अपने जिस्मे-ज़ारपै तलवार-सी लगी।
उसने जो बेदमाग़ीसे अबरूको ख़म किया ॥

†मीर— ख़ाक ऐसी आशिक़ीपर ठुकराये भी गये कल।
पावों कने-से उसके पर 'मीरजी' न सरके ॥

*मीर— बाहम सलूक था तो उठाते थे नर्म-गर्म।
काहेको 'मीर' कोई दबे जब बिगड़ गई ॥
ख़ाना ख़राब 'मीर' भी कितना ग़यूर था ?
मरते मुआ पर उसके कभू घर न जा फिरा ॥

यगाना— बन्दगीका सबूत दूँ क्योंकर ?
इससे बेहतर है कीजिये इनकार ॥

जब स्वाभिमानका यह आलम है कि बन्दगीका सबूत चाहे जानेपर बन्दगीसे भी इनकार कर दिया जाता है। तब उसका स्वाभिमानी व्यक्तित्व किसीका भी अहसान कैसे उठाये और क्यों किसीसे याचना करे ?

साक़िब— पेशे-अरबाबे-करम हाथ वोह क्या फैलाता ?
जिसको तिनकेका भी अहसान गवारा न हुआ ॥*

नियाज़— हमें ख़ुदाके सिवा कुछ नज़र नहीं आता।
निकल गये हैं बहुत दूर जुस्तजूसे हम ॥

असर— रहमपर ग़ैरके जीना कैसा ?
ज़िन्दगीका यह क़रीना कैसा ?

आरज़ू— दरे-दिल[1] "आरज़ू"! दरवाज़-ए-काबेसे बेहतर था।
यह ओ ग़फ़लतके मारे ! तूने पेशानी कहाँ रख दी ?
धूप सह लेना है अच्छा, बारे-अहसाँ[2] कौन उठाय।
छाँव इक गिरती हुई दीवार है मेरे लिए ॥
माँग जो खोके आन-बान न माँग।
क़त्ल हो जा मगर अमाँ[3] न माँग ॥
आलूदगी-ए-गर्दे-तमा से[4] ख़ुदा बचाय।
जाते हैं झाड़ते हुए दामन चमनसे हम ॥

---

*मीर— आगे किसीके क्या करें दस्ते-तमअ् दराज़।
यह हाथ सो गया है सिरहाने धरे-धरे ॥

[1]हृदय-द्वार; [2]अहसानका बोझ; [3]जीवन-रक्षा; [4]अभिलाषा-रूपी धूलकी लिप्सासे।

यगाना—

आँख नीची हुई अरे यह क्या ?
क्यों ग़रज़ दरमियानमें आई ?
बन्दा वोह जो दम न मारे।
प्यासा खड़ा हो दरिया किनारे ॥

अदीब मालीगाँवी—

अपना अदाशनास बन, अपना जमाल भी तो देख।
तुझमें कमी है कौन-सी, तुझमें कमी कोई नहीं ॥

कौसर क़ुरेंसी—मुझे आता है 'कौसर' हश्रगाहोंमें गुज़र जाना।
मैं इन्सां हूँ, मेरी तौहीन है, घुट-घुटके मर जाना ॥

हिज्रे-यार

अपने प्यारेका विरह नारकीय यन्त्रणासे भी अधिक दुःखद होता है। हर प्रेमीकी अभिलाषा रहती है कि वह अपने प्यारेके पास निरन्तर बैठा रहे, एक क्षणको भी पृथक न रहे; परन्तु विधिका विधान ही कुछ ऐसा है कि वियोग ही जीवनभर सहना पड़ता है, मिलन यदि होता भी है तो क्षणिक होता है। पिछले शायरोंमें बहुतोंने विरहपर बहुत अतिशयोक्तिपूर्ण कहा है। जिसे सुनकर सहानुभूति उदित होनेके बजाय खीज-सी होती है। कोई विरह-व्यथा सहते-सहते इतने दुर्बल हो गये हैं कि बक़ौल किसीके—

बिस्तरपै ढूंढ़ती फिरी शबभर क़ज़ा मुझे

कोई विरह-ज्वालामें इतने तप रहे हैं कि बक़ौल 'अमीर' मीनाई—

फूल गर मुरझाये तो मुझसे न करना कुछ गिला।
ले सबा चलनेको मैं, चलता हूँ गुलशनकी तरफ़ ॥

कोई विरह-व्यथामें ऐसे खोये गये हैं कि जड़-मूर्त्ति समझकर परिन्दोंने उनके सरपर घोंसले बना लिये हैं। बक़ौल आरिफ़—

जानकर मजनूँ मुझे एक लैलि-ए-गुलफ़ामका।
आके बुलबुलने बनाया आशियाँ बालाए-सर॥

अब आधुनिक युगके चन्द स्वाभाविक शेर विरहपर दिये जा रहे हैं—

अर्शी— बेताबिये-दिलके उन नाज़ुक लमहोंका तसव्वुर तो कीजे।
जब अहदे-मुहब्बत होते ही फ़ुरक़तका ज़माना आ जाये॥

असर— फिर न आये जो वादा करके गये।
आजका दिन है और वोह दिन है॥
याद कर ले भूलनेवाले मेरे।
अब तो बिछुड़े एक मुद्दत हो गई॥

जलील— तुम जो याद आये तो सारी कायनात[1]।
एक भूली-सी कहानी हो गई॥
क़ासिद! पयामे-शौक़को देना न बहुत तूल।
कहना फ़क़त यह उनसे कि "आँखें तरस गईं"॥

'शाद' अज़ीमाबादी—

शबे-हिजराँकी सख़्ती हो तो हो, लेकिन यह क्या कम है।
कि लबपै रातभर रह-रहके तेरा नाम आयेगा॥

हसरत— कहीं वोह आके मिटा दें न इन्तज़ारका लुत्फ़।
कहीं क़ुबूल न हो जाय इल्तजा[2] मेरी॥

नसरीं— वाह क्या कैफ़े-तसव्वुर[3] है कि अक्सर हिज्रमें।
यूँ हुआ महसूस गोया वोह अचानक आ गये॥

---

[1]दुनिया; [2]इच्छा, प्रार्थना; [3]ध्यानावस्था।

अज्ञात— रुख़सतके वाक़ियातका इतना तो होश है।
देखा किये हम उनको जहाँ तक नजर गई॥
दरतक तो आ चुके थे, मगर आके फिर गये।
ऐ ज़ब्ते-दिल! असरमें कहाँपर कमी रही॥

अदीब मालीगाँवी—
उस जाने-बहाराँने[1] जबसे मुँह फेर लिया है गुलशनसे।
शाख़ोंने लचकना छोड़ दिया, गुंचे भी चटख़ना भूल गये॥

एक ख़ातून— बे तुम्हारे मैं जी गई अबतक।
तुमको क्या खुद मुझे यक़ीन नहीं॥*

अर्शी— तेरी नीची नजरकी यादका आलम अरे तौबा!
चुभोकर दिलमें जैसे तोड़ डाले कोई पैकाँको[2]॥
आग़ाज़े-आशिक़ीका[3] अल्लाहरे ज़माना।
हर बात बहकी-बहकी हरगाम वालहाना॥

यास-ओ-हिरमान

पुरानी ग़ज़लोंमें निराशा एवं असफलता (यास-ओ-हिरमान)की बहुत अधिक भरमार है। वे शायर भी जो जीवन पर्यन्त ऐश करते रहे; ता-उम्र निराशाके गीत गाते रहे हैं। अक्सर पुराने शायरोंने जीवनके बजाय मृत्यु चाही।† प्रायः सभीने पुरुषार्थके बदले अकर्मण्यताको अहमियत

---

[1]बहाररूपी प्रियतमाने; [2]तीरको; [3]प्रेमासक्तिका प्रारम्भ।

*मीर— इश्क़में वस्लो-जुदाईसे नहीं कुछ गुफ़्तगू।
क़ुर्बो-बाद[1] उस जा बराबर है, मुहब्बत चाहिए॥

†—ग़ालिब— मरते हैं आरज़ूमें मरनेकी।
मौत आती है, पर नहीं आती॥

---

[1]नज़दीकी-दूरी।

दी ।† लेकिन अब करो या मरोका युग है। अकर्मण्योंको सावधान करते हुए 'यगाना' चंगेज़ी फ़रमाते हैं—

ख़ुदा ऐसे बन्दोंसे क्यों फिर न जाये ।
जो बैठा हुआ माँगना जानता है ॥

जो हाथ-पाँव नहीं हिलाता, उसके मुँहमें ग्रास देने ईश्वर भी नहीं आता । जो पुरुषार्थ करते हैं, उन्हें सहायक मिल ही जाते हैं । इसी भावको 'यगाना' चंगेज़ी यूँ व्यक्त करते हैं—

जो रो सकते तो आँसू पूछनेवाले भी मिल जाते ।
शरीके-रंजो-ग़म, दामनसे पहिले आस्तीं होती ॥

जो व्यक्ति असफलताओंसे निराश हो बैठते हैं, उनके लिए यह अशआ़र देखिये कितने प्रेरणादायक हैं—

शाद अज़ीमाबादी—

यह मुमकिन है कि लिक्खी हो क़लमने फ़तह आख़िरमें ।
जो हैं अहबाबे-हिम्मत ग़म नहीं करते शिकस्तोंमें ॥

दत्तात्रिय कैफ़ी—हाँ-हाँ मगर ऐ दोस्त ! तू तद्बीर किये जा ।
यह भी तेरी तक़दीरके दफ़्तरमें लिखा है ॥

जो स्वयं नहीं उठता, उसे कोई भी सहारा नहीं देता । इसी भावको 'शाद' अज़ीमाबादी देखिये किस ख़ूबीसे रिन्दाना अन्दाज़में पेश करते हैं—

समझता है इस दौरमें कौन किसको ?
करें रिन्द ख़ुद अहतराम[1] अपना-अपना ॥

---

† आतिश—क़िस्मतमें जो लिखा है, वोह आयेगा आपसे ।
फैलाइये न हाथ न दामन पसारिये ॥

[1]आदर-सत्कार ।

जो क़ौमें स्वयं अपनी प्रतिष्ठायें बढ़ानेका प्रयत्न नहीं करतीं, उनकी आजतक किसी दूसरी क़ौमने इज़्ज़त नहीं की। 'शाद' अज़ीमाबादीने कितना तथ्यपूर्ण भेद बतलाया है—

यह बज़्मे-मै[1] है याँ कोताहदस्तीमें है महरूमी[2]।
जो बढ़कर ख़ुद उठा ले हाथमें मीना उसीका है ॥

समय रहते जो कर लिया सो ही थोड़ा—

क्या ग़लत जोम है, बाद अपने किसे ग़म अपना।
हाथ क़ाबूमें है कर ले अभी मातम अपना ॥

यह हमारी कम हिम्मती अथवा अकर्मण्यता है जो हम इस शोचनीय स्थितिमें हैं। अन्यथा बक़ौल 'शाद' अज़ीमाबादी—

हिम्मते-कोताहसे[3] दिल, तंगे-जिन्दाँ[4] बन गया।
वरना था घरसे सिवा, इस घरका हर गोशा[5] वसीअ़[6] ॥

सफ़ी लखनवी—इन्सान मुसीबतमें हिम्मत न अगर हारे।
आसाँसे वोह आसाँ है, मुश्किलसे जो मुश्किल है ॥
दुनियाकी तरक़्क़ी है इस राज़से[7] वाबिस्ता[8]।
इन्सानके क़ब्ज़ेमें सब कुछ है अगर दिल है ॥

असर लखनवी—कौन कहता है कि मौत अंजाम[9] होना चाहिए।
जिन्दगीका जिन्दगी पैग़ाम होना चाहिए ॥

नजीर बनारसी—खा-खाके शिकस्त फ़तह पाना सीखो।
गिरदाबमें[10] क़ह-क़हा लगाना सीखो ॥

---

[1]मधुशाला; [2]पीछे हाथ रखनेसे वंचित रह जाओगे; [3]कम-हिम्मतीकी वजहसे दिल; [4]संकीर्ण बन्दीगृह; [5]कोना; [6]विस्तृत; [7]भेदसे; [8]सम्बन्धित; [9]परिणाम; [10]भँवरमें।

शाद अज़ीमाबादी—नज़र आये न आये कोई आँसू पूछनेवाला।
मेरे रोनेकी दाद ऐ बेकसी ! दीवारो-दर देंगे।।

आनन्दनारायण मुल्ला—कबतक किसीसे माँगकर हम अख़्तियार लें ?
अब जीमें है कि शेरसे लड़कर कछार लें।।

रक़ाबत

पुरानी शायरीमें रक़ीबों[1] (उदूओं)की बहुत भरमार रही है। अक्सर यही माशूक़की नज़रे-इनायतके हक़दार होते थे। माशूक़ इन्हें महफ़िलोंमें अपने नज़दीक बिठाते थे। सबके सामने प्यार-ओ-मुहब्बतका इज़हार करते थे और अपने हक़ीक़ी चाहनेवाले आशिक़की तरफ़ रुख़ भी नहीं करते थे। उन्हें महफ़िलमें बुलाना तो दरकिनार अपने कूचेमें भी नहीं फटकने देते थे। और मसलहतन कभी महफ़िलमें बैठने भी दिया तो उनके सामने ही रक़ीबसे इज़हारे-उल्फ़त करते थे और बेचारे आशिक़ उनकी इन हरकतोंको देख-देखकर कुढ़ते थे। इसी कुढ़न, ग़ैरत, जलन, ईर्ष्या, स्पर्द्धा आदिको 'रक़ाबत' कहते हैं।

वर्त्तमान युगमें रक़ाबतकी वह लानत ख़त्म होती जा रही है। क्योंकि जब माशूक़ा पाकदामाँ और बावफ़ा होती जा रही है तब रक़ीबो-उदूका ख़यालो-ख़्वाब भी नहीं आ सकता।

पृष्ठ ४६ में यह उल्लेख हुआ है कि उर्दू-शायरीमें बाज़ारी माशूक़का तसव्वुर फ़ारसी-शायरीके अन्ध-अनुकरणकी वजहसे भी आया। यदि उर्दू-शायरोंने फ़ारसीके बजाय अरबीका अनुसरण किया होता तो बुलहविस आशिक़ों एवं हरजाई माशूक़ोंसे उर्दू-शायरीका दामन बेदाग़ रहा होता।

मिर्ज़ा ग़ालिब फ़ारसीका अनुसरण करते हुए फ़रमाते हैं—

---

[1]माशूक़का दूसरा चाहनेवाला, जिसे माशूक़ भी प्यार करे, उसे रक़ीब, उदू, ग़ैर, मुद्दई, दुश्मन आदि कहा जाता है।

क़यामत है कि होवे मुद्दईका हमसफ़र, 'ग़ालिब' !
वोह काफ़िर जो ख़ुदाको भी न सौंपा जाय है मुझसे[1] ॥

इस शेरमें साफ़-साफ़ हरजाई माशूक़का ज़िक्र हुआ है। 'मीर' अरबी-नस्ल था। अब देखिये उसके यहाँ यही मज़मून कितने पाकीज़ा सलीक़ेसे नज़्म हुआ है—

इश्क़ उनको है, जो यारको अपने दमे-रफ़्तन।
करते नहीं ग़ैरतसे ख़ुदाके भी हवाले[2] ॥

'मीर'की प्रेयसी पवित्र एवं सती है, किन्तु वह इतनी अनुपम, लावण्यवती और यकताँ है कि किसीपर भी विश्वास नहीं किया जा सकता। उसे देखकर संभव है ख़ुदाकी नीयत भी ऐन-ग़ैन हो जाय।

'मीर'का कमाल यह है कि वह अपनी प्रेयसीको शंकित दृष्टिसे नहीं देखते। मगर उनकी हिन्दुस्तानी ग़ैरत इजाज़त नहीं देती कि उनके सिवा कोई दूसरा उसे मुहब्बतकी नज़रसे देखे। चाहे वह ख़ुदा ही क्यों न हो। उन्हें अपनी माशूक़की पाक दामनीपर पूरा एतमाद है। मगर दूसरोंकी नीयतपर यक़ीन नहीं। वे उस पाश्चात्य सभ्यताके क़ायल नहीं, जो अपनी पत्नियोंको दूसरोंके साथ नाचते-हँसते-खेलते देखकर ख़ुश होते हैं। अपनी प्रेयसीपर 'मीर' किसीकी भी कुदृष्टि नहीं पड़ने देना चाहते। उनके सिवा कोई और भी उनकी प्रेयसीको चाहतकी दृष्टिसे देखने लगे, यह बेग़ैरती वे बरदाश्त करनेको तैयार नहीं।

---

[1] ऐ ग़ालिब ! मेरे लिए तो आज प्रलयका दिन है। मेरे जैसा शंकित हृदय अपनी जिस प्रेयसीको ख़ुदाके हवाले करते हुए भी झिझकता, वही मेरे प्रतिद्वन्द्वीके साथ भ्रमणको निकली है।

[2] पवित्र और स्थाई प्रेम उन्हींका है जो स्वाभिमानवश अपनी प्रेयसीको ख़ुदाके संरक्षणमें भी रखनेको प्रस्तुत नहीं होते। रक़ीबका तो ज़िक्र ही क्या ?

हम देखें तो देखें उसे, फिर परदा बेहतर है यानी—
और करें नज़्ज़ारा उसका, हमको यह मंज़ूर नहीं ॥

यहाँतक कि 'मीर' अपनी प्रेयसीको पत्र भी नहीं लिखते। क्योंकि वे जानते हैं कि पत्र-वाहककी नीयत भी फिसल सकती है—

ख़त लिखके उसको सादा न कोई मलूल हो।
हम तो हों बदगुमान जो क़ासिद रसूल हो ॥

रक़ाबतपर 'मोमिन'का यह शेर मशहूर है—

उस नक़्शे-पाके सजदेने क्या-क्या किया ज़लील।
मैं कूच-ए-रक़ीबमें भी सरके बल गया[1] ॥

'मोमिन'के यह बहुत बहतरीन शेरोंमें-से एक है। इसी मज़मूनको 'ग़ालिब'ने यूँ ज़ाहिर किया है—

जाना पड़ा रक़ीबके दरपर हज़ार बार।
ऐ काश जानता न तेरी रहगुज़रको मैं ॥

'ग़ालिब' कूचये-रक़ीबमें अपने माशूक़के नक़्शे-पाका सजदा करते हुए नहीं जाते हैं। वे तो महज़ बदगुमानी और रक़ाबतकी वजहसे कूचये-

---

[1]प्रेयसी प्रतिद्वन्द्वीके घर थी। अतः उसके चरणचिह्नोंको सजदा करते हुए मुझे प्रतिद्वन्द्वीके घरतक जाना पड़ा। प्रेयसीके चरण-चिह्नोंको सजदा देना प्रेम-धर्म है। इससे तो मुझे प्रसन्नता हुई, परन्तु मलाल तो इस बातका है कि मुझे सजदा करते हुए शत्रुके दर्वाज़ेतक जाना पड़ा। जो मेरी ग़ैरतको गवारा नहीं था। ज़िल्लतका सबब यह हुआ कि रक़ीबके कूचेमें सरके बल जानेसे लोग समझे कि रक़ीबसे रहमका ख़्वाहिशमन्द है और उसके कूचेमें नाक रगड़ता है।

रक़ीबमें जाते हैं। ताकि वहाँ माशूक़को रँगे-हाथ देखकर उसे ज़लीलो-ख्वार कर सकें।

मगर किसी भी भले और शरीफ़ आशिक़की ग़ैरत यह कब गवारा करेगी कि वह अपने माशूक़को किसी ग़ैरके पहलूमें खुद अपनी आँखोंसे देखे। वह मर जाना पसन्द करेगा, मगर ऐसे ज़लील मंज़रको देखना पसन्द नहीं करेगा, अब 'मीर'की खुद्दारी देखिये—

इतना रक़ीबे-ख़ाना बर अन्दाज़से सलूक?
जब आ निकलते हैं, यह सुनते हैं कि घर नहीं॥

बदगुमानी और रश्कका यह हाल है कि 'मीर' नहीं चाहते कि माशूक़ा कहीं जाय। वह किसी भी कामसे ख्वाह अपनी रिश्तेदारीमें ही जाती है। 'मीर'को रक़ीबके यहाँ जानेका शक होता है। क्योंकि आशिक़ शक्की मिज़ाज होता है। मगर खुद्दार एवं स्वाभिमानी इतने हैं कि उसकी टोह लेनेके लिए कहीं नहीं जाते।

'मीर'का एक शेर और दिया जा रहा है। मगर इस शेरसे लुत्फ़ अन्दोज़ वही हो सकेंगे, जिन्होंने ३०–३५ वर्ष पूर्वका ज़माना देखा है। जब कि शादीसे पूर्व पत्नीका मुख देख सकना असंभव था। कई-कई बच्चे हो जानेपर भी पत्नीके मायकेमें उसके दीदार नसीब नहीं होते थे। पत्नीकी एक झलक दिखा देनेके लिए सालियों-सलेहजोंकी खुशामदें की जा रही हैं। सरदर्दका बहाना करके पड़े हुए हैं। मगर क्या मजाल जो पत्नीकी झलक किसी दीवारो-दरके सूराख़से भी नज़र आ जाय। दिल उसे देखनेको तड़प रहा है, मगर अन्तरंग यही चाहता है कि मेरी पत्नी इतनी लज्जाशील और बाहया हो कि वह मुझे दिखाई न दे। अन्यथा उसके पीहरवाले उसे बेहया कहेंगे, और उसकी ग़ैरत और मर्दानगीको यह गवारा नहीं कि उसकी पत्नीपर कोई नुक्ताचीनी करे। अतः ऊपरसे मिलनेका प्रयत्न करते हुए भी वह नहीं चाहता कि उसकी पत्नी सामने आये।

इसी तरह पत्नी भी नहीं चाहती कि उसके पतिपर कोई उँगली उठाये। वह भी अपने पतिकी आँखोंमें लाजका पानी चाहती है। उसके पतिने अपने बड़ोंके सामने असावधानीवश बच्चा गोदमें ले लिया तो एकान्तमें व्यंग करते हुए चेतावनी दी कि तुमने यहाँ तो बच्चेको गोदमें ले लिया, कहीं मेरे पीहरमें ऐसी भूल न कर बैठना, वरना माँ-भावज मुझे चूँट-चूँट खायेंगी।"

अब 'मीर'का शेर मुलाहिज़ा फ़रमायें—

दाग़ हूँ रश्के-मुहब्बतसे कि इतना बेताब।
किसकी तसकींके लिए घरसे तू बाहर निकला ?

अपने प्यारेका आगमन सुनकर उसे देखनेकी आतुरतामें बदहवासीसे प्रियतमा बाहर निकल आई है। उसकी यह हरकत प्रेमीकी धारणाके विपरीत हुई। क्योंकि वह तो अपनी प्रियतमाको असूर्य स्पृश्या समझता था। हज़ार प्रयत्न करनेपर भी झलक दिखेगी या नहीं। यही शंकित हृदय लेकर वह आया था। मगर यहाँ आकर उसे कुछ दूसरा ही आलम नज़र आया। आशिक़ आख़िर आशिक़ है, शक्की उसका स्वभाव है। वह यह तो कल्पना भी नहीं कर सकता कि उसकी प्रेयसी इतनी निर्लज्ज है कि उसे देखनेको भी बाहर आ सकती हैं। शक्की स्वभावके कारण वह सशंकित हो उठता है और माशूक़से बेताबीमें पूछ बैठता है—

किसकी तसकींके लिए घरसे तू बाहर निकला[1]।

ग़ज़लपर एक आक्षेप यह भी किया जाता है कि उसमें सामयिक घटनाओंका उल्लेख नहीं मिलता। यह आक्षेप किसी हदतक ठीक है।

सामयिक घटनाएँ

क्योंकि ग़ज़लका निर्माण जिन तन्तुओंसे हुआ है, उनका मेल इस तरहकी शायरीसे नहीं

---

[1]ध्यान रहे उर्दू-शायरीकी प्रथाके अनुसार माशूक़के लिए प्रयुक्त क्रिया आदि पुल्लिग लिखे जाते हैं।

बैठता। ग़ज़लका अस्तित्व चिरकाल तक होना चाहिए, इसलिए उसमें उन घटनाओंको नज़्म करनेसे परहेज़ किया जाता है, जो आँधीके समान बढ़ती-घटती हैं।

फ़ारसीके मशहूर शायर हाफ़िज़के जीवनकालमें उसका देश ५ बार विजित हुआ। कभी किसी विजेताने उसे वीरान कर दिया। कभी किसीने उसे चमन बना दिया। विजेता आँधी-तूफ़ानकी तरह आये और विलीन हो गये। हाफ़िज़ने यह सब इन्क़लाब अपनी आँखोंसे देखे। मगर एक भी घटनाका उल्लेख उन्होंने अपनी शायरीमें नहीं किया। फिर भी क्यों उनकी शायरी इतनी बुलन्द और प्रभावशाली है कि सदियाँ गुज़र जानेपर भी पहिलेकी तरह तरो-ताज़ा बनी हुई है। बार-बार पढ़नेपर भी मन लालायित बना रहता है?

इसका कारण यही है कि उन्होंने जो इन्क़लाब अपने जीवनमें देखे, उन्हें देखकर वे बिलखे नहीं। चुपचाप सहते गये और स्वयं साकार व्यथा बन गये। परिणाम इसका यह हुआ कि जो भी बोल व्यथित हृदतंत्रीसे निकला अमर हो गया!

समुद्र मन्थनसे निकले हुए विषको देखकर बाबा भोलेनाथ चीख उठते तो उन्हें महादेव कौन कहता? महादेव तो वे तभी समझे गये, जब संसारका ज़हर वे स्वयं पीकर बैठ गये।

नज़्म-गो और ग़ज़लगो-शायरोंमें यही अन्तर है। नज़्म-गो शायर आपदाओंको देखकर उससे प्रभावित होता है, और जो देखता है, उसे बढ़ा-चढ़ाकर दूसरोंपर ज़ाहिर करता है। ग़ज़ल-गो शायर आपदाओंको अपनेमें जज़्ब कर लेता है, फिर जो जज़्बात उसके मुँहसे प्रस्फुटित होते हैं। वही ग़ज़ल कहलाते हैं।

उर्दूके अमर शायर मीर, ग़ालिब ऐसे ही शायर हुए हैं। उनके जीवनकालमें बादशाहतें मिटीं, दिल्ली लुटी, और न जाने कितने इन्क़लाब आये। सब उतार-चढ़ाव अपनी आँखोंसे देखे। निरुपाय बने घुटते रहे, मिटते रहे।

उन इन्क़लाबातने जो हश्र बरपा किया, उनके बारेमें 'मीर' इतना कहकर चुप हो गये—

वीदनी हैं शिकस्तगी दिलकी।
क्या इमारत ग़मोंने ढाई है॥

और ग़ालिब इससे ज्यादा क्या कहते?—

चिराग़े-मुर्दा हूँ मैं बे जबाँ गोरे-ग़रीबाँका—

उनके जीवनमें जितनी मुसीबतें आ सकती थीं, आईं। वे मृत्युकी प्रतीक्षा करते रहे—

हो चुकीं ग़ालिब! बलायें सब तमाम।
एक मर्गे-नागहानी और है॥

लेकिन ऐसा भी नहीं है कि ग़ज़लगो शायरोंने सामयिक घटनाओंपर कुछ भी नहीं कहा हो! कहा है, परन्तु बहुत संक्षेपमें और नपे-तुले शब्दोंमें। 'मीर'के जीवनकालमें क़ादिर रहीलाने शाहआलम बादशाहकी आँखोंमें नीलकी सलाइयाँ फेरकर उन्हें ज्योतिहीन कर दिया था। इस दर्दनाक घटनाको 'मीर'ने अपनी ग़ज़लके एक शेरमें यूँ व्यक्त किया है—

शहाँ कि कुहले-जवाहर थी ख़ाके-पा जिनकी।
उन्हींकी आँखोंमें फिरती सलाइयाँ देखीं[1]॥

इस घटनाको 'मीर'ने इतने संक्षेपमें बयान किया है, कि कुछ कहनेको शेष नहीं रहा। इसी घटनाको इक़बालने नज़्ममें प्रस्तुत किया है, जिसमें काफ़ी अशआर हैं।

---

[1]जिन बादशाहोंकी पाँवकी ख़ाक़ जवाहरका सुर्मा समझी जाती थी। उन्हीं बादशाहोंकी आँखोंमें सलाइयाँ फिरती देखी गईं।

वर्तमान युगीन ग़ज़लगो शायरोंमें यह भावना उत्तरोत्तर बढ़ती जा रही है कि ग़ज़लमें भी सामयिक घटनाओं, लोकोपयोगी कार्यों और अन्य आवश्यकीय विषयोंका समावेश किया जाय, ताकि ग़ज़ल अधिक-से-अधिक उपयोगी और समृद्धिशाली बन सके और वह मानसिक भूख मिटानेके अतिरिक्त भी हर तरहसे जीवनोपयोगी बन सके। इस तरहके हज़ार-हा शेर 'शेरो-सुख़न'के चारों भागोंमें मिलेंगे। विषयको स्पष्ट करनेके लिए चन्द शेर शीर्षकके साथ यहाँ दिये जा रहे हैं; ताकि उस तरहके अशआर पुस्तकमें सुगमतापूर्वक खोजे जा सकें। साथ ही ग़ज़लका शेर अपने अन्दर कितने भाव रखता है, यह भी दृष्टि प्राप्त हो सके।

नैतिक

असर लखनवी—ईमाँ ग़लत, उसूल ग़लत, इद्दुआ[1] ग़लत।
इन्साँकी दिल दही[2] अगर इन्साँ न कर सके॥

वोह काम कर बुलन्द हो, जिससे मज़ाक़े-ज़ीस्त[3]।
दिन ज़िन्दगीके गिनते नहीं महो-सालसे॥

क्या-क्या दुआएँ माँगते हैं सब मगर 'असर'।
अपनी यही दुआ है, कोई मुद्दआ[4] न हो॥

नज़्म तबातबाई— क़ाबूसे नफ़्सेबदको निकलने कभी न दो।
फिर शेर है जो यह सगे-दीवाना[5] छुट गया॥

अहसान ले न हिम्मते-मर्दाना छोड़कर।
रस्ता भी चल तो सब्ज़-ए-बेगाना[6] छोड़कर॥

---

[1]दावा; [2]दिल रखना; [3]जीवनका लक्ष; [4]इच्छा; [5]पागल कुत्ता; [6]हरीभरी घासको।

आरज़ू लखनवी—

फैल गई बालोंमें सुफ़ेदी, चौंक ज़रा करवट तो बदल ।
शामसे ग़ाफ़िल सोनेवाले ! देख तो कितनी रात हुई ॥

इज़्ज़त कुछ और शै है, नुमाइश कुछ और चीज़ ।
यूँ तो यहाँ ख़ुरोसके[1] सरपर भी ताज है ॥

शबनमके[2] आँसुओंपर क्या हँस रहे हैं ग़ुंचे[3] ।
उनसे तो कोई पूछे कबतक हँसा करेंगे ॥

मिले भी कुछ तो हैं बहतर तलबसे इस्तग़ना[4] ।
बनो तो शाह बनो, 'आरज़ू' गदा[5] न बनो ॥

हुस्ने-सीरतपर[6] नज़र कर, हुस्ने-सूरतको[7] न देख ।
आदमी है नामका गर ख़ू[8] नहीं इन्सानकी ॥

ग़ुबार उठता है यह कहता हुआ गोरे-ग़रीबाँसे[9] ॥
"जहाँमें एक दिन सबका यही अंजाम होना है ॥"

ग़म दिया है कि मसर्रत दी है, सबमें इक तरहकी लज़्ज़त दी है ।
हँस न इतना कि ख़ुशी ग़म हो जाये, शै हरइक हस्ब ज़रूरत दी है ॥

शाद अज़ीमाबादी—

गुलोंने ख़ारोंके छेड़नेपर सिवा ख़मोशीके दम न मारा ।
शरीफ़ उलझें अगर किसीसे तो फिर शराफ़त कहाँ रहेगी ॥

हवाये-दहर[10] बिगाड़े हज़ार फूलोंको ।
न हो वोह रंग शराफ़तकी कुछ तो बू होगी ॥

---

[1]मुर्ग़के; [2]ओसके; [3]कलियाँ; [4]सन्तोष; [5]भिक्षुक; [6]सुन्दर स्वभावपर; [7]सुन्दर मुखको; [8]स्वभाव; [9]क़ब्रिस्तानसे; [10]दुनियाकी हवा ।

किसीके हम न काम आये, न कोई अपने काम आया।
तअ़ज्जुब है कि तो भी जुमर-ए-इन्साँमें[1] नाम आया॥

बशरके दिलमें न पड़ता जो आरज़ूका दाग़।
ख़ुदा गवाह कि अनमोल यह नगीं होता॥

भलाई इसलिए चाही कि हों भले मशहूर।
ग़रज़ कि अपने ही मतलबके आश्ना थे हम॥

गुलोंपर क्या है, काँटों तकका मैं दिलसे दुआ गो हूँ।
ख़ुदा बन्दा! न टूटे दिल किसी दुश्मन-से-दुश्मनका॥

यह दुनिया है ऐ 'शाद'! नाहक़ न उलझो।
हर इक कुछ तो अपनी-सी आख़िर कहेगा॥

मुर्दोंकी क़नाअ़तोंपै[2] है रश्क[3]।
पहने रहे इक कफ़न हमेशा॥

अनवर साबरी—अमने-आलम[4] तो मुश्किल नहीं है।
आदमी, आदमी हो तो जाये॥

अब्र अहसनी— ग़मो-दर्दपै बढ़के क़ब्ज़ा जमाले।
कि इसपर नहीं मुनइमोंका[5] इजारा[6]॥
अगर अब भी जिल्लतमें गुजरे तो क़िस्मत।
ख़ुदी भी हमारी ख़ुदा भी हमारा॥

अशअ़र मलीहाबादी—चमनमें बहे लाख शबनमके[7] आँसू।
कली सीखती ही रही मुसकराना॥

---

[1]मनुष्योंकी श्रेणीमें; [2]सन्तोषपर [3]ईर्ष्या; [4]विश्वशान्ति; [5]धनिकोंका; [6]दावा; [7]ओसके।

असद भोपाली—'असद' चलो कि बदल दें हयातकी[1] तक़दीर।
हमारे साथ जमानेका फ़ैसला होगा॥

ख़लिश दर्दी— खेलते हैं जो मज़लूमोंकी[2] जानोंसे।
हैवान अच्छे हैं ऐसे इन्सानोंसे॥

दर्द सईदी टोंकी—अभी आदमी-आदमीका है दुश्मन।
अभी ख़ुदको समझा नहीं आदमीने॥

जहाँ सैकड़ों बुतकदे[3] ढा दिये हैं।
ख़ुदा भी तराशे हैं कुछ बन्दगीने॥

आनन्दनारायण मुल्ला—

ख़ूने-जिगरके क़तरे, और अश्क बनके टपकें?
किस कामके लिए थे, किस काम आ रहे हैं?

ख़ुदापर व्यंग

नक़्श सहराई—सफ़ीनेका[4] नहीं, मुझको यह ग़म है।
जो शह दे[5] नाख़ुदाको,[6] वोह ख़ुदा क्या॥

यगाना चंगेज़ी— आई को टाल दे जभी जानें।
दम-ब-ख़ुद है तो फिर ख़ुदा क्या है॥

बिस्मिल सईदी—

इलाही दुनियामें और कुछ दिन अभी क़यामत न आने पाये।
तेरे बनाये हुए बशरको[7] अभी मैं इन्साँ बना रहा हूँ॥

---

[1]ज़िन्दगीकी; [2]सताये हुओंकी; [3]मन्दिर; [4]नावका; [5]संकेत, इशारा; [6]मल्लाहको; [7]आदमीको।

उपासनायें

बिस्मिल सईदी—

नहीं अपने किसी मक़सदसे[1] ख़ाली कोई भी सजदा[2]।
ख़ुदाके नामसे करता है इन्साँ बन्दगी अपनी ॥

आरज़ू लखनवी— ज़ाते-ख़ुदा में यूँ हो महव।
नामे-ख़ुदाको भूल जा ॥

यगाना चंगेज़ी—बन्दे न होंगे जितने ख़ुदा हैं ख़ुदाईमें।
किस-किस ख़ुदाके सामने सजदा करे कोई ॥

धन कुबेरोंसे

मुख़्तार अदीबी—

तुम्हें मुबारक हो क़सरो-ईवाँ,[3] यह ऐशो-मस्तीके साज़ो-सामाँ।
हैं झोपड़ोंसे मुझे मुहब्बत, मैं ग़मके मारोंका साथ दूँगा ॥

साक़िब लखनवी—

मकाँ मुनअ़मका[4] सोनेसे, यह ख़ूने-दिलसे बनता है।
ख़सो-ख़ाशाकका[5] घर भी बड़ी मुश्किलसे बनता है ॥

आरज़ू लखनवी—

मुझे रहनेको वोह मिला है घर कि जो आफ़तोंकी है रहगुज़र[6]।
तुम्हें ख़ाकसारोंकी[7] क्या ख़बर, कभी नीचे उतरे हो बामसे[8] ?

---

[1]मतलबसे; [2]नमाज़-उपासना; [3]महल; [4]धनिकका महल; [5]घास-फूंसका; [6]मार्ग; [7]दीन-दुखियोंकी; [8]कमरेसे।

निर्धनता

रियाज़ ख़ैराबादी— मुफ़लिसोंकी जिन्दगीका ज़िक्र क्या?
मुफ़लिसीकी मौत भी अच्छी नहीं॥

यगाना चंगेज़ी— ख्वाह पियाला हो, या निवाला हो।
बन पड़े तो झपट ले, भीक न माँग॥

पराई आग

दत्तात्रिय कैफ़ी— ग़म रहा उनका जो दोज़ख़में पड़े जलते हैं।
मेरे ख़ुश होनेका जन्नतमें भी सामाँ न हुआ॥

रियाज़ ख़ैराबादी— मेरे सिवा नज़र आये न कोई दोज़ख़में।
किसीका जुर्म हो, मालिक मुझे सज़ा देना॥

मनुष्यकी मजबूरियाँ

राज़ यज़दानी— अजब करम है, कि बे अख़्तियारियाँ देकर।
अ़ता किया है दो आलमपै अख़्तियार मुझे॥

शेरी भोपाली— न जीनेपर ही क़ाबू है, न मरनेका ही इमकाँ है।
हक़ीक़तमें इन्हीं मजबूरियोंका नाम इन्साँ है॥

अपनी भाषा

यगाना— समझमें कुछ नहीं आता,
पढ़े जाऊँ तो क्या हासिल?
नमाज़ोंका है कुछ मतलब तो
परदेशी ज़बाँ क्यों हो?

ये नसीहतकार

अयूब— जो हुस्नो-इश्ककी रूदादसे[1] हैं बेगाने[2]।
वोह क्या समझके चले आये मुझको समझाने ।।

नागरिकता

तसव्वुर किरतपुरी—
कुछ मेरे बाद और भी आयेंगे क़ाफ़िले[3]।
काँटे यह रास्तेसे हटा लूँ तो चैन लूँ ।।

साम्यवाद

आनन्दनारायण मुल्ला—
महर[4] वोह है खाकके ज़र्रे जो करदे ज़रनिगार[5]।
ऊँची-ऊँची चोटियोंपर, नूर[6] बरसानेसे क्या ।।

न जानें कितनी शमएँ गुल हुईं, कितने बुझे तारे।
तब इक खुरशीद[7] इतराता हुआ बाला-ए-बाम[8] आया ।।

भक्त वत्सलता

असर— उसकी रहमतको[9] नाज़[10] हो जिसपर।
तुझसे ऐसी 'असर' ख़ता न हुई ।।

आरज़ू— करमपै[11] तेरे नज़रकी तो ढै गया सब ग़रूर।
बढ़ा था नाज़ कि हदका गुनहगार हूँ मैं ।।

---

[1]कहानोसे; [2]अनभिज्ञ; [3]यात्रीदल; [4]सूर्य्य; [5]प्रकाशमान; [6]प्रकाश; [7]सूर्य्य; [8]कमरेके ऊपर; [9]दयालुताको; [10]अभिमान; [11]कृपापर।

मज़हबसे बेज़ारी

यगाना— दुनियाके साथ दीनकी बेगार अलअमाँ।
इन्सान आदमी न हुआ, जानवर हुआ ॥

बस एक नुक़्त-ए-फ़र्ज़ीका नाम है काबा।
किसीको मरकज़े-तहक़ीक़का पता न चला ॥

मज़हबसे दग़ा न कर, दग़ासे बाज़ आ।
किस कामका हज ! मकरो-रियासे बाज़ आ ॥
ईमान तो कहता है कि इन्साँ बन जा।
बन्देकी मददको आ, ख़ुदासे बाज़ आ ॥

फ़िरक़ा-परस्ती

यगाना— पढ़के दो कलमे अगर कोई मुसलमाँ हो जाय।
फिर तो हैवान भी दो रोज़में इन्साँ हो जाय ॥

सब तेरे सिवा काफ़िर, आख़िर इसका मतलब क्या ?
सिर फिरा दे इन्साँका ऐसा ख़ब्ते-मज़हब क्या ?

महराबोंमें सजदा वाजिब, हुस्नके आगे सजदा हराम।
ऐसे गुनहगारोंपै ख़ुदाकी मार नहीं तो कुछ भी नहीं ॥

आनन्दनारायण मुल्ला—
मैं फ़क़त इन्सान हूँ, हिन्दू-मुसलमाँ कुछ नहीं।
मेरे दिलके दर्दमें तफ़रीक़े-ईमाँ कुछ नहीं ॥

असर लखनवी— मसजिदेवाज़से इक रिन्द यह कहते उठ्ठा—
"काफ़िर अच्छे हैं दिलाज़ार मुसलमानोंसे" ॥

निशात सईदी— है दिल ववाये फ़िरक़ा परस्तीका है शिकार।
इन्सानियतकी मौत नुमायाँ अभीसे हैं॥

सर्व धर्म समभाव

अज़ीज़ लखनवी—

मंज़रे-जज़्बात[1] है, ख़िलवत सरा-ए-दैर[2] भी।
काबेवालो फ़र्ज़ है तुमपर वहाँकी सैर भी॥

यगाना— खड़े हैं दुराहेपै दैरो-हरमके[3]।
तेरी जुस्तजूमें सफ़र करनेवाले॥

अज़ीज़ लखनवी—

ज़हनमें आया न फ़र्क़-इम्तयाज़ी[4] आजतक।
मुद्दतों देखा है हमने काबा-ओ-दैर भी॥

अहिंसा

आनन्दनारायण मुल्ला—

तशद्दुदको[5] तशद्ददसे दबालें यह तो मुमकिन है।
मगर शोलेको[6] शोलेसे बुझाया जा नहीं सकता॥

दिखा सकेगी न हरगिज़ जहाँको अम्नकी[7] राह।
सितमगरीकी वोह मशअ़ल[8] जो दूदसे[9] हो सियाह॥

इन्साँकी जहालतका अभी है वही मेयार।
है सबसे सिवा पुख़्ता दलील आज भी तलवार॥

---

[1]-[2]मन्दिरकी एकान्त शान्ति देखने योग्य है; [3]मन्दिर-मसजिदके; [4]भेद, अन्तर; [5]हिंसाको; [6]आगको; [7]शान्तिकी; [8]मशाल; [9]धुएँसे।

भारत-विभाजन, स्वराज्य-प्राप्ति, बापूकी शहादत आदि सामयिक और प्रेरणात्मक शायरीपर 'नई लहर' और 'मुशायरा' शीर्षक परिच्छेदोंमें लिखा जा चुका है। पुनरावृत्तिकी यहाँ आवश्यकता नहीं।

प्रसंगके अनुसार जो अशआ़र ज़हनमें आये, वे इस परिच्छेदमें दिये गये हैं। ऐसे हज़ारों शेर शेरो-सुख़नके पाँचों भागोंमें यत्र-तत्र मिलेंगे। यह तो एक झलक मात्र है। बक़ौल दिल शाहजहाँपुरी—

मेरा हाल था जहाँतक, वोह अदा हुआ ज़बाँसे।
जो कहेंगे अश्के-रंगी, वोह अलग है दास्ताँसे॥

१६ अप्रेल १९५४ ई०]

नई करवट

[वर्त्तमान युगीन वयोवृद्ध और युवक शायर]

तिलोकचन्द 'महरूम'

लाला तिलोकचन्द 'महरूम' भगत रामदयालके सुपुत्र हैं। आपका जन्म ईसाखेल ज़ि० मियांवाली (पाकिस्तान)में १८८७ ई०में हुआ। ७ वर्षकी आयुमें शिक्षा प्रारम्भ हुई। बी० ए० पास हैं। भारत-विभाजनसे पूर्व आप रावलपिण्डीमें मिडिल स्कूलके हेडमास्टर थे। अब दिल्लीमें रहते हैं। शायरीकी ओर रुचि आपकी बचपनसे है। आपकी नज़्मोंसे प्रभावित होकर 'अकबर' इलाहाबादीने लिखा था—

है दादका मुस्तहक़ कलामे-'महरूम'।
लफ़्ज़ोंका जमाल और मानीका हुजूम॥
है उनका सुख़न मुफ़ीद दानिश आमोज़।
उनकी नज़्मोंकी है बजा मुल्कमें धूम॥

१९१५में आपकी धर्मपत्नीका स्वर्गवास हो गया। उनकी मृत्युपर जो आपने करुणापूर्ण नज़्म लिखी, उसके चन्द शेर देखिये—

. . . .

यह हाथ जोड़के मुझसे मुआफ़ियाँ कैसी?
छिड़ी है आज यह रुख़सतकी दास्ताँ कैसी?

. . . .

मुझे तो रोकते हो बार-बार रोनेसे।
रुकोगे क्या न मेरे ज़ार-ज़ार रोनेसे ?

. . . .

किया था अहदे-वफ़ा मुझसे उम्रभरके लिए।
अभीसे हो गये तैयार क्यों उधरके लिए॥
गुज़रने पाये हैं मुश्किलसे पाँच साल अभी।
शबाबपर है तुम्हारा तो बाल-बाल अभी॥
उरूजपर[1] है उरूसाना[2] चाल-ढाल अभी।
न लाओ मौतका दिलमें ज़रा ख़याल अभी॥
तुम्हारे मरनेके ऐ जान! यह दिन नहीं हरगिज़!
जहाँसे उठनेको यह साल-ओ-सिन नहीं हरगिज़॥

. . . .

लो उठके बैठो कि 'विद्या' सिराहने आई है।
तुम्हारे मुँहसे वोह दामन उठाने आई है॥
अदाये-तिफ़लीको[3] ही तो दिखाने आई है।
कि हँसती आई है तुमको हँसाने आई है॥
वोह चलके आई है घुटनोंपै, थक गई होगी।
तुम्हारे प्यारसे फिर उसको ताज़गी होगी॥

. . . .

नूरजहाँका मज़ार

नूरजहाँके टूटे-फूटे मज़ारको देखकर कहते हैं—

. . . .

तुझ-सी मलकाके लिए यह बारहदरी है ?
ग़ालीचा सरेफ़र्श है न कोई दरी है॥

. . . .

---

[1]उन्नतिपर; [2]दुलहनों जैसी; [3]बचपनकी अदा।

ऐसी किसी जोगनकी भी कुटिया नहीं होती।
होती हो मगर यूँ सरे-सेहरा नहीं होती॥

. . . .

चौपाये जो घबराते हैं, गरमीसे तो अक्सर।
आराम लिया करते हैं, इस रोज़ेमें आकर॥
और शामको बालाई सियह ख़ानोंसे[1] शप्पर[2]।
उड़-उड़के लगाते हैं दरो-बामपै चक्कर॥

मामूर है यूँ महफ़िले-जाना न किसीकी।
आबाद रहे गौरे-ग़रीबाँ न किसीकी॥

आरास्ता[3] जिनके लिए गुलज़ारो-चमन[4] थे।
जो नाज़ुकीमें दाग़ दहे-बर्गे-समन थे॥
जो गुलरुख़ो-गुलपैरहनो-ग़ुंचा दहन थे।
शादाब गुलेतरसे कहीं जिनके बदन थे॥
पज़मुर्दा वोह गुल दबके हुए ख़ाकके नीचे।
ख़्वाबीदा हैं, ख़ारो-ख़सो ख़ाशाकके नीचे॥

. . . .

जो कुछ थे कभी थे, मगर अब कुछ भी नहीं हैं।
टूटे हुए पिंजरेसे पड़े ज़ेरे-ज़मीं हैं॥

. . . .

आपका नज़्मगो शायरोंमें बहुत बुलन्द मर्त्तबा है। कभी-कभी ग़ज़ल भी कह लेते हैं। आपकी ग़ज़लें नैतिक और पवित्र प्रेमसे ओत-प्रोत होती हैं। चन्द अशआर मुलाहिज़ा फरमायें—

ऐ हमरहाने-दस्ते-मुहब्बत[5]! बढ़े चलो।
अपना तो पाये-शौक़ सलासिलमें[6] रह गया॥

---

[1]अँधेरी छतोंसे; [2]चमगीदड़; [3]सजे हुए; [4]उद्यान वाटिकायें; [5]प्रेममार्गके साथियो; [6]ज़ंजीरमें।

ऐ दिल ! यह क्या फ़सुर्दगी[1] आग़ाज़े-इश्क़में[2] ।
गुल क्यों तेरा चराग़ सरेशाम हो गया ।।

हो दौरेग़म कि अहदेखुशी दोनों एक हैं ।
दोनों गुज़श्तनी[3] हैं ख़िज़ाँ क्या, बहार क्या ।।

समझमें आया न राज़ेसनअत[4] ज़रा भी सूरतगरे अज़लका[5] ।
बना रहा है मिटा-मिटाकर, मिटा रहा है बना-बनाकर ।।
अगर है मंज़ूरे-सर बुलन्दी तो दूर नज़रोंसे कर बुलन्दी ।
कि ओज[6] शम्सो-क़मरने[7] पाया है सरको अपने झुका-झुकाकर ।।

है-है ! किसीकी बज़्म मुझे याद आगई ।
वाइज़ खुदाके वास्ते ज़िक्रे-जनाँ[8] न छेड़ ।।
दुनियामें ऐ ज़बाँ ! रविशे-सुलह कुल न छोड़ ।
जिससे किसीको रंज हो ऐसा बयाँ न छेड़ ।।
हमदम ! कहीं न हसरते-ख़्वाबीदा जाग उठे ।
ऐयामे-हुस्नोइश्क़की फिर दास्ताँ न छेड़ ।।

किससे सुनूँ ? जो तुम न करो बात प्यारकी ।
किससे कहूँ ? जो तुम न सुनो माजराये-दिल ।।

है सुबह और आज परीशाँ अभीसे हैं ।
यानी शबे-फ़िराक़के सामाँ अभीसे हैं ।।

---

[1]मुर्झायापन; [2]प्रेमके प्रारम्भमें; [3]नाशवान; [4]कला-भेद; [5]विधाताका; [6]उच्चता. उन्नति; [7]सूर्य-चन्द्रने; [8]जन्नतकी चरचा ।

कोहो-सहरा[१]-ओ-साहिले-दरिया[२] ।
बे ठिकानोंके सौ ठिकाने हैं ॥

बचूँ तेरी आतिशे-इश्क़से[३] यह मजालो-ताब कहाँ मुझे ।
मेरे दिलका और तेरे हुस्नका, है खसो-शररका[४] मुआमला ॥

नजरकर खन्दये-गुलपर[५] रियाजे-दहरमें[६] ग़ाफ़िल !
निहायत मुख़्तसर है, जो घड़ी है याँ मसर्रतकी[७] ॥

बाद तर्के-आरज़ू[८] बैठा हूँ क्या मुतमइन[९] ।
हो गईं आसाँ हरइक मुश्किल ब-आसानी मेरी ॥

शबे-फ़ुरक़तकी दास्ताँ है तवील[१०] ।
नींद अलमुख़्तसर नहीं आती ॥

खलिशने[११] दिलको मेरे कुछ मज़ा दिया ऐसा ।
कि जमा करता हूँ मैं खार[१२] आशियाँके लिए ॥

तुम्हींसे ली है सबाने भी शोख़िये-रफ़्तार[१३] ।
चराग़े-गौरेग़रीबाँ[१४] न क्यों बुझाके चले ?
रहेगी हाजते-शरहे-जफ़ा[१५] न महशरमें ।
इसी अदासे जो तुम सामने ख़ुदाके चले ॥

---

[१]पर्वत-जंगल; [२]दरियाका किनारा; [३]प्रेम-अग्निसे; [४]फूँस-आगका; [५]फूलोंकी मुसकानपर; [६]संसाररूपी उद्यानमें; [७]सुखकी, खुशीकी; [८]अभिलाषाओंके त्याग करनेके बाद; [९]निश्चिन्त; [१०]बड़ी; [११]चुभनने; [१२]काँटे; [१३]चालकी चंचलता; [१४]क़ब्रोंके दीपक; [१५]अत्याचारोंका भाष्य करनेकी आवश्यकता ।

दिखाई देते हैं ख़ूबोंके ऐब भी अच्छे।
कि चाके-दामने-गुलको नहीं रफ़ू करते ॥

कोई सोता हो जैसे डूबती किश्तीके तख़्तेपर।
अगर कुछ है तो बस इतनी है इस दुनियाकी राहत[1] भी ॥

किस मुँहसे जाके शिकवये-जौरो-जफ़ा[2] करें।
मरते हैं और उनकी पशेमानियोंसे हम ॥

हो जाते हैं दौरे-आशिक़ीमें।
हालात तमाम नामुआफ़िक़ ॥

अब जहाँमें उनकी क़बरोंके निशाँ मिलते नहीं।
उम्रभर जो फ़िक्रे-तसख़ीरे-जहाँ[3] करते रहे ॥

पहलूमें दिल है दर्दकी दुनिया कहें जिसे।
पर इसक़दर उजाड़ कि सहरा कहें जिसे ॥
वोह रौबे-हुस्न था कि बन आई न हमसे बात।
यूँ हाले-दिल कहा कि न कहना कहें जिसे ॥

साक़ी ! तेरा अक्से-रुख़ है वरना—
सहबा[4] रंगीं न जाम[5] रंगीं ॥

जिनकी तक़दीसकी[6] खाते हैं फ़रिश्ते भी क़सम।
हम गुनहगारोंमें होते हैं वोह इन्साँ पैदा ॥

---

[1]सुख-चैन; [2]अत्याचारोंकी शिकायतें; [3]संसार-विजय; [4]शराब; [5]प्याला; [6]पवित्रताकी।

ज़ीस्तकी[1] दुश्वारियोंने यह तो अहसाँ कर दिया।
मौत-सी मुश्किलको मेरे हक़में आसाँ कर दिया॥

किस मुँहसे शिकवा उनके न आनेका कीजिये।
जब जा सके न उनके न आयेपै जाँसे हम॥

ज़माना ख़ाकसारीका[2] नहीं, ख़ुद्दार[3] बनकर उठ।
मिटा वोह राहे-मंज़िलमें जो बैठा नक़्शे-पा[4] होकर॥

ज़िन्दगी नाकामियोंकी इक मुसलसल[5] दास्ताँ।
मौत क्या है ज़िन्दगीकी दास्ताँका ख़ातमा॥

दर्दे-दिल, सोज़े-जिगर, अश्के-रवाँ, दाग़े-फ़िराक़।
सच तो यह है आपके अहसाँ हैं मुझपर बेशुमार॥

तेरी नज़रोंसे गिर जाना, तेरे दिलसे उतर जाना।
यह वोह अफ़साना है, जिससे बहुत अच्छा है मर जाना॥

जो तू ग़मख़्वार हो जाये तो ग़म क्या ?
ज़माना क्या ज़मानेके सितम क्या॥

हविसे-गुलमें बढ़ाया न कभी मैंने हाथ।
न किसी ख़ारसे उलझा कभी दामन मेरा॥

---

[1]जीवनकी।
इसी भावको एक शायरने यूँ नज़्म किया है—

नियाज़े-इश्क़में ख़ामी कोई मालूम होती है।
तुम्हारी बरहमी क्यों बरहमी मालूम होती है॥

[2]नम्रताका; [3]स्वाभिमानी; [4]चरणचिह्न; [5]क्रमबद्ध।

कहाँ अफ़सानये-हस्तीका आग़ाज़ ।
सुनाते आये हैं सब दरमियाँसे ।।

तुझसे राहत छीन ली जायेगी कल उसके लिए ।
ऐ दिले-राहततलब ! जो तालिबे-ईज़ा[1] है आज ।।

बादेबहार ! तुझसे उमीदे-निशात क्या ?
बस इस क़दर कि ज़ख़्मे-कुहनको हराकरे ।।

महफ़िलमें उनकी ग़ैर हैं, जलिये कि बैठिये ?
'महरूम' ! देख शमअ़को, यानी कि जलके चल ।।

२२ अगस्त १९५३]

—निगार जनवरी १९४१

[1]दु:खोंके इच्छुक ।

'ताजवर' नजीबाबादी

मौलाना ताजवर नजीबाबादी उर्दूके बहुत बड़े हितैषी, प्रसारक और प्रामाणिक विद्वान थे। आपके निधनसे उर्दू-संसारकी बहुत अधिक हानि हुई है। आप जीवन पर्यंत उर्दूके प्रसार, निर्माण, और नोक-पलक निकालनेमें लगे रहे।

आपका पूरा नाम अहसानअलीखाँ और उपनाम 'ताजवर' था। उत्तर-प्रदेशके बिजनौर ज़िलेकी तहसील नजीबाबादमें आपका १८९४में जन्म हुआ। देवबन्दके प्रसिद्ध मुस्लिम विद्यालय 'दारुल अलूम'की अरबी-फ़ारसी और मजहबी, शिक्षामें पारंगत होनेके बाद १९१४ ई०में २० वर्षकी अवस्थामें आप लाहौर चले गये और वहाँ ता-उम्र साहित्य-सेवा करते रहे। पंजाबियोंकी कट्टर प्रान्तीयताके कारण आपको पग-पगपर विघ्न-बाधाओंने घेरा; परन्तु आप मर्दानावार मैदानमें डटे रहे और अपने लक्ष्यकी ओर बराबर बढ़ते रहे। पंजाबमें 'उर्दू-बोलो' आन्दोलनके आप मुख्य प्रेरक थे। आपने अपने विचारोंके प्रसारके लिए मखज़न, हिमायूँ, शाहकार और अदबी दुनिया-जैसे प्रसिद्ध पत्रोंका संपादन, प्रकाशन किया। आपके आलोचनात्मक, गवेषणात्मक, खोजपूर्ण लेखों और साहित्यिक निबन्धोंको बहुत चावसे पढ़ा जाता था। पंजाब यूनिवर्सिटीसे आपका सदैव सम्बन्ध रहा। आपके अनेक शिष्य पाकिस्तान और भारतमें ख्याति-

प्राप्त साहित्यिक विद्वान हैं। आप आत्म-विज्ञापनसे सदैव बचते रहे। यहाँतक कि अपने कलामका संकलन तक नहीं छपवाया। शिष्योंको आस्मानमें चढ़ा दिया, परन्तु स्वयं एकाग्र होकर कार्य करते रहे।

मन बहलावके लिए कभी-कभी शेर भी कह लेते थे। नमूनेके तौरपर चन्द शेर दिये जा रहे हैं। उर्दू-संसारमें आपका मर्तबा गद्य-लेखक और सम्पादकके नाते बहुत बुलन्द है।

अब आप बनेंगे अपनी दुनिया।
दुनिया तुझे भूल जायेंगे हम॥

ग़मकी तनहाईमें जब वोह ख़्वाबे-हसीं याद आता है।
यूँ ही बैठे-बैठे दिलको जाने क्या हो जाता है?

तेरी मुहब्बतमें मेरे चेहरेसे है नुमायाँ[1] जलाल[2] तेरा।
हूँ तेरे जलवोंमें महव[3] ऐसा कि तेरा आइनादार[4] हूँ मैं॥

अहले-चमनको क़ैदे-क़फ़सकी है आरज़ू।
सैयादसे भी बढ़के सितम बाग़बाँके हैं॥

यह लुटी हुई-सी बहार क्यों है, कहाँ वह जाने-बहार है?
यह चमनसे कौन चला गया, कि कली-कलीको फ़िशार[5] है?

महफ़िले-हश्र भी सूनी नज़र आती है मुझे।
ढूँढ़ती हैं जिसे नज़रें, वही महशरमें नहीं॥

है मेरे ख़ाकके ज़र्रोंमें फिर नमूदे-हयात[6]।
कहीं उन्हें तो नहीं याद आ रहा हूँ मैं?

---

[1]प्रकट; [2]रूप-गौरव; [3]लीन; [4]प्रतिविम्ब; [5]सिकुड़ी हुई-सी है। [6]जीवनके चिह्न।

मुहब्बत आह, मुहब्बतकी जिन्दगी मत पूछ।
बड़ी मुसीबतोंमें मुब्तला[1] रहा हूँ मैं॥

मान लिया कि ताजवर! वोह नहीं अख़्तयारमें।
कहिये तो अपने दिलपै है, आपको अख़्तियार क्या?

न दिल बदला, न दिलकी आरज़ू बदली न वोह बदले।
मैं कैसे ऐतबारे-इन्क़लाबे-आसमाँ कर लूँ?
सबब हर एक मुझसे पूछता है मेरे रोनेका।
इलाही सारी दुनियाको मैं क्योंकर राज़दाँ[2] कर लूँ?

ख़लिशे-इश्क़[3] मिटेगी मिरे दिलसे जबतक।
दिल ही मिट जायेगा, ऐसा नज़र आता है मुझे॥

मलामतगरो! उनको ज़िदपै तुम्हारी।
नहीं भी अगर चाहता, चाहता हूँ॥
ख़ुदा मुझको तुझसे ही महरूम कर दे।
जो कुछ और तेरे सिवा चाहता हूँ॥
नज़रभरके जो देख सकते हैं मुझको।
मैं उनकी नज़र देखना चाहता हूँ॥

बस इतनी दाद देना बाद मेरे मेरी उल्फ़तकी।
कि याद आऊँ तो अपने आपको तुम प्यार कर लेना॥

ख़ुद्दारिये-जुनूँने न जाने दिया वहाँ।
कम्बख़्त राहे-दोस्तमें दीवार हो गई॥

---

[1]घिरा हुआ; [2]भेदी; [3]प्रेम-चुभन।

मिटा न मुझको मुहब्बतकी ख़ुद-फ़रामोशी[1]।
कि अपने भूलनेवालेकी यादगार हूँ मैं ।।

कहीं रुसवा न हो अब शाने-इस्तग़ना मुहब्बतकी[2]।
मेरी हालत तुम्हारे रहमके क़ाबिल न बन जाये ।।

यह सितम? क़ैदे-क़फ़समें सैयाद!
किसने पूछा था बहार आई है?

५ जनवरी १९५३ ई०]

सैय्याद

[1]अपनेको भूल जानेकी स्थिति; [2]प्रेमकी बेपरवाहीकी शान

'अलम' मुज़फ़्फ़रनगरी

मौलाना मुहम्मद इसहाक़ 'अलम' मुज़फ़्फ़रनगर निवासी हैं। आप अल्लामा 'सीमाब' अकबराबादीके सुयोग्य शिष्य हैं। अपने जीवन-कालमें ही अल्लामा सीमाबने आपको मसनदे-उस्तादी अ़ता कर दी थी। उस्तादकी वृद्धावस्थामें आप ही अपने गुरु भाइयोंके कलामका संशोधन करते रहे हैं और उनकी मृत्युके बाद भी यह क्रम चालू है। आपके अपने शिष्य भी काफ़ी हैं। आपके संशोधन बहुत मार्केके होते हैं। आपके एक शिष्य श्री कुलभूषण जैन 'कौसर' डालमियानगरमें क़याम फ़र्माते हैं। मुझे उनके कलामपर आपकी दी हुई इसलाहें देखनेका इत्तफ़ाक़ होता रहता है। उस बिनापर मुझे कहना पड़ता है कि आप अपने शिष्योंके साथ बहुत ही सहृदयताका व्यवहार रखते हैं और उन्हें काफ़ी प्रोत्साहन देते रहते हैं। बतौर नमूना चन्द इसलाहें यहाँ दी जाती हैं—

कौसर— बाग़े-हस्तीमें सबक़ फूलसे लें अहले-नज़र।
जिसने की उम्र तबस्सुमसे बसर ख़ारोंमें॥

अलम— बाग़े-हस्तीमें सबक़ गुलसे लें अहले-शिकवा।
जिसने हँस-खेलके की उम्र बसर ख़ारोंमें॥

कौसर— बख़्ते-ख़ुफ़्ता तेरा सदशुक्र तेरे फ़ैज़से हम ।
ख़्वाबे-ग़फ़लतसे गुज़रकर हुए बेदारोंमें ॥

अलम— बख़्ते-ख़ुफ़्ता ! यह हक़ीक़त है तेरे फ़ैज़से हम ।
नींदसे जागके शामिल हुए बेदारोंमें ॥

कौसर— किसीको साग़रे-ज़रसे, किसीको ओकसे साक़ी !
मिटाया इस तआस्सुबने तेरे तहज़ीबे-इन्साँको ॥

अलम— किसीको साग़रे-ज़रसे किसीको ओकसे साक़ी ।
सरे-महफ़िल न यूँ बरबाद कर तहज़ीबे-इन्साँको ॥

कौसर— ग़रूरे-हुस्न उनका ख़ूनके दरिया बहा देता ।
सरे-महफ़िल मगर यूँ कहिये आईना मुक़ाबिल था ॥

अलम— ग़रूरे-हुस्न उनका सैकड़ों फ़ितने जगा देता ।
सरे-महफ़िल मगर यूँ कहिये आईना मुक़ाबिल था ॥

कौसर— क़सूर उनका नहीं, जो मुझको महफ़िलसे निकलवाया ।
ख़ता मेरी ही थी नावाक़िफ़े-आईने-महफ़िल था ॥

अलम— क़सूर उनका नहीं, जो मुझको महफ़िलसे निकलवाया ।
ख़ता मेरी थी, मैं ना वाक़िफ़े-आईने-महफ़िल था ॥

कौसर— इन्तहा ग़मकी है ग़ाफ़िल ! इब्तदा-ए-हद्दे-ऐश ।
राज़ यह समझा है जाके मैंने ज़िन्दानोंके पास ॥

अलम— सुबहे-इशरत शामे-ग़मके बाद आती है नज़र ।
राज़ यह समझा है जाके मैंने ज़िन्दानोंके पास ॥

अलम साहब द्वारा किये गये शब्दोंके तनिक-से हेर-फेर, परिवर्तन एवं संशोधनसे उक्त अशआरमें क्या बात पैदा हो गई है, विज्ञ पाठकोंको यह बतानेकी आवश्यकता नहीं।

आप गद्य लिखनेमें भी सिद्धहस्त हैं। भारतके प्रायः सभी प्रसिद्ध उर्दू पत्र-पत्रिकाओंमें आपके आलोचनात्मक और गवेषणापूर्ण लेख छपते रहते हैं। नज़्ममें भी बहुत अच्छी महारत रखते हैं।

'अलम' साहबने अरबी-फ़ारसीकी उच्च शिक्षा प्राप्त की है और वर्त्तमानमें मुज़फ़्फ़रनगरके इसलामियाँ इण्टर मीजियट कॉलेजमें लेक्चरर हैं। यूँ आप क़सीदे, मसनवी, रुबाई, नज़्म, ग़ज़ल सभीमें महारत रखते हैं। मगर ग़ज़लकी तरफ़ विशेष रुचि है। आपके कलामके निम्न दो संकलन अभी तक प्रकाशित हुए हैं—

१. **सलसबील**—आलमगीर बुकडिपो लाहौर (१९४८ ई०) पृ० २५६। १६६ पृष्ठोंमें ग़ज़लें और शेष पृष्ठोंमें नज़्में हैं।

२. **कौसरो-तसनीम**—नाज़िम दारुल इशाअ़त फ़रदौस मंज़िल—मुज़फ़्फ़रनगर (१९५१ ई०) पृ० २२३। १३१ पृष्ठोंमें नज़्में और शेषम ग़ज़लें हैं।

इन्हीं दोनों संकलनोंसे पहले हम चन्द ग़ज़लोंके शेर चुनकर दे रहे हैं। 'अलम' साहब सूफ़ी मुसलमान हैं। अतः आपके यहाँ रंगे-तसव्वुफ़ काफ़ी नज़र आता है—

ऐसे बीमारे-मुहब्बतका ख़ुदा हाफ़िज़ है।
नींद आई तो उसे मौतका सामाँ समझा॥

शोरे-नाक़ूसे-बिरहमन[1] हो कि हो बाँगे-हरम[2]!
छुपके हर आवाज़में तुझको सदा[3] देता हूँ मैं॥

---

[1]पुजारीके शंखकी ध्वनि; [2]मसजिदकी अज़ान; [3]आवाज़।

बड़ी आफ़त है दमभरका सकूँ[1] भी राहे-उल्फ़तमें।
जो हर मंजिलपै ठहरे, वोह हमारा हमसफ़र क्यों हो॥

है उन्हींका अक्से-रुख़ हर जलवये-दैरो-हरम[2]।
किस तरह फिर इम्तयाज़े-कुफ्रो-ईमा[3] कीजिये॥

सब ही निगाहमें रहें अपने हों या कि ग़ैर हों।
महफ़िले-नाज़में तेरी ऐसा निज़ाम[4] चाहिए॥

वहुत-से व्यक्ति ऐसे भी हैं जो ईश्वरोपासनामें तो लीन रहते हैं, मगर उसके बन्दोंकी उपेक्षा करते हैं। ईश्वरको पतितपावन, दलितोद्धारक कहते नहीं थकते; परन्तु स्वयं पतितों एवं दलितोंसे घृणित और दुर-दुरका व्यवहार करते हैं। इसी भावनाको लक्ष करके सर इक़बालने फ़र्माया था——

ख़ुदाके बन्दे तो हैं हज़ारों, बनोंमें फिरते हैं मारे-मारे।
मैं उनका बन्दा बनूँगा जिनको, ख़ुदाके बन्दोंसे प्यार होगा॥

इसी भावको देखिये 'अलम' किस ख़ूबीसे व्यक्त करते हैं——

है फ़र्ज़ तुझपै फ़क़त बन्दये-ख़ुदाकी तलाश।
ख़ुदाकी फ़िक्र न कर, वोह मिला, मिला न मिला॥

तलाशो-जुस्तजूकी सरहदें अब ख़त्म होती हैं।
ख़ुदा मुझको नज़र आने लगा इन्साने-कामिलमें॥

---

[1]चैन; [2]मन्दिर-मजसिदका चमत्कार; [3]धर्म-अधर्ममें भेद-भाव; [4]प्रबन्ध-व्यवस्था।

अत्याचारी शासकोंको देखिये 'अलम साहबने रंगे-तग़ज़्ज़ुलमें कितनी बड़ी चेतावनी दी है—

कहीं यही न हो बुनियादे-इनक़लाबे-चमन ।
चमनकी ख़ाकमें यूँ ख़ाके-आशियाँ न मिला ।।

न दे तू तानये-उफ़्तादगी[1] पाबन्दे-मुश्किलको[2] ।
यह उट्ठा तो उठेगा साथ लेकर तेरी महफ़िलको ।।

अदूरदर्शी अथवा ग़लत नेताके कारण जनता आपत्तियोंके भँवरमें फँस जाती है । फिर भी वह अज्ञानवश उसके चंगुलसे निकलनेका प्रयत्न नहीं करती । जो व्यक्ति नाख़ुदाको[3] ख़ुदा समझ ले, उसके दुर्भाग्यका उपाय भी क्या ?

नाख़ुदाको मैं ख़ुदा उस वक़्त भी समझा किया ।
जब मुझे ख़ुद नाख़ुदाने ज़ेरे-तूफ़ाँ कर दिया ।।

लेकिन 'अलम' साहब इसका भी उपाय बताते हैं । यानी आप ज़हर-की दवा ज़हर बताते हैं—

और भी आसान होंगी राहकी दुश्वारियाँ ।
हर अमीरे-कारवाँको[4] राहज़न[5] होने भी दे ।।

'अलम' साहबके इश्क़का तसव्वुर मुलाहिज़ा फ़र्मायें—

मैं अब वाक़िफ़ हुआ हूँ, है कमाले-इश्क़ वोह मंज़िल ।
जहाँ इन्सानको महसूस होती है कमी अपनी ।।

---

[1] ख़स्ता हालतके ताने; [2] असहाय स्थितिमें पड़े हुए को, लाचारको; [3] केवटको, मल्लाहको; [4] यात्रीदलके नेताको; [5] लुटेरा ।

कहाँ वोह ऐ 'अलम' ! रंजे-हयाते-आशिक़ी[१] समझे।
जो मर जाना मुहब्बतमें कमाले-जिन्दगी समझे॥

बेनियाज़ी[२] थर-थरा उट्ठी मिज़ाजे-हुस्नकी।
दिलने जिस दम बारगाहे-इश्क़में[३] सजदा[४] किया॥

अक्सर ग़ज़लमें वर्णित आशिक़ अपनी वफ़ाओंकी तारीफ़ें और माशूक़के जौर-ओ-तग़ाफ़ुलकी शिकायतें करते हुए नहीं थकता था। लेकिन वर्त्तमान युगमें ग़ज़लका लबोलहजा बदल गया है। आजका शायर दूसरों के छिद्रान्वेषण करने की अपेक्षा स्वयं अपनी त्रुटियाँ खोजनेका प्रयत्न करता है—

मुझे क्यों छोड़ जाता बेसहारे दस्ते-ग़ुरबतमें[५]।
ज़रूरत कुछ अगर महसूस करता कारवाँ[६] मेरी॥

कुछ नीति पूर्ण शेर

हुआ करती हैं दुश्वारी ही से आसानियाँ पैदा।
बड़े नादान हैं, मुश्किलको जो मुश्किल समझते हैं॥

ग़मो-इशरतके[७] हर पहलूको रखते हैं, निगाहोंमें।
अज़लसे[८] जो मआले-गर्दिशे-आलम[९] समझते हैं॥

ख़ाकसारीका[१०] है ग़ाफ़िल ! बहुत ऊँचा मर्तबा।
यह ज़मीं वोह है कि जिसपर आसमाँ कोई नहीं॥

---

[१]प्रेमी-जीवनकी व्यथा; [२]उपेक्षा; [३]प्रेम-मन्दिरमें; [४]प्रणाम; [५]यात्रा-मार्गमें, परदेशमें; [६]यात्रीदल; [७]दुःख-सुखके; [८]सृष्टिके प्रारम्भसे; [९]संसारचक्रका कारण; [१०]नम्रता, सेवाभावका।

बन सके तो शमअ् बनकर रौनक़े-काशाना[1] बन।
वरना जलकर दफ़अ़तन ख़ाकिस्तरे-परवाना[2] बन॥

ज़ेब[3] देती नहीं इन्सानको तलख़ीये-कलाम[4]।
गुफ़्तगूको सबबे-बरहमी-ए-दिल[5] न बना॥

बेफ़ायदा है, सजदागुज़ारी[6] सुबह-ओ-शाम।
जब दिल ही झुक सका न सरे-बन्दगीके साथ॥

हदसे ज़्यादा चमने-दहरमें[7] उड़नेवाले।
देगी धोका तुझे बेज़ाब्तए-परवाज़[8] कहीं॥

तलबमें[9] दोनों आलमकी[10] झुका रक्खा है क्यों सरको ?
यह रस्मे-बन्दगी[11] इक दिन अज़ाबे-दायमी[12] होगी॥

वोह अपने हर क़दमपर है कामयाबे-मंज़िल[13]।
आज़ाद हो चुका जो तक़लीदे-कारवाँसे[14]॥

ऐ महवे-निशाते फ़स्लेगुल[15]! अंजामे-ख़ुशी[16] ग़म होता है।
फूलोंकी तरह जो हँसते हैं, इक रोज़ वोह गिरियाँ[17] होते हैं॥

तदबीर[18] ही तेरी नाक़िस[19] थी, तक़दीरको तू इलज़ाम न दे।
कर सब्र ज़रा, कारे-मुश्किल[20], सब वक़्तपर आसाँ होते हैं॥

---

[1]मकानकी शोभा; [2]या प्रेमदीपपै जलकर पतंगेकी ख़ाक बन; [3]शोभा; [4]कटु वचन; [5]हृदयको चोट पहुँचानेका कारण; [6]नतमस्तक होकर ईश्वरके आगे गिरना; [7]संसाररूपी उद्यानमें; [8]बेसोची-समझी उड़ान; [9]अभिलाषामें; [10]इहलोक-परलोककी; [11]दिखावटी उपासना; [12]स्थाई परेशानी; [13]सफलयात्री; [14]यात्रीदलके अनुकरणसे; [15]सुखमें तल्लीन मौसमी फूल ! [16]ख़ुशीका परिणाम आख़िर; [17]रोते हैं; [18]पुरुषार्थ; [19]व्यर्थ, हीन; [20]कठिन कार्य।

उनको तो जगाया सोते थे, जो राहमें ऐ फ़रियादे-जरस[1] !
जो चलते-चलते सोते हैं, उनको भी जगाना आता है ?

तू ख़ुद रहबर[2] है, ख़ुद बाँगेजरस[3] है, ख़ुद ही मंज़िल है।
मुसाफ़िर ! फिर यह तक़लीदे-अमीरे-कारवाँ[4] कब तक ?

सूरते-नक़्शे-रहगुज़र[5] आजिज़ी[6] अख़्तियार कर।
अर्शकी[7] रफ़अतोंपै[8] गर तुझको मुक़ाम चाहिए ॥

चन्द भिन्न-भिन्न रंगके शेर

जहाँमें सोज़े-मुहब्बतका[9] तर्जुमा[10] न मिला।
ज़बाने-शमअ़पै परवानेका बयाँ न मिला ॥

कहाँ था नब्ज़शनासे-चमन वोह दुनियामें।
बहारेगुलमें जिसे पहलुए-ख़िज़ाँ न मिला ॥

मैं रहनेजब्र हूँ, तू अख़्तियारका मालिक।
मेरे फ़सानेसे यह अपनी दास्ताँ न मिला ॥

अज़लसे गर्मेसफ़र हूँ, मगर मुझे अबतक।
बिछड़ गया था मैं जिससे, वोह कारवाँ न मिला ॥

क़फ़समें और नशेमनमें रहके देख लिया।
कहीं भी चैन मुझे ज़ेरे-आसमाँ न मिला ॥

---

[1]यात्रीदलके ऊँटके गलेमें बँधी घण्टीने; [2]पथप्रदर्शक; [3]घण्टीकी आवाज़; [4]यात्रीदलके नेताका अनुकरण; [5]पदचिह्नोंकी तरह; [6]नम्रता; [7]आकाशकी; [8]ऊँचाइयोंमें। [9]प्रेम-ज्वालाका; [10]बतानेवाला।

सभीने उनसे कहा हश्रमें फ़सानये-दिल।
मुझे यहाँ भी 'अलम' मौक़ये-बयाँ न मिला॥

हरेक नक़्शे-क़दम रोजे-हश्र देख लिया।
तलाश जिसकी थी मुझको वोह बेवफ़ा न मिला॥

देख ऐ मुनअ़म[1]! यही था मुझमें-तुझमें इम्तयाज[2]।
तेरा क़ब्ज़ा था जहाँपर, मेरा क़ब्ज़ा दिलपै था॥

न देख इन गहरी नजरोंसे मुझे ऐ देखनेवाले!
भरम खुल जायगा ज़ालिम! मेरे जज्बाते-पिन्हाँका[3]॥

दबा रक्खा है सीनेमें जिसे तेरे असीरोंने[4]।
कभी गुलशनमें वोह नाला[5] क़फ़सकी दास्ताँ होगा॥

मैं नालए-दिलसे काम लूँगा मुझीसे होगा यह काम मेरा।
सबाको[6] है क्या ग़रज कि उनतक वोह लेके जाये पयाम[7] मेरा॥

जो डूबना हो तो काफ़ी है एक आँसू भी।
तेरा क़ुसूर कि तू ग़र्क़े-आब[8] हो न सका॥

अब बयाबाँसे गुलिस्ताँकी तरफ़ जायेंगे क्या?
तेरे दीवाने फ़रेबे-रंगो-बू खायेंगे क्या?
मुस्तक़िल कोई न देगा क्या सबूते-सोज़े-इश्क़!
जितने परवाने हैं सब ही जलके मर जायेंगे क्या?

---

[1]धनिक; [2]अन्तर, भेद; [3]अन्तरंग भावनाओंका; [4]क़ैदियोंने; [5]रुदन, आह; [6]हवाको; [7]सन्देश; [8]पानीमें डूब न सका।

सुन चुके जब दास्ताने-दर्द तो कहने लगे—
"और भी इसके सिवा कुछ आप फ़रमायेंगे क्या ?"

आशियाँ जिनका है ज़ेरे-आतिशे-गुल बाग़बाँ !
हमलाहाये-बर्क़ोबारांसे[1] वोह घबरायेंगे क्या ?

दारपर दुनिया चढ़ा ही देगी क्या मंसूरको ?
वाक़िफ़ानेराज सब ख़ामोश हो जायेंगे क्या ?

वोह कहाँ लज्ज़ते-सोज़े-ग़मे-पिन्हा समझा ?
हिज्रमें जीनेसे मरनेको जो आसाँ समझा ॥

ज़र्रा-ज़र्रा था चमन अक्सेरुख़े-लैलासे ।
क़ैस दीवाना गुलिस्ताँको बयाबाँ समझा ॥

उस दिन 'अलम'को फ़ितरते-ग़म[2] मरहमत[3] हुई ।
जिस रोज़ यह ज़मीन बनी, आसमाँ बना ॥

हमारी ख़ाकसारी बादमुर्दन भी नुमायाँ है ।
गलीमें उनकी उड़ता है, बहुत नीचा ग़ुबार अपना ॥

बहरे हस्तीका अज़लसे[4] हूँ शनावर[5] लेकिन ।
आजतक वाक़िफ़े-राज़े-तहे-दरिया[6] न हुआ ॥

नज़अ़में[7] बहुत धीमी जुम्बिशें नफ़सकी[8] हैं ।
है क़रीब मंज़िलके आज कारवाँ अपना ॥

परफ़िशानीका[9] क़फ़समें मुझे मौक़ा न मिला ।
नोच डाला मेरे सैयादने जो पर निकला ॥

---

[1]बिजली-वर्षाके आक्रमणोंसे; [2]दुखी स्वभाव; [3]प्रदान; [4]अनादिकालसे; [5]परिचित; [6]नदीके अन्तस्थलसे परिचित; [7]प्राणान्तकालमें; [8]इन्द्रियाँ शिथिल हो रही हैं; [9]उड़ानका ।

देखिये अब कौन-सा तूफ़ाँ जगाता है हमें।
मुँह छुपाके सो रहे हैं दामने-साहिलसे[1] हम ॥
सामने मंजिल है और आहिस्ता उठते हैं क़दम।
पास आकर हो रहे हैं दूर फिर मंज़िलसे हम ॥
कामयाबीमें भी है नाकामयाबे-जिन्दगी।
ऐन मंज़िलपर नहीं है, आश्ना[2] मंज़िलसे हम ॥

मज़ाक़ेग़म न पैदा कर सका मैं उनकी फ़ितरतमें।
सुनाई बाग़वालोंको क़फ़सकी दास्ताँ बरसों ॥

तेरी मरजीपै छोड़ दूँ किस तरह तूफ़ानमें किश्ती?
तुझे ऐ नाख़ुदा! नावाक़िफ़े-साहिल समझता हूँ ॥

कोई रिन्दोंके इस जर्फ़ो-नज़रकी[3] वुसअ़तें[4] देखे।
हरइक टूटे हुए साग़रको जामेजम समझते हैं ॥
निसारे-शमअ़ होकर बज़्ममें कहते हैं परवाने--
"कोई समझे न समझे, हम मआ़ले-ग़म समझते हैं" ॥

जो बयाने-इश्क़ भी समझे, ज़बाने-हुस्न भी।
आपकी महफ़िलमें ऐसा, राज़दाँ[5] कोई नहीं ॥

वफ़ाके परदेमें क्या-क्या जफ़ाएँ देखी हैं।
निगाहे-लुत्फ़पर अब मुझको ऐतमाद[6] नहीं ॥
मुझे यक़ीं है मगर दिलको क्या करूँ कि उसे।
किसीके वादये-फ़रदापै[7] ऐतमाद नहीं ॥

---

[1]नदी-तटसे; [2]परिचित; [3]दृष्टिकोणकी; [4]उदारताएँ; [5]जानकार; [6]भरोसा; [7]भविष्यके वायदेपर।

नजर हैराँ, जबाँ बहकी हुई-सी।
यह आप आख़िर कहाँसे आ रहे हैं ?
बयाँ करके सबब जोरो-जफ़ाका।
वफ़ाओंको मेरी शरमा रहे हैं॥

दिलके इत्मीनानका यूँ ही कोई सामाँ करें।
ऐतबारे-इनक़लाबे-गर्दिशे-दौराँ करें॥

मेरी तूफ़ाँशनासी नाख़ुदा ! मुझको बचायेगी।
मैं तूफ़ाँमें निगाहे-मौजे-तूफ़ाँ देख लेता हूँ॥

क़ैदमें भी है मयस्सर ऐ जुनूँ ! लुत्फ़े-चमन।
ख़ूनके छींटोंसे जिन्दाँको[1] सजा देता हूँ मैं॥

दिल मेरा बहलता है, तेरे ही तसव्वुरसे[2]।
इश्क़के नतीजोंसे गर्चे आश्ना[3] हूँ मैं॥

नहीं आदाबे-जुनूँसे यह बहारें वाक़िफ़।
वरना गुल बाग़में यूँ चाक गरेबाँ कर दें ?

मेरी परवाज क्या आये नजर तुमको चमनवालो !
तसव्वुरमें जो उड़ता हो, वोह महदूदे-नजर क्यों हो ?

मिली तो क्या मिली सैयाद ! ऐसी आजादी।
जब एक शाख़े-नशेमनपै अख़्तयार न हो॥

हम अपने दिलको महफ़ूजे-तमन्ना क्यों न रहने दें।
यह इक क़तरा लहू, सरगुश्तये-आहो-फ़ुग़ाँ[4] क्यों हो ?

---

[1]कारागारको; [2]ध्यानसे, चिन्तनसे; [3]परिचित; [4]आह-रुदनसे दुःखी।

वदनसे रूह जाती है तो दिलको साथ ले जाये।
अमानत इश्क़ है जिसमें, वोह हिस्सा रायगाँ[1] क्यों हो ?

दिलको बना हरमनशीं[2], तौफ़े-हरम[3] नहीं, न हो।
मानीये-बन्दगी[4] समझ, सूरते-बन्दगी[5] न देख॥

न पूछ उसके तहम्मुलकी[6] वुसअ़तें[7] सैयाद !
कि दर्से-ज़ब्ते-फ़ुग़ाँ,[8] जिसने ज़ेरे-दाम[9] लिया॥

कहीं बिजली, कहीं गुलचीं, कहीं सैयादका ख़तरा।
फले-फूलेगी इस गुलशनमें शाखे-आशियाँ क्योंकर॥

तवज्जह[10] सर्फ़[11] करता वाक़ई गर नाख़ुदा[12] अपनी।
तो क्यों साहिलसे टकरा करके किश्ती डूबती अपनी॥

जुनूँवालोंकी उरियानीपै[13] यूँ हँसना नहीं अच्छा।
मनायें ख़ैर अपने पैरहनकी[14] पैरहनवाले॥

है ज़ाहिर उसपै चमनकी हक़ीक़तें जिसने—
शगुफ़्ता[15] लाल-ओ-गुलका मआल[16] देखा है॥
नहीं है दिलमें तमन्नाये-वस्ल तक बाक़ी।
फ़िराक़े-यारमें इतना मलाल देखा है॥

---

[1]व्यर्थ नष्ट; [2]काबेमें लीन कर [3]तीर्थकी प्रदक्षिणा; [4]उपासनाका तात्पर्य्य; [5]बाह्य उपासनाओंको, [6]बरदाश्तकी, सब्रकी; [7]विशालता; [8]आहको रोकनेका पाठ; [9]जालमें; [10]ध्यान; [11]देता; [12]मल्लाह; [13]फटेहालपै, नग्नतापै; [14]परिधानकी, लिबासकी; [15]खिले हुए; [16]परिणाम।

सुना है फिर वोह सुनने आ रहे हैं, दास्ताँ मेरी।
इलाही आज तो रंगे-असर लाये ज़बाँ मेरी ॥

ज़ंजीरे-आहनीको[1] समझते थे शाख़े-गुल।
वोह हौसले शिकस्ता दिलोंमें कहाँ रहे ?

ज़र्फ़[2] उस क़तरये-नाचीज़का देखे कोई।
ऐन दरिया हो मगर, सूरते-दरिया न बनें ॥
ग़र्क़ हो-होके कई बार तो उभरे लेकिन।
फिर भी हम राज़शनासे-तहे-दरिया[3] न बने ॥

—सलसबील

थके-माँदे भी मंज़िलपर पहुँच जायें ब-आसानी।
कोई तदबीर ऐसी ऐ अमीरे-कारवाँ! कर लें ॥

मुझको न देख शानेकरमपर[4] निगाह कर।
मुझसे ख़ता हुई है, मगर बेबसीके साथ ॥

मंज़िले-अर्शपै दम लेनेको ठहरूँ तो मगर,
दम भी लेने दे मुझे लज़्ज़ते-परवाज़ कहीं ॥

हरइक ज़र्रेमें जिसके सैकड़ों गुलशन हैं पोशीदा।
जुनूँकी राहमें ऐसा भी इक वीराना आता है ॥

जा पहुँचता मंज़िले-मक़सूदपर अबतक 'अलम'।
कारवाँको ख़िज़्रे-मंज़िल गामज़न होने भी दे ॥

---

[1]लोहेकी ज़ंजीरको; [2]हौसला; [3]दरियाके भेदी; [4]दयालुताके मर्तबे-पर।

मुझे मुस्तहक़्क़े-अमानते-ग़मो-दर्दे-इश्क़ बना दिया।
यह था ऐतमादे-वफ़ा उसे, फ़क़त एक मुश्ते-ग़ुबारपर ॥

नाख़ुदा डूब चुका, नाव है ग़र्क़े-तूफ़ाँ।
हाय किस वक़्त मुझे यादे-ख़ुदा आती है ॥
वोह समझते हैं गुलिस्ताँमें चटकती है कली।
टूटनेकी जो किसी दिलकी सदा आती है ॥

मेरी ख़ुद्दारिये-वहशतपै तनक़ीदें[1] बजा लेकिन—
न देखा तुमने अपने इन्तज़ामे-जब्रे-महफ़िलको ॥

आदाबे-गुलिस्ताँ फ़र्ज़ सही, ताईदे-जुनूँ भी वाजिब है।
क्या जाने बहारें कब आयें, हम चाक गरेबाँ होते हैं ॥

शब-रोज़ मुहब्बत सीनेमें, पोशीदा अगर्चे है, फिर भी—
आहोंमें लरज़ते रहते हैं, अश्कोंसे नुमायाँ होते हैं ॥
रुकते हैं कहीं दीवारोंसे, थमते हैं कहीं ज़ंजीरोंसे।
इज़हारे-जुनूँपर आमादा जब क़ैदिये-ज़िन्दा होते हैं ॥
जी भरके तड़प लेने दे उन्हें, रह-रहके ज़रा जलने दे उन्हें।
ऐ शमअ़की लौ ! यह परवाने इक रातके मेहमाँ होते हैं ॥
शिकिस्ता सोख़्ता भी और ख़िज़ाँदीदा भी है लेकिन —
ग़नीमत है चमनमें मेरी शाख़े-आशियाँ फिर भी ॥

मिलेगा लुत्फ़े-आज़ादी उन्हें क्या मौसमे-गुलमें ?
क़फ़ससे छूटकर गुलशनमें जो बेबालो-पर आये ॥

---

[1]आलोचनायें।

सालिके-राहेख़ुदी,[१] इस भेदसे वाक़िफ़ नहीं।
बेख़ुदीकी राहमें भी इक मुक़ामे-होश है॥

तसकीन मुसीबतमें देनेको, यूँ तो ज़माना आता है।
ऐसा भी कोई आता है जिसे, बिगड़ीको बनाना आता है॥
काँटोंकी ज़बाने-तिश्नासे गुलशनकी हक़ीक़तको पूछो।
याराने-चमन इन फूलोंको तो हँसना-हँसाना आता है॥

कौन है यह ना-शनासे-लज़्ज़ते-तूफ़ाने-ग़म?
डूबनेवालेको साहिलसे सदा देने लगे॥

कहीं मशग़ूले-असबाबे-सफ़र पीछे न रह जाये।
शरीके-कारवाँ हो, इन्तज़ामे-कारवाँ कबतक॥

अँधेरी रात, तूफ़ाने-तलातुम, नाख़ुदा ग़ाफ़िल।
यह आलम है तो फिर कश्ती, सरे-मौजे-रवाँ कबतक?*
मेरी परवाज़ है ख़ुद बेनियाज़े-मरकज़े-मंज़िल[२]।
मुझे उड़ने दो ताईने मकानो-लामकाँ[३] कबतक॥

किधर ले जा रहा है, बहरे-तूफ़ाँख़ेज़में कश्ती?
तुझे मौजे-रवाँपर, नाख़ुदा! साहिलका धोका है॥
सरे मंज़िल पहुँच सकता नहीं वोह क़ाफ़ला हरगिज़।
जिसे रहबरपै भी बेगानये-मंज़िलका धोका है॥

---

[१]अहमन्यता-मार्गका यात्री; [२]निश्चित स्थानसे अपरिचित
[३]असीम आकाश।

*उन्हें हिजाब, उदू शादमाँ, अज़ीज़ निढाल।
मेरा जनाज़ा भी कोई उठायगा कि नहीं?
—सीमाब अकबराबादी

तूरे-सीनापर न जाते फिर कलीम।
देखते गर तूरे-दिलकी रोशनी ॥
उठ गये सब राजदाने-मयकदा।
अब किसे दें मन्सबे-साक़ीगरी ॥

बढ़ा दी इतना कहकर शमअ़ने परवानोंकी हिम्मत—
"है जलना काम उनका जो हैं दिलवाले, जिगरवाले"॥

ख़ुशी-ख़ुशीमें न, ग़ममें कोई मलाल मुझे।
बना दिया है मुहब्बतने बेमिसाल मुझे ॥

वाक़या यह दोनों आलममें रहेगा यादगार।
जिन्दगानी मैंने हासिल की है मर जानेके बाद ॥

यह तलातुम बहरे-हस्तीमें नहीं है बेसबब।
आ गई है कश्तिये-दिल, ज़ेरे-मौजे-ग़म कहीं ॥

जितनी छींटें हैं लहूकी सब हैं तारीख़े-जुनूँ[1]।
ग़ौरसे नज्ज़ारये-दीवारे-ज़िन्दाँ[2] कीजिये ॥
दामने-हस्तीसे यह आवेज़िशें अच्छी नहीं।
चाक करना है तो चाक अपना ही दामा कीजिये ॥

यह तो सच है मैं नियाज़े-इश्क़से वाक़िफ़ नहीं।
कुछ मिज़ाजे-हुस्नका तुमने भी अन्दाज़ा किया ?

न ख़तरा है खिज़ाँका और न उम्मीदे-बहारेगुल।
नशेमनमें क़फ़स-जैसी फ़राग़त[3] हो नहीं सकती ॥

---

[1]उन्मत्तावस्थाका इतिहास; [2]कारागारकी दीवारोंका अवलोकन; [3]फ़ुरसत।

बहारे-गुलका मुज़दा[1] या नवीदे-वस्ले-जानाँ हो[2]।
मुसीबतमें कोई शय वजहे-राहत हो नहीं सकती ।।
हक़ीक़त वोह मआ़ले-इश्क़की क्या ख़ाक समझेंगे ?
हमारे हालसे भी जिनको इबरत हो नहीं सकती ।।

फूलोंसे पूछिये न सितारोंसे पूछिये ।
दिल क्या है अश्के-ग़मके शरारोंसे पूछिये ।।

तालिबे-इश्क़ न था हुस्न, तो वह मेरी तरफ़।
मुल्तफ़ित क्यों हुए पैग़ामे-नज़रसे पहले ?

तेरी नज़रें दे रही हैं, तुझको धोका पै-ब-पै।
है ग़ुबारे-दश्त दीवाने! यहाँ महमिल कहाँ ?
हर ज़र्रा दे रहा है 'अलम' दावते-जमाल।
लकिन जहाँमें चश्मे-हक़ीक़त नगर कहाँ ?

इसी वास्ते है पैहम, नज़र इसपै बिजलियोंकी।
है सजी हुई गुलोंसे मेरी शाख़े-आशियाना ।।

थी न आज़ादे-फ़ना कश्ती-ए-दिल ऐ नाख़ुदा !
मौजे-तूफ़ाँसे बची तो नज़रे साहिल हो. गई ।।

कोई ऐजाज़े-सफ़र था, या फ़रेबे-चश्मे-शौक़ ?
सामने आकर निहाँ आँखोंसे मंज़िल हो गई ।।

मैंने यूँ कश्तीका रुख़ फिर सूये-तूफ़ाँ कर दिया।
साज़गारे-दिल हवाये-दामने-साहिल न थी ।।

---

[1]बहारकी आमद; [2]प्रेयसीमिलनका सन्देश।

कुछ मिटे-से नक़्शेपा भी हैं, जुनूँकी राहमें।
हमसे पहले कोई गुज़रा है यहाँ होते हुए॥

—कौसरोतसनीम

नज़्मोंके चन्द अशआ़र

मआ़ले-तमन्ना

. . . .

किसीने सहने-चमनमें क़रीब ही से सुना।
यह ख़ुश्क पत्तियोंसे उसकी आ रही थी सदा—
"उरूजे-हुस्नने[1] मुझको गिराया पस्तीमें।
कली ही रहता यह अच्छा था बाग़े-हस्तीमें॥
तबाहियोंका है सरचश्मा इन्तहा-ए-कमाल।
कमाल ही को न फिर क्यों कहें दलीले-ज़वाल"॥

है कामयाब वही इस जहाने-फ़ानीमें।
जो बेनियाज़े-तमन्ना है जिन्दगानीमें॥

वसन्त

. . . .

वोह तोड़ती है जब फूल तो शाख़ें झुककर सजदा करती हैं।
उसकी रंगीन जवानीसे आईने पैदा करती हैं॥
फूलोंके आईनोंमें अपने अक्ससे वोह शरमाती हैं।
होंटोंसे तबस्सुम खिलता है, आँखोंमें हया थर्राती है॥
ख़ुद टूटके रंगीं फूल कुछ उसके दामनपर आ पड़ते हैं।
वोह दोशीज़ा हँस देती है, नज़रोंसे तारे झड़ते हैं॥

. . . .

भरकर फूलोंसे दामन जब वोह अपने पाँव बढ़ाती है।
हर नक़्शे-क़दमपर होनेको क़ुरबान वसन्त आ जाती है॥

---

[1]सौन्दर्य्यकी उँचाईने।

यह दोशीज़ा[1] उस मौसमकी गोया इक ज़िन्दा देवी है।
है ज़िन्दगी उसकी चितवनमें, यह ख़ुद ही बहारे-हस्ती है।।

—सलसबील

शबाब आ रहा है—

शबाब आ रहा है, शबाब आ रहा है।
दहकता हुआ आफ़ताब आ रहा है।।
हैं अठखेलियोंपर चमनकी हवायें।
नये सरसे फिर इनक़लाब आ रहा है।।
. . . .
यह सूरज है मशरिक़में या मैकदेमें।
कोई लेके जामे-शराब आ रहा है।।
यह क़ौसे-क़ज़ह है कि बज़्मे-फ़लकसे।
मुग़न्नीं उठायें रुबाब आ रहा है।।
कँवल खिल रहा है कि हौज़े-चमनसे।
उभरता हुआ आफ़ताब आ रहा है।।
. . . .

—सलसबील

वफ़ा

कहता है तुझे कोई बुरा कहने दे।
तू छोड़ न दामाने-वफ़ा हाथोंसे।।
मिट्टीको ज़रा देख ब-चश्मे इबरत।
ज़िल्लतके एवज़ बख़्शती है गुलदस्ते।।

—कौसरो-तसनीम

२८ सितम्बर १९५३ ई०]

---

[1]कुआँरी लड़की।

'अफ़सर' मेरठी

हामिदअल्ला 'अफ़सर' १८९८ ई० में उत्पन्न हुए। मेरठके रहनेवाले हैं। अरबी-फ़ारसीकी उच्च शिक्षाके साथ-साथ अंग्रेज़ीमें बी० ए० पास हैं, और लखनऊ इण्टर मीजियेट कॉलेजमें लेक्चरर हैं। शायरीका शौक़ बचपनसे था। मगर किसीपर प्रकट नहीं होते थे। सहपाठियोंके आग्रहपर १९१६के एक मुशायरेमें आपने पहले-पहल ग़ज़ल पढ़ी। ख़ूब दाद मिली। लेकिन फिर आप मुद्दतोंतक मुशायरोंमें नहीं गये। इसका कारण यही था कि आपको मिसरा तरहपर ग़ज़ल कहना अच्छा नहीं मालूम होता था। लेकिन कलाम बराबर कहते रहे।

मुशायरोंकी मिसरातरहपर ग़ज़ल लिखनेसे 'अफ़सर' घबराते हैं। जो कुछ देखते और अनुभव करते हैं, उमंग आनेपर उसीको शायरीका परिधान पहनानेका प्रयत्न करते हैं। आप गीत और नज़्म भी लिखते हैं। लेकिन आपकी शायरीका श्रीगणेश ग़ज़लसे ही प्रारम्भ हुआ।

आपके स्वयंके चन्द पसन्दीदा अशआर—

भटकती हैं नज़रें मेरी हर तरफ़।
ख़ुदा जाने किस भेसमें तू मिले॥

यह जी चाहता है मेरा आज 'अफ़सर' !
अभी और तुमसे किये जाऊँ बातें ।।

हाय वोह जिसकी उम्मीदें हों खिज़ाँपर मौक़ूफ़ ।
शाख़ें-गुल सूखके गिर जाये तो काशाना बने ।।

बढ़ाके रीश[1] तू मस्जिदको क्या चला 'अफ़सर' ?
यह शक्ल अब कहीं होती नहीं नमाज़ीकी ।।

रखकर नजरके सामने तसवीरे-ख़्वाबे-नाज़[2] ।
पहरों तेरे ख़यालमें बैठा रहा हूँ मैं ।।

दिलपर अपना बस चलता तो वहशत काहेको होती ?
और किसीसे क्या मतलब है ? तू ख़ुद क्या कहता होगा ।।

जो ग़म हदसे जियादा हो, ख़ुशी नज़दीक होती है ।
चमकते हैं सितारे रात जब तारीक[3] होती है ।।

दिखावेके हैं सब यह दुनियाके मेले ।
भरी बज़्ममें हम रहे हैं अकेले ।।
अनोखे ख़यालोंकी महफ़िल जमाये ।
पड़े रहते हैं घरमें 'अफ़सर' अकेले ।।

कुछ तवज्जह ख़ास होती है अयाँ[4] ।
नाम ले-लेकर न कोसा कीजिये ।।

वाँ उनको यह गुमान कि दामन भी तर नहीं ।
याँ हाल यह कि आ गया पानी गले-गले ।।

---

[1]दाढ़ी; [2]प्रेयसीके स्वप्नकी तसवीर; [3]अँधेरी; [4]प्रकट ।

हर ख़िज़ाँके ग़ुबारमें हमने।
कारवाने-बहार[1] देखा है॥
कितने पशमीना-पोश जिस्मोंमें[2]।
रूहको[3] तार-तार देखा है॥

अल्लाहरे जुनूँकी यह ज़र्रा नवाज़ियाँ।
बैठा हुआ हूँ दिलमें बयाबाँ लिये हुए॥

ज़माना ढूँड़ता है मुझको 'अफ़सर'।
ख़ुदा जाने कहाँ खोया गया मैं?

लिल्लाह यह तुम देखनेवालोंसे न पूछो।
क्या चीज़ हो तुम देखनेवालोंकी नज़रमें!

महवे-तलाशे-राहत,[4] तू यह भी जानता है?
कहते हैं जिसको राहत, वोह ग़मकी इन्तहा है॥

मज़ाहब क्या हैं? राहें-मुख़्तलिफ़ हैं, एक मंज़िलकी।
है मंज़िल क्या? जहाँ सब कुछ है, पर राहें नहीं होतीं॥

उफ़रे यह ज़ौक़े-इबादतकी अजाइबकारियाँ।
दिल कहीं है, मैं कहीं, सजदा कहीं है, सर कहीं?

मौत है वोह राज़, जो आख़िर खुलेगा एक दिन।
ज़िन्दगी है वोह मुअम्मा, जिसका कोई हल नहीं॥

---

[1]बहारका आगमन; [2]दुशालेसे ढके शरीरोंमें; [3]आत्माको; [4]सुखचैनकी खोजमें लीन।

तारोंका गो शुमारमें आना मुहाल है।
लेकिन किसीको नींद न आये तो क्या करे ?

दुनियामें इक सकूँका जरिया हो जब यही।
इन्सान तुझसे लौ न लगाये तो क्या करे ?

ख़ुदा तौफ़ीक़ देता है जिन्हें, वोह यह समझते हैं।
कि ख़ुद अपने ही हाथोंसे बना करती हैं तक़दीरें ॥

न समझा जब हक़ीक़तको किसीने।
ख़ुदा पैदा किया हर आदमीने ॥

तुझको पा लेनेमें यह बेताब कैफ़ीयत कहाँ ?
जिन्दगी वह है जो तेरी जुस्तजूमें कट गई ॥

क़रीब है मेरी मंजिल, क़रीब है शायद।
कि अब नहीं रही हिम्मत क़दम उठानेकी ॥

हाय ! अंजामे-तजस्सुसकी[1] अजाइब कारियाँ।
तुम मिले और ढूँढ़नेवाले तुम्हारे खो गये ॥

हम जिसको मौत समझते हैं, पैग़ामे-हयाते-जदीद है वोह !
यह फूल चमनमें जितने हैं, फिर खिलनेको मुरझाते हैं ॥

जब ख़ुशीका ख़याल आता है।
दिले-मायूस काँप जाता है ॥

---

[1]खोजके परिणामकी ।

सुखमें होता है हाफ़िज़ा बेकार।
दुःखमें अल्लाह याद आता है॥

चमकती है यह बिजली अब्रमें या—
किसीसे कुछ इशारे हो रहे हैं॥
—निगार जनवरी १९४१ ई०

ख़ौफ़ था जलनेका दिलके, तो दिया क्यों हो गये।
टूट जानेका अगर डर था असा[१] क्यों हो गये?
खेलना जब उनको तूफ़ानोंसे आता ही न था।
फिर वोह् कश्तीके हमारे नाख़ुदा[२] क्यों हो गये?

शहरकी फ़िक्रमें घुलनेको, शहरका क़ाज़ी कौन बने।
अपना हामी ख़ुद जो नहीं, उसका हामी कौन बने!
ख़ुदको जो पा जाते हैं, दुनिया उनकी होती है।
जिसने ख़ुदको छोड़ दिया, उसका साथी कौन बने!

५ अक्तूबर १९५२ ई०]

---

[१]लाठी; [२]मल्लाह।

अम्न लखनवी

[१८६६—— ई०]

मुंशी गोपीनाथ 'अम्न' १८६६ ई० में लखनऊमें उत्पन्न हुए। १६१६ ई० में उन्होंने मैट्रिक पास किया। उसी स्कूलमें प्रसिद्ध उस्ताद 'अज़ीज़' उर्दू-शिक्षक थे। उनके संसर्गमें रहते हुए 'अम्नको भी शायरीका शौक़ हो गया। मैट्रिक करनेके बाद 'अम्न' म्यूनिस्पल कमेटीमें मुलाज़िम हो गये। वहाँ रहते हुएआपने १६२० ई०में मुख़्तारीकी परीक्षा भी दी। १६२०से कांग्रेस आन्दोलनमें आप भाग लेने लगे और आपने पहले-पहल १६२०में ही लखनऊके एक कांग्रेसी जल्सेमें अपनी एक नज़्म सुनाई। स्कूल छोड़नेके बाद आप बैजनाथ 'फ़िगार'से इस्लाह लेने लगे जो कि 'आतिश' स्कूलके स्नातक थे।

१६२४में आपने मुख़्तारगीरीकी प्रैक्टिस भी की। १६३० और ३२में आप जेल गये और वहाँसे आकर दिल्लीके दैनिक उर्दू-पत्र 'तेज'में सम्पादकीय विभागमें कार्य करने लगे। वहाँ तक़रीबन १५ वर्षतक रहे। १६४२के आन्दोलनमें डेढ़ वर्षतक नज़र-बन्द रहे और १६४८से दिल्ली प्रान्तीय सरकारके प्रेस ऑफ़ीसरके उच्च पदपर प्रतिष्ठित थे और वर्त्तमानमें दिल्ली राज्यके मंत्री हैं।

अम्न साहब खद्दरपोश, सरलस्वभावी और सीधे-सादे हैं। गान्धीवादी विचारोंके हैं। बीसों मुशायरोंमें उन्हें सुना है। तरन्नुमसे पढ़ते हैं।

आपका १६५०में प्रकाशित २२४ पृष्ठका 'कारवाने मंज़िल' हमारे

सामने है। इसमें आपकी ७३ नज़्में और १६ ग़ज़लें हैं। इन्हीं ग़ज़लोंके चन्द अशआर दिये जा रहे हैं—

असीराने-क़फ़सकी आप बीती पूछते क्या हो?
यहाँ ऐ 'अम्न'! क़ज्ज़ाक़ोंसे बदतर पासबाँ देखे॥

कहा शेख़से एक पीरेमुग़ाने—
कि "हर इकको देखो उसीकी नज़रसे"।
यह है 'अम्न' इन्साँकी पस्ती-सी पस्ती।
गुनहसे बचा भी तो दोज़ख़के डरसे॥

कुछ अपना मर्तबा जानो, कुछ अपनी क़द्र पहचानो।
ज़मींपर बसनेवालो! शिकवये-हफ़्त आस्मां कबतक?

सुना है उनसे मुलाक़ात होगी महशरमें।
है एक और क़यामत वहाँ अगर न मिले॥
कहीं फ़रिश्ते मिले, और कहीं मिले शैतान।
हो जिनमें शान तवाज़ुनकी वोह बशर न मिले॥

बेगाने जो शुरूसे हैं उनका ज़िक्र क्या?
अपने भी ग़ैर हो गये इसका मलाल है॥

ज़िन्दगी बेख़तर पसन्द नहीं।
पुरसकूँ रहगुज़र पसन्द नहीं॥

कोई शादमाँ, कोई अन्दोहगीं है।
सकूँकी अभी कोई सूरत नहीं है।
दमाग़ आस्माँपर ज़मींपर जबीं है।
इबादत यह कोई इबादत नहीं है॥

तलाशे-मदावा, तलाशे-मसीहा ।
यह कुछ और है, दर्दे-उल्फ़त नहीं है ॥

द्वितीय महासमरमें अंग्रेज़-जर्मन युद्धमें अंग्रेज़ोंकी सहायता न की जाय, इसी बातको चन्द क़ितोंमें यों बयान किया है—

बरबादिये-बुस्ताँके हरइक सिम्त हैं आसार ।
गुलशनमें है सैयाद बहम बरसरे पैकार ॥
आपसके यह झगड़े हैं, नहीं तुझको सरोकार ।
ऐ मुर्ग़े-गिरफ़्तार ! ख़बरदार ! ख़बरदार !!

सैयादोंके झगड़ोंसे तुझे काम नहीं है ।
क्या मुर्ग़े-गिरफ़्तार तेरा नाम नहीं है ॥

गुलशनमें लगे आग तू कर फ़िक्र न जिनहार ।
ऐ मुर्ग़े-गिरफ़्तार ! ख़बरदार ! ख़बरदार !!
. . . .

सैयादको लुट जानेका गो अपने ख़तर है ।
फिर भी तेरे पिंजरेपै वही सख़्त नज़र है ॥
गुलशनमें जो होना है, वोह हो लेने दे इकबार ।
ऐ मुर्ग़े-गिरफ़्तार ! ख़बरदार ! ख़बरदार !!
. . . .

२० अगस्त १९५३ ई०]

रम्ज़

मुहम्मद रमज़ान 'रम्ज़' छपरा (बिहार)के रहनेवाले हैं, और अदालतके किसी पदपर प्रतिष्ठित हैं। गम्भीर प्रकृतिके मिलनसार व्यक्ति हैं। मज़ाहिया रंगमें शेर कहते हैं। लेकिन शक्लो-शबाहतसे यह अनुमान नहीं किया जा सकता कि ऐसी शान्त प्रकृतिका व्यक्ति भी जनताको हँसाते-हँसाते लोट-पोट कर सकता है।

आप अपने कलाममें केवल अंग्रेज़ी क़ाफ़ियेका इस्तेमाल करके उसे हास्यमय बना देते हैं। वरना तमामका तमाम कलाम संजीदा-सा मालूम होता है, परन्तु क़ाफ़ियेका उपयोग होते ही हास्य प्रस्फुटित हो उठता है। सबसे पहले 'अकबर' इलाहाबादीने अपने कलाममें अंग्रेज़ी शब्दोंको समोकर मज़ाक़का पहलू निकाला था। उसके बाद तो एक प्रथा-सी चल गई, परन्तु 'रम्ज़'से पहलेके शायर अंग्रेज़ी शब्द आवश्यकतानुसार शेरमें चाहे जहाँ समो देते थे, कोई बँधा हुआ नियम नहीं था। लेकिन 'रम्ज़'की ख़ूबी ये है कि आप केवल क़ाफ़िया अंग्रेज़ीमें रखते हैं और बाक़ी समूचे शेरमें उर्दू-शब्द होते हैं। मुशायरेका मिसरा तरह कैसा ही क्यों न हों, आप अपने मज़ाक़के मुताबिक़ अंग्रेज़ी क़ाफ़िये ढूंढ निकालते हैं। और उन्हीं क़ाफ़ियोंको शेरमें रखकर हास्य बखेर देते हैं। क़ाफ़ियेके अतिरिक्त शेरमें और अंग्रेज़ी शब्द इस्तेमाल नहीं करते।

आपकी चन्द ग़ज़लें जनाब अताउल्लाह पालवीने जुलाई १९४५के 'शायर'में प्रकाशित कराई थीं, उनमेंसे चन्द यहाँ साभार दी जा रही हैं—

हैं रक़ीबोंसे तुम्हारे वास्ते फाइट[1] हनूज़।
वायेनाकामी कि तै, पाया नहीं राइट[2] हनूज़॥

---

[1]लड़ाई; [2]अधिकार।

आपने सूरत बनाई है यह किसके सोग़में।
बाल हैं बिखरे हुए पोशाक है ह्वाइट[1] हनूज़ ॥
दर्दे-हिजरांके असर बाक़ी हैं अबतक जाने-जाँ !
फूलसे भी है यह जिस्मे-नातवाँ लाइट[2] हनूज़ ॥

क़त्लकी धमकीसे क़ातिल मैं तो डर सकता नहीं।
देख ले है रिश्तये-उल्फ़त मेरा टाइट[3] हनूज़ ॥
ग़म किये, शेवन किये, नाले किये, तारे गिने।
ख़त्म होनेपर न आई, हिज्रकी नाइट[4] हनूज़ ॥
उनको मेरी जाँनिसारीका भला क्यों हो यक़ीं।
कहते हैं अपनी ग़लतफ़हमीको वोह राइट[5] हनूज़ ॥
इन बुतोंके इश्क़से क्यों जी मेरा घबरा न जाय।
जानदें हम जिसपै वोह हैं 'काम'[6] और क्वाइट[7] हनूज़ ॥
बेकली हदसे बढ़ी है, दम लबोंपर आ गया।
'रम्ज़'की जानिब मगर तुमने न की साइट[8] हनूज़ ॥

उक्त ग़ज़लमें केवल अंग्रेज़ीका क़ाफ़िया रख देनेसे हास्यका फ़व्वारा छूटने लगता है, वरना पूरीकी पूरी ग़ज़ल संजीदगी लिये हुए हैं। एक ग़ज़ल और सुनिये—

उस शोख़से हैं मुझको मुहब्बत भी फीयर[9] भी।
अरमानके हमराह निकलते हैं टीअर[10] भी ॥
किस तरहसे मर जाऊँ मैं उस परदानशींपर।
आँखोंसे जो है दूर तो है दिलके नीअर[11] भी।

---

[1]सफ़ेद; [2]हलका; [3]मजबूत, दृढ़; [4]रात्रि; [5]ठीक; [6]शान्त; [7]चुप, पूर्णतया; [8]दृष्टि; [9]भय; [10]आँसू; [11]समीप।

आये हो तो दो-चार घड़ी बैठके जाओ।
हाज़िर हैं तुम्हारे लिए मसनद भी चेअर[1] भी ॥
इस ढंगके दिलबर तो ज़मानेमें बहुत हैं।
इस शक्लके इन्सान हैं दुनियामें रेअर[2] भी ॥
बेकार है उम्मीदे-वफ़ा अहले-जफ़ासे।
सीनेकी तरह चाक हुआ आज लेटर[3] भी ॥
सोज़े-ग़मे-उल्फ़तसे तो खुद जलता हूँ ऐ 'रम्ज़'!
और उसपै जलाती है मुझे और 'समर'[4] भी ॥

एक मुशायरेका मिसरा तरह था—

"शिकन बिस्तरकी कहती है कि दम निकला है मुश्किलसे"

क़ाफ़िया मुश्किल, मुहमिल, वग़ैरह थे और रदीफ़ 'से'। रम्ज़ साहबने अपने मतलबके अंग्रेज़ी क़ाफ़िये तलाश करके देखिये हास्यका क्या रंग भरा है—

तक़ाज़ा जज़्बे-उल्फ़तका है यह रह-रहके पैडिलसे।
मेरी बालींपै उनको खींच ला तू आज साइकिलसे ॥
मेरी शीरीं दहन तेरे लबे-शीरींका क्या कहना?
हलावत इसको गोया मिल गई है कल शुगरमिलसे[5] ॥
हसीनाने-जहाँ दिल लेके कितना ज़ुल्म करते हैं।
मगर क़ानून कुछ नाफ़िज़ नहीं होता है कौंसिलसे ॥
हमारी रहबरीको आये हैं, वाइज़ खुदाहाफ़िज़।
उन्हें तो काम है इसलामके परदेमें टायटिलसे[6] ॥

---

[1]कुर्सी; [2]दुर्लभ, असाधारण; [3]पत्र; [4]गरमी; [5]चीनीमिलसे; [6]उपाधिसे।

कहाँ मैं और कहाँ उनका हरीमेनाज़ ऐ हमदम !
मेरी तक़दीर तो लिक्खी गई है, हार्ड पेन्सिलसे[१] ।।
शराबे-वस्ल हो या शर्बते-दीदार हासिल हो ।
मरीज़े-इश्क़ अच्छा हो नहीं सकता किसी पिलसे[२] ।।
कोई उल्फ़तमें मरना तेशये-फ़रहादसे सीखे ।
सदाये आफ़रीं आती है, अबतक गोशये-हिलसे[३] ।।
खुदाका क़हर है ऐ 'रम्ज़' गुरबतमें बुख़ार आया ।
हरारत बढ़ गई है डाक्टरके दिलशिकन बिलसे ।।

एक मुशायरेकी तरह थी—

"निगारखाना नहीं है दुनिया, निगारकी कुछ ख़बर नहीं है"

क़ाफ़िया ख़बर, नज़र वग़ैरह था और रदीफ़ 'नहीं है'। अब 'रम्ज़' साहबका कमाल देखिये—

पड़ा है किस मुखमसेमें[४] ज़ाहिद ! हीअर[५] नहीं है, देअर[६] नहीं है ।
बताओ उस नाज़नींका जलवा, जहाँ नहीं है, वेअर[७] नहीं है ।।
न समझो आँसू जो बह रहा है, शकिस्ता दिलका मेरे पसीना ।
यही है क़ल्बो-जिगरका टुकड़ा, यह क़तरा हरगिज़ टीअर[८] नहीं है ।।
हमारी किश्तीके नाख़ुदाने, भँवरसे शर्ते-वफ़ा है बाँधा ।
किसीका ख़तरा हमें नहीं है, किसीसे हमको फीअर[९] नहीं है ।।
तुम्हारे हाथोंसे पा रहे हैं, तुम्हारी महफ़िलमें जाम ऐदा[१०] !
जलील महफ़िलमें सिर्फ़ हम हैं, हमारा कुछ भी शेअर[११] नहीं है ।

---

[१]सख़्त पेंसिलसे; [२]दवाकी टिकियासे; [३]पर्वतसे; [४]झगड़ेमें, बखेड़ेमें; [५]यहाँ; [६]वहाँ, [७]कहाँ; [८]आँसू; [९]भय, अन्देशा; [१०]शत्रु, उदूका बहुवचन; [११]हिस्सा, भाग ।

उदूसे बातें हों मुसकराकर, बना-बनाकर, चबा-चबाकर।
जो पूछें हम कुछ, बिगड़के बोलो, तरीक़ा यह तो फ़ेअर[1] नहीं है॥
तुम्हारे तर्ज़े-सितमके क़ुर्बां, तुम्हारे जोरो-जफ़ाके सदक़े।
हमारी जाँ तो गराँ नहीं हैं, हमारा सर तो डीअर[2] नहीं है॥
बेचारे ज़ाहिदकी अहलियाने कहा यह इक दिन बिगड़के उनसे।
"ज़रा तो सोचो, ज़रा तो समझो, हमारा कोई हीअर[3] नहीं है॥
मुक़ामे-इबरत है दहरे-फ़ानी, पड़े हैं जंगलमें 'रम्ज़' अब वोह।
ज़माना घेरे हुए था जिनको, कोई अब उनके नीअर[4] नहीं है॥

एक मुशायरेका मिसरा तरह था—

"जवाबेख़त मुझे लिखता है वोह ख़ूने-कबूतरसे"

उसपर आपने यूँ तबा आज़माई की है—

चला जब काम मिस्टरका ख़ुशामदसे न लेक्चरसे।
हुए इमदादके ख़्वाहाँ वोह बटलरसे, स्वीपरसे[5]॥
चले वोह दो क़दम और इक क़यामत हो गई बरपा।
सदायें अल्लामाँ आने लगी इक-एक क्वाटरसे॥

निफ़ाक़ो-इफ़्तराक़ो बुग़्ज़का आलम मुआज़ल्ला।
न बेटा बापसे ख़ुश है न भाई अपनी सिस्टरसे[6]॥
अदावतने जो ले ली है जगह, महरो-मुहब्बतकी।
कोई नालाँ है अपनोंसे कोई उलझा है नेबरसे[7]॥
वोह आये और हैं मसरूफ़े-गिरया मेरी मय्यतपर।
खड़े नहलौ रहे हैं वोह मुझे आँखोंके वाटरसे[8]॥

---

[1]स्वच्छ; [2]मूल्यवान; [3]उत्तराधिकारी; [4]समीप; [5]महतरसे; [6]बहनसे; [7]पड़ौसीसे; [8]पानीसे।

गरानीमें ग़रीबोंकी मदद होनी नहीं मुश्किल।
अगर हुक्काम कुछ लें काम, अपनी ख़ास पावरसे[1] ॥
जो हैं इस वक़्तकी दुश्वारियाँ यह दूर कर देंगे।
यही उम्मीद वासिक है 'उमर' जैसे कलक्टरसे ॥
जवाबे-ख़त मुझे ख़ूने-कबूतरसे वोह लिखते हैं।
मुझे वो भेजते हैं यूँ पयामे-मर्ग लेटरसे ॥
बसीरत शर्त है मस्तूर जलवा है हर इक शैमें।
नज़र आते हैं हमको 'रम्ज़' वोह हर एक 'पिक्चर'से[2] ॥
बड़े ही संगदिल होते हैं बुत राज़ी नहीं होते।
ख़ुशामदसे न मिन्नतसे, समाजतसे न टीअरसे[3] ॥

---

[1]अधिकारोंसे; [2]चित्रसे; [3]आँसूसे।

'फ़रहत' कानपुरी

श्री गंगाधरनाथ 'फ़रहत'का जन्म १६०५ ई०में कानपुरके एक प्रतिष्ठित कायस्थ परिवारमें हुआ। वकालत-पेशा आपके परिवारमें सात पुश्तसे चला आ रहा है। आपके पिता स्वर्गीय श्री विश्वम्भरनाथ निगम और बाबा रायसाहब देवीसहाय निगम कानपुर ज़िलेके प्रमुख वकीलोंमें-से थे। कानपुर और इटावे ज़िलोंमें आपकी ज़मींदारी थी।

१६३० ई०में आपने बी० ए० किया और उसी वर्ष असहयोग आन्दोलनमें छ: मासको जेल गये। जेल जाते समय आप नगर कांग्रेस कमेटी कानपुरके प्रधान मंत्री थे। जेलमें आपका स्वास्थ्य खराब हो गया था। १६३२ ई०में आपने प्रथम श्रेणीमें वकालत पास की। विद्यार्थी अवस्थामें आप लखनऊ विश्वविद्यालय यूनियनके अध्यक्ष तथा विश्व-विद्यालय पत्रिकाके सम्पादक भी रहे। १६३३ ई०से आपने कानपुरमें वकालत प्रारम्भ की और अल्पकालमें ही नगरके प्रसिद्ध वकीलोंमें आपकी गणना होने लगी।

शायरीकी ओर रुचि आपकी किशोरावस्थासे ही थी। आप नज़्म,

रुबाई, ग़ज़ल, क़िते आदि कहनेमें बहुत अच्छा अभ्यास रखते थे। उर्दू-फ़ारसीके विद्वान थे। भारतके प्रसिद्ध पत्रोंमें आपका कलाम छपता रहता था। आपने 'देश' नामक पत्रका सम्पादन भी किया। मुशायरों और गोष्ठियोंके आप प्राण थे।

एक सफल वकील और प्रतिभाशाली शायर होनेके अतिरिक्त सहृदय मानव थे। अपनी मेहमाँनवाज़ीके लिए मशहूर थे। खेद है कि हमें आपके परिचयका सौभाग्य प्राप्त न हो सका। हमारी 'शेरो-शायरी' और 'शेरोसुख़न' भाग १ को देखकर आप बहुत प्रसन्न हुए थे। और श्री 'नाज़ुक' फ़रीदाबादी द्वारा आपने रुग्णशैय्यासे ही सन्देश भिजवाया था कि कानपुरमें जब भी जाऊँ, आपके यहाँ ही ठहरा करूँ। संयोगकी बात मैं कानपुर गया भी, मगर कब ? जिस रोज़ अखबारमें आपकी मृत्युके दुःखद समाचार छपे थे। अफ़सोस आपकी अर्थीको कन्धा देना भी मयस्सर न हुआ। आप मृत्युसे लड़ते रहे, लेकिन मनोव्यथा निकट सम्बन्धियोंपर भी प्रकट न होने दी! होने भी कैसे देते। आपका क़ौल था—

हर हालमें ख़ुश रहना, ख़ुश रहके अलम सहना।
एक चीज़ जमानेमें 'फ़रहत'की भी हस्ती है॥

आपका ४७ वर्षकी आयुमें १६ अप्रेल १९५२को स्वर्गवास हो गया। आपके निधनसे उर्दू-संसार और कानपुरके सामाजिक जीवनको काफ़ी क्षति पहुँची है। आपके निधनकी खबर 'जिगर' मुरादाबादीको जब लगी तो फ़रमाया—

'दुनियासे एक इन्सान उठ गया'

सचमुच 'फ़रहत' एक ऐसे नेक इन्सान थे। बक़ौल 'हाली'—

फ़रिश्तेसे बहतर है इन्सान बनना।
मगर इसमें पड़ती है महनत ज़ियादा॥

श्री 'नाज़ुक' साहब फ़रीदाबादीके आग्रहपर 'फ़रहत' साहबके अनुज श्री० मायाप्रकाश साहब निगमने 'फ़रहत' साहबका कलाम चयन करके भेजनेकी कृपा की है, जिसका कुछ अंश सधन्यवाद यहाँ दिया जा रहा है—

ख़ुद ऐतमादीकी दुआ

नज़्मके इक्कीस अशआरमें-से सिर्फ़ ६ शेर दिये जा रहे हैं—

जिस जगह हिलने लगे ईमानकी बुनयादो-बेख़[1]।
उस जगह हो अपने अज़्मे-मुस्तक़िलपर ऐतक़ाद[2]॥
यह नहीं ख़्वाहिश कि पाऊँ दौलतो-मालो-मनाल[3]।
यह नहीं ख़्वाहिश कि बढ़ जाये मेरा जाहो-जलाल[4]।
ख़ुसरवी-ओ-क़ैसरीका[5] ज़िक्र वजहे-नंग है।
हाँ मगर फैले न दुनियामें मेरा दस्ते-सवाल[6]॥

ऐ मेरे माबूद[7] मेरे हर गुनहकी दे सज़ा।
'फ़रहते'-नाचीज़का सर माज़रतमें[8] मत झुका॥

घेर दे तारीकियोंमें[9] शौक़से तू घेर दे।
रोशनीकी बरकतोंकी सिम्त भी मुँह फेर दे॥

---

[1]नींव, जड़; [2]महान दृढ़तापर विश्वास; [3]जागीर; [4]गौरव, प्रतिष्ठा; [5]बादशाहतका; [6]अभिलाषाका हाथ; [7]ईश्वर; [8]क्षमामें; [9]अँधेरोंमें।

तलख़ियाँ[1] दे ताकि एहसासे-हलावत[2] भी तो हो ।
सरदियाँ दे ताकि इमकाने-हरारत[3] भी तो हो ॥
दर्दे-फ़ुरक़त[4] दे, कि मिलनेका मज़ा मालूम हो ।
क़ल्बे-अफ़सुर्दाको[5] खिलनेका मज़ा मालूम हो ॥
गुमरहीदे[6], ताकि रंगे-रहबरी[7] क़ायम रहे ।
बंदगी दे ताकि शाने-दावरी[8] दायम[9] रहे ॥

ऐ मेरे माबूद मेरे हर गुनहकी दे सज़ा ।
हाँ मगर मक़बूल हो ख़ुद ऐतमादीकी[10] दुआ ।

रुबाइयात

६२में से २२ दी जा रही हैं--

तफ़रीहका सामान नहीं है कोई,
तसकीनका इमकान नहीं है कोई ।
मरनेका यहाँ ख़ौफ़ो-ख़तर है किसको,
जीनेका अरमान नहीं है कोई ॥

मंज़िल कैसी क़याम नामुमकिन है,
रस्तेमें कोई मुक़ाम नामुमकिन है ।
है पाये तलबमें इतनी क़ूवत बाक़ी,
रुकनेका ख़याले-ख़ाम नामुमकिन है ॥

---

[1]कड़वाहट; [2]मिठासका आभास; [3]गरमियोंका अस्तित्व मालूम दे; [4]विरह-व्यथा; [5]मुरझाये हुए हृदयको; [6]पथ भूलना; [7]पथ-प्रदर्शकका महत्त्व; [8]ईश्वरकी गरिमा; [9]स्थायी [10]आत्मविश्वासकी प्रार्थना ।

कमबख़्त ज़रा सोच यह क्या करता है ,
नाकामिये-क़िस्मतका गिला करता है ।
पस्तीको भी मिलती बलंदी लेकिन ,
हर बातका इक वक़्त हुआ करता है ।।

अपना नहीं इर्फ़ान[1] तौबा-तौबा ,
इन्सान भी इन्सान है तौबा-तौबा ।
हरचंद तरक़्क़ी तो बहुत की फिर भी ;
दो पावोंका हैवान है तौबा-तौबा ।।

हरचंद कि हुशियार है तौबा-तौबा ,
ख़ुद अक़्ल ही बेकार है तौबा-तौबा ।
इन्सानकी मजबूरिये-पैहमकी[2] क़सम ,
कहने ही को मुख़्तार है तौबा-तौबा ।।

यह रीशो[3]-लबो-शराब तौबा-तौबा ,
ऐ शेख़ ! यह इनक़लाब[4] तौबा-तौबा ।
वह दाव्ये-पिंदो-वाज़[5] और यह जुरअत ,
मैख़ानेमें हैं जनाब तौबा-तौबा ।।

जन्नतकी ये बूदो-बाश तौबा-तौबा ,
हूरोंकी सदा तलाश तौबा-तौबा ।
ग़िलमाँसे हम-आ-गोशिये पैहमकी हवस ,
ऐ रिन्दे बदक़िमाश तौबा-तौबा ।।

---

[1]ज्ञाता, स्वयंको नहीं जानता; [2]सदाकी मजबूरियोंकी; [3]सफ़ेद दाढ़ी; [4]परिवर्त्तन; [5]व्याख्यानदाता होनेका गर्व ।

मज़हबसे न ईमानसे ख़तरा है बहुत,
दुनियामें न शैतानसे ख़तरा है बहुत।
सच पूछे जो मुझसे कोई 'फ़रहत' साहब,
इन्सान को इन्सानसे ख़तरा है बहुत॥

साक़ीका अगर एक इशारा हो जाय,
कौनैनकी तलख़ी भी गवारा हो जाय।
मरनेका मुझे ख़ौफ़ नहीं है 'फ़रहत',
जीनेका मगर कोई सहारा हो जाय॥

दिलका रुतबा किसीको मालूम नहीं,
ग़मका दर्जा किसीको मालूम नहीं।
मीयार जुदा-जुदा है सबका 'फ़रहत',
उलफ़त है क्या किसीको मालूम नहीं॥

मन्दिरमें बुतोंकी सब फ़ज़ीलत देखी,
मसजिदमें ख़ुदाकी भी हक़ीक़त देखी।
कितने गुमराह हैं बिरहमन और शेख़,
मैंने दोनों ही की जहालत देखी॥

तक़दीरसे तदबीरकी तक़दीर न पूछ,
यह राज़ है, इस राज़की तफ़सीर न पूछ।
कहते हैं जिसे हयाते-इन्साँ 'फ़रहत',
इक ख़्वाब है, इस ख़्वाबकी ताबीर न पूछ॥

मायूसिये-मुस्तक़िलसे डरना कैसा,
बातिलमें सदाक़तसे मुकरना कैसा।

ख़तरातसे डरके तर्के-मंज़िल 'फ़रहत',
यह ऐने-हयातमें मरना कैसा ॥

आ जा मेरी माबूदे-जवानी आ जा,
ऐ माज़िये-पुरकैफ़की रानी आ जा।
छा जा मेरी हस्तीपै घटाकी मानिन्द,
ऐ अहदे-जवानीकी कहानी आ जा ॥

साक़ीके लबोंपर वोह तबस्सुम झलका,
दरियामें तमव्वुज-सा है हलका-हलका।
अब ऐसेमें तौबाकी भी कुछ ख़ैर नहीं,
छींटा दे लूँगा मयमें गंगाजलका ॥

है मुझको मुनासिबत कुछ ऐसी मयसे,
लौ दिलको लगी हो आशिक़ीकी जैसे।
तौबा तो हज़ार बार करलूँ 'फ़रहत',
जो ख़ून लगा है मुँहको छूटे कैसे ॥

मज़दूरका मज़दूरसे डरना बेसूद,
माज़ूरका-माज़ूरसे डरना बेसूद।
मजबूरसे मुख़्तारका डरना है बजा,
मुख़्तारसे मजबूरका डरना बेसूद ॥

अब क़हत है, या भूक है, नादारी है,
ग़ल्लेकी दूकान है तो, सरकारी है।
मिलता ही नहीं नमक भी ढूँढ़नेसे कहीं,
मक़बूल रियायाकी नमक ख़ारी है ॥

औरोंपर जब एतराज़ कर जाता हूँ,
मौत आये न आये मैं तो मर जाता हूँ।
दुनियाके गुनहपै कौन उठाये उँगली,
अपने ही गुनाहोंसे डर जाता हूँ॥

कलतक जो मनाज़िर थे ये फीके-फीके,
हम करते भी क्या ज़ख़्मे-जिगरको सीके।
तुम आये तो झूम उट्ठी है डाली-डाली,
जैसे कोई दोशीज़ा चली हो पीके॥

माना कि है दुख-दर्द हमारा भी बहुत,
एहसान मेरे सर है तुम्हारा भी बहुत।
वादा न सही वाद-ये-वादा ही सही,
बहतेको है तिनकेका सहारा भी बहुत॥

तेरी जन्नत तुझे मुबारक या रब!
तेरी नेमत तुझे मुबारक या रब!
मुझको तो मिली मेरे गुनाहोंकी सज़ा,
तेरी रहमत तुझे मुबारक या रब!

चन्द ग़ज़लोंके शेर

दिलके आईनेकी सब गर्द साफ़ हो गई।
मिट गईं कुदूरतें वोह जो मुसकरा दिया॥
बार-बार तोड़कर बार-बार जोड़कर।
रिश्तये-ख़ुलूसको खेल ही बना दिया॥

इश्क़की हस्ती भी क्या है?
एक इशारा सो मुबहम।

हुस्नकी साथी कुल दुनिया।
इश्क़का रक्खे कौन भरम ?
इश्क़का असली नाम जुनूँ।
दख़्ले-ख़िरद है 'फ़रहत' कम॥

घट चली क्यों निगाहे-करम सच बता।
दर्दे-उल्फ़तमें शायद कमी आ चली॥
जब निगाहोंमें गुलशन समाने लगा।
ख़ारो-ख़समें भी दोशीज़गी आ चली॥

दिलकी बाज़ी है जानकी बाज़ी।
दिल लगाना कोई मज़ाक़ नहीं॥

न मैं शेख़ो-मुरशिदो-पीर हूँ, न लकीर ही का फ़क़ीर हूँ
मैं मिलूँगा अपनी ही राहपर, कि वतनका क़ल्बो-ज़मीर हूँ॥

तक़सीमे-वतन तोहफ़ये-बिरटिश था सरासर।
यह राज़ न समझा कोई अफ़सोस सद अफ़सोस॥

चन्द क़िते

लगते ही आँख अह्दे-जवानी गुज़र गया।
झोंका नसीमका इधर आया उधर गया॥
'फ़रहत' कि जिसके दमसे था हंगामये-हयात।
सुनते हैं वोह ग़रीब तेरे ग़ममें मर गया॥

कुछ ऐसी बहकी-बहकी-सी बातें हैं शेख़की।
कहनेको आदमी है, मगर खा गया है घाँस॥

अब लीडरोंकी बातें भी ऐसी हैं इन दिनों।
क़ानून ऐसे बनते हैं, जैसे कि ठूँस-ठाँस॥
बैलोंके आगे रखके चलाते हैं गाड़ियाँ।
कहते हैं खेत बोइये मिलती नहीं है पाँस॥
अल क़िस्सा बात ये है कि बँगलेके इर्द-गिर्द।
ग़ल्ला अगर न बो सकें 'फ़रहत' तो बोये बाँस॥

न खानेको रोटी, न कपड़ा बदनको।
दुआयें दिये जाओ अहले वतनको॥
कभी रंग लायेगा, ख़ूने-शहीदाँ।
अभी और खींचो, लहूसे चमनको॥
अभी और सँवरी रहे तिरछी टोपी।
वतन ख़ूब समझेगा इस बाँकपनको॥
इधर क़ैदे-खद्दर उधर सूत मिलका।
दो रंगीमें रक्खोगे कबतक वतनको?
न लट्ठा मयस्सर, न गबरून हासिल।
तलब कौन करता है अब गुलबदनको॥
हमारा लहू रंग लाया है 'फ़रहत'!
हमींसे मिला था लहू इस चमनको॥

२० जून १९५३ ई०]

माहिर-उल-क़ादिरी

'जज़्बाते माहिर' और 'महसूसातेमाहिर' दो संकलन माहिर साहबके हमारे समक्ष हैं। पहलेमें १३१ पृष्ठोंमें आपकी नज़्में और ग़ज़लें हैं दूसरेमें १६० पृष्ठोंमें ५८ नज़्में और ६६ ग़ज़लें हैं। प्रथम संकलनसे ३८ और द्वितीयसे ३६ अशआर पेश किये जा रहे हैं। आपका परिचय न तो आपकी उक्त दोनों पुस्तकोंमें मिला और न हमें कहीं औरसे प्राप्त हो सका। आप इस युगके अच्छे शायरोंमें-से एक हैं; और पाकिस्तान बननेके बाद कराँची रहने लगे हैं।

उस शोख़की[1] अदाये-तग़ाफ़ुलको[2] क्या कहूँ ?
वादेका[3] ज़िक्र आते ही अनजान हो गया ॥

न ग़मख़्वारोंका[4] अहसाँ है, न ग़ैरोंकी[5] शिकायत है।
वही ले-देके इक दिल था जो हर मौक़ेपै काम आया ॥

हर चीज़ अपनी-अपनी जगहपर है कामयाब[6]।
ज़र्रे[7] भी बेमिसाल, सितारे[8] भी लाजवाब ॥

---

[1]चंचल प्रेयसीकी; [2]उपेक्षाभरी अदायें; [3]दिये हुए वचनोंका; [4]सहानुभूतिकर्त्ताओंका; [5]शत्रुओंकी; [6]सफल, पूर्ण; [7]धूल-कण; [8]तारे।

हमनशीं[1] ! कुंजे-क़फ़समें[2] मुतमइन[3] होकर न रह।
वरना हर्फ़[4] आयेगा तेरी जुरअते-परवाज़पर[5] ॥

यास[6] है काफ़रीका दूसरा नाम।
हिम्मते-सईए-रायगाँकी[7] क़सम ॥

पैमाँ शिकन बुतोंकी[8] अल्लाहरे अदायें।
लफ़्ज़ोंको याद रखकर मफ़हूम[9] भूल जायें ॥
दर्दो-अलम[10] सकूँकी[11] हदसे गुज़र चुके हैं।
अब आप दर्देदिलकी तस्कीनको[12] न आयें ॥

तू कि अफ़सोसो-नदामतके[13] सिवा सब कुछ है।
मैं कि अफ़सोसो-नदामतके सिवा कुछ भी नहीं ॥

मैं हुस्नके हर जुल्मको, हर जौरको[14] सहकर।
औरोंके लिए हुस्नको आसान बना दूँ ॥

आपकी हश्रख़िरामीमें[15] कमी क्यों आये ?
कोई पामाल[16] जो होता है तो हो जाने दो ॥
हमदमो![17] ज़िक्रे-तमन्नाके[18] लिए यह उजलत[19]।
उनके बिखरे हुए गेसू[20] तो सँवर जाने दो ॥

---

[1]पड़ौसी; [2]पिंजरेके कोनेमें [3]निश्चिन्त; [4]लांछन; [5]उड़नेकी क्षमतापर; [6]निराशा; [7]असफलतामें भी साहस रखना; [8]वायदा भूल जानेवाले प्रेम-पात्रोंकी; [9]तात्पर्य्य; [10]दुख; [11]चैनकी; [12]शान्ति देनेको; [13]खेद और बदनामीके; [14]ज़बर्दस्ती; [15]प्रलयंकारी चालमें; [16]मिटता; [17]साथियो; [18]मनकी बात कहनेको; [19]इतनी शीघ्रता, बेचैनी; [20]बाल।

सरबस्ता इक फ़रेब है दुनियाये आबो-गिल।
हर शयको उसकी जाहिरी हवसे बचाके देख॥

जरा दरियाकी तहतक तू पहुँच जानेकी हिम्मत कर।
तो फिर ऐ डूबनेवाले किनारा ही किनारा है॥

जो मानूसे[1]-मिजाजे-हुस्न हो उसके लिए 'माहिर'!
तग़ाफ़ुल ही तवज्जह है, सितम ही महरबानी है॥

लज्जते-ज़ौक़े-वफ़ासे[2] फ़ितरतन महरूम है।
हुस्न कहते हैं जिसे, जालिम नहीं, मजलूम[3] है॥

यूँ कर रहा हूँ उनकी मुहब्बतके तजकरे[4]।
जैसे कि उनसे मेरी बड़ी रस्मो-राह थी॥
महशरमें एक हर्फ़ भी कोई न कह सका।
उनके सितमकी गर्चे ख़ुदाई[5] गवाह थी॥

आरज़ूये-मर्गमें[6] भी है सकूने-दिल[7] निहाँ[8]।
हर ख़ुशीसे इश्क़को महरूम[9] होना चाहिए॥
शिकवये-बेदाद[10] भी है इक तरहका इन्तक़ाम[11]।
इश्क़को मजलूम[12] ही मजलूम रहना चाहिए॥

मैं समझता हूँ वोह पामाले-ग़म[13] अच्छा ही रहा।
जिसपै ऐ दोस्त! तेरी चश्मे-इनायत[14] न रही॥

---

[1]परिचित; [2]नेकीके आनंदसे; [3]अत्याचार पीड़ित; [4]उल्लेख; [5]जनता; [6]मृत्युकी कामनामें; [7]दिलका चैन; [8]छिपा हुआ; [9]रहित; [10]अत्याचारोंकी शिकायत; [11]बदला; [12]अत्यअयाचार पीड़ित; [13]ग़मों द्वारा मिटाया हुआ; [14]कृपादृष्टि।

यह तो सब सच है आप मुझपर करम[1] फ़रमायेंगे।
लेकिन इतना ध्यान रहे, लोग बहुत बहकायेंगे ॥
रुसवाई[2] बेकार नहीं, नाकामी काम आयेंगी।
इन्हीं चन्द लकीरोंसे अफ़साने बन जायेंगे ॥
उसने आनेवालोंका बढ़कर इस्तक़बाल[3] किया।
शमअ़को यह मालूम न था परवाने जल जयेंगे ॥

हमनशीं[4] ! शायद चमनमें आनेवाली है बहार।
बिजलियोंकी ज़दमें है इक शाख़ मुरझाई हुई ॥

मैं वोह कि तुमको सौंप दिये जानो-दिल तमाम।
तुम वोह कि तुमसे मुझको तसल्ली न दी गई ॥

बिजली कभी चमकी, कभी गुलचीं नज़र आया।
जबतक मैं नशेमनमें हूँ सौ तरहका डर है ॥

शिकस्तोंपर शिकस्तें खा रहा है रज़्मे-हस्तीमें[5]।
मगर इन्साँकी ख़ुदबीनी[6], ख़ुदआराई नहीं जाती ॥

हस्तिये-इन्साँ भी क्या अल्लाहोअकबर चीज़ है।
इक मुअम्मा[7] है कि सारी उम्र समझा कीजिये ॥

बाबे-ज़िन्दा[8] बन्द, गुलशन दूर, ज़ख़्मी बालो-पर।
क़ूव्वते-परवाज़[9] फिर भी आज़मानी चाहिए ॥

---

[1]महरबानी; [2]बदनामी; [3]स्वागत; [4]पड़ौसी; [5]जीवन-संग्राममें; [6]अहमन्यता; [7]पहेली, गुत्थी; [8]बन्दीगृहका द्वार; [9]उड़नेकी शक्ति।

जब अज़लके[1] रोज़ तक़दीरें रक़म[2] होने लगीं।
एक इक ज़र्रा पुकार उट्ठा "जवानी चाहिए" ॥
मुझको घर बैठे मयस्सर हैं बहारें ख़ुल्दकी[3]।
ऐ ख़याले-यार तेरी महरबानी चाहिए ॥

अल्लाह वोह घड़ी न दिखाये कि हिज्रमें।
कहना पड़े कि दर्दे-मुहब्बत अज़ाब है ॥

कहीं नाकामियोंसे हौसले भी पस्त होते हैं।
मुझे अफ़सोस तुझपर हिम्मते-मरदाना आता है ॥

पुतलियाँ आख़िरी गर्दिशमें हैं अब भी आ जाओ।
रस्म-की-रस्म तमाशे-का-तमाशा भी है ॥

दिल मुझे बख़्शा गया था तेरी उल्फ़तके लिए।
तेरा दीवाना न बनता मैं कोई दीवाना था ॥

आ मैं तुझे बता दूँ राज़े-ग़मे-मुहब्बत[4]।
अहसासे-आरज़ू[5] ही तकमीले,-आरज़ू[6] है ॥

हम डूबनेवाले, मौजोंकी तौहीन गवारा क्या करते ?
कश्तीका सहारा क्यों लेते, साहिलकी[7] तमन्ना क्या करते ॥
बिजलीकी चमक, बादलकी गरज, पुरज़ोर हवा तारीकफ़िज़ा[8]।
ख़ुद आग नशेमनको दे दी, तिनकोंपै भरोसा क्या करते ?

---

[1]सृष्टिके प्रारम्भमें; [2]लिखी जाने लगीं; [3]जन्नतकी; [4]प्रेमके दु:खका भेद; [5]इच्छाकी भावना; [6]इच्छाओंकी अधिकता; [7]किनारेकी; [8]अँधेरा वातावरण।

आपके ग़मकी महरबानीसे।
दिल है बेज़ार[1] शादमानीसे[2] ॥
मैं तो क्या हश्र माँगता है पनाह।
यह तेरी उठती हुई जवानीसे ॥
ले लिया है फ़िज़ाए-महशरने[3]।
एक टुकड़ा मेरी कहानीसे ॥
दिल है बेचैन रात-दिन 'माहिर'!
फ़ायदा ऐसी ज़िन्दगानीसे ?

ऐ बादे-चमन[4] तुझको न आना था क़फ़समें।
तूने तो मेरी क़ैदकी मीयाद बढ़ा दी ॥
वोह चैनसे बैठे हैं, मेरे दिलको मिटाकर।
यह भी नहीं अहसास कि क्या चीज़ मिटा दी ॥

मैं क़ायल हूँ दैरो-हरमका[5] भी लेकिन—
तेरा आस्ताँ फिर तेरा आस्ताँ है ॥
मुहब्बतके रहरवको[6] तनहा न समझो।
तलब[7] राहबर[8] है, जुनूँ[9] पासबाँ[10] है ॥

ऐशो-ग़मसे फ़रार[11] हासिल है।
बेहिसी[12] पूजनेके क़ाबिल है ॥

दिल तमन्नासे है कितना बेज़ार।
ठोकरें खाके समझ आई है ॥

---

[1]बेचैन; [2]खुशीसे; [3]क़यामतके वातावरणने; [4]उद्यानकी हवा; [5]मन्दिर-मसजिदका; [6]यात्रीको; [7]इच्छा; [8]पथ-प्रदर्शक; [9]उन्माद; [10]रक्षक; [11]छुटकारा; [12]अकर्मण्यता।

दीदके[1] क़ाबिल मरीज़े-हिज्रका[2] अंजाम है।
जानिबे-दर[3] है नज़र लबपर किसीका नाम है॥
हमनशीं[4]! मुझको नहीं राहतसे[5] कोई दुश्मनी।
दिलको क्या कहिये कि ज़ालिम ख़ूगरे-आलाम[6] है॥

चमनमें सोग है उस बदनसीब ग़ुंचेका।
जो एक रात भी जी भरके मुसकरा न सका॥
तेरे शबाबका आलम अरे ख़ुदाकी पनाह।
वोह जोश था कि जिसे तू भी ख़ुद दबा न सका॥
ज़मानाभरको तबाहो-ख़राब कर डाला।
तेरी नज़रपै मगर कोई हर्फ़ आ न सका॥

दिल दिया, दिलको लज़्ज़ते-ग़म दी।
सारी आफ़त मुझीपै डाल गये॥
अपनी इक-इक अदाकी चाही दाद।
मेरी बातें हँसीमें टाल गये॥
इस अदासे वोह बेनक़ाब हुए।
एक परदा नज़रपै डाल गये॥

तेरे होंटोंपै हलकी-सी हँसी मालूम होती है।
मुझे सचमुच बनफ़्शेकी कली मालूम होती है॥
जो तुमसे हो सके तो सिर्फ़ दमभरको ठहर जाओ।
मुझे यह साँस शायद आख़िरी मालूम होती है॥

---

[1]देखने योग्य; [2]विरह-पीड़ितका; [3]द्वारकी ओर; [4]पड़ौसी; [5]चैनसे; [6]दु:खोंका अभ्यस्त।

उस वक़्त वोह फ़रमायेंगे तकलीफ़े-मदावा[1]।
जब दर्द मेरा क़ाबिले-दरमाँ[2] न रहेगा॥
दिल ही से है वाबस्ता[3] यह हंगामये-हस्ती[4]।
डूबा यह सफ़ीना[5] तो यह तूफ़ाँ न रहेगा॥

दर्द ही अब है ज़िन्दगी दिलकी।
ज़हमते-चारागरको[6] क्या कहिये॥

जब उनको मुझे अपनी महफ़िलमें बुलाना था।
पहले मेरी नज़रोंको आदाब सिखा देते॥

ख़ुदा करे कि न कम हो बहारे-मैख़ाना।
यह बज़्म वोह है, जहाँ बिन बुलाये जाते हैं॥

मैंने कुछ फ़ितरत ही पाई है अजब मुश्किल पसन्द।
मेरी हर मुश्किलको मुश्किलतर बनाते जाइए॥

मंज़िलमें मुहब्बतकी हस्ती ही रुकावट है।
कल बज़्ममें कहता था जलता हुआ परवाना॥

मेरे हाले-दिलकी किस सूरतसे रुसवाई हुई।
रोक ली ज़ालिमने होंटोंपर हँसी आई हुई॥

याद जब ऐय्यामे-रफ़्ताकी कहानी आ गई।
देखता क्या हूँ कि हर शयपै जवानी आ गई॥

---

[1]चिकित्सा करनेका कष्ट; [2]इलाजके योग्य; [3]सम्बन्धित; [4]ज़िन्दगीका ज़ोर-शोर; [5]नौका; [6]चिकित्सककी परेशानीको।

अब उनका इन्तख़ाब[1] करेगा यह फ़ैसला।
उल्फ़त बुलन्द है कि तमन्ना बुलन्द है॥

उसके ही तसव्वुरमें[2] है अश्कोंकी रवानी[3]।
जो एक तबस्सुममें[4] ज़मानेको हँसा दे॥

ख़ुद्दारिये-कमालकी[5] रुसवाइयाँ[6] न पूछ।
बाज़ारे-ज़िन्दगीमें हैं 'माहिर' हुनर-फ़रोश[7]॥

आहपर खफ़गी नहीं है बेसबब।
बातकी समझी गईं गहराइयाँ॥

वोह भरी बज़्ममें आये हैं जो पैमाना बकफ़।
शेख़ भी साक़िये-मयख़ाना हुआ जाता है॥

पुतलियोंकी आख़िरी गरदिशकी साअत आ गई।
आनेवाले! आ मैं कबतक रास्ता देखा करूँ?

तकमीले-आशिक़ीकी[8] बस दो ही सूरतें हैं।
महवे-नियाज़[9] बन जा, या बेनियाज़[10] हो जा॥

४ फ़रवरी १९५३ ई०]

---

[1]चुनाव; [2]ध्यानमें; [3]बहाव; [4]मुसकानमें; [5]हुनरके स्वाभिमानकी [6]बदनामियाँ [7]हुनर को बेचता है; [8]प्रेमाशक्ति-चरमसीमाकी; [9]नम्रतामें लीन; [10]अभिलाषाओंका त्यागी।

'शौकत' थानवी

शौकत थानवी साहब उर्दूके ख्यातिप्राप्त परिहास-लेखक हैं। आपकी कई पुस्तकें हिन्दीमें भी अनूदित हो चुकी हैं। शायरीमें आप 'आसी' उलदनीके[1] शिष्य हैं और ग़ज़ल व्यंगात्मक न कहकर संजीदा कहते हैं। पहले आप लखनऊमें रहते थे। पाकिस्तान बननेके बाद लाहौर चले गये हैं। वहाँ सम्भवतः आप रेडियो विभागमें पब्लिसिटी-विभागको देखते हैं। आपका लिखा 'क़ाज़ीजी' परिहास रूपक हर सोमवारको लाहौर रेडियोसे प्रसारित होता रहता है।

इस हदपै है जो कुफ़्र तो अब क्या कहें इसे।
इसियाँ[2] मेरी निगाहमें इसियाँ नहीं रहा॥

ख़ुदाई है ख़ुदाकी, ख़ाकसे इन्साँ बना देना।
तुम्हारा खेल है इन्साँको मिट्टीमें मिला देना॥

यही मानी हैं ऐ 'शौकत'! बुलन्दो-पस्तके शायद।
निगाहोंपै चढ़ाना और नज़रोंसे गिरा देना॥

---

[1]आपका परिचय चौथे भागमें देखिये; [2]पाप।

हविस[1] जिसको सिखा दे तालिबे-दीदार[2] हो जाना।
उसे क्या आयगा महवे-ख़याले-यार हो जाना॥

उठाये दस्ते-दुआ ऐसे वक़्तमें मैंने।
जब इक जहाँकी दुआओंसे हाथ उठाना था॥

वोह किस ख़तापै हुए दुश्मनीको आमादा।
उन्हें तो मैंने कभी दोस्त भी न जाना था॥

गिला है किश्तिये-उम्रे-रवाँसे[3] ऐ 'शौकत'!
बची वहाँसे जहाँ उसको डूब जाना था॥

कहाँ तासीरका[4] पहलू, कहाँ वोह दास्ताँ अपनी।
तुम्हारी महरबानी थी, मेरा हुस्ने-बयाँ[5] क्या था॥

कभी बिजली, कभी गुल्चीं, कभी सैयादकी नज़रें।
गुज़रगाहे-हवादस[6] था, हमारा आशियाँ क्या था॥
चला हूँ सैकड़ों आलाम[7] लेकर दारे-फ़ानीसे[8]।
बजुज़ नाकामियोंके[9] और ऐ 'शौकत' यहाँ क्या था॥

जान दे देंगे हम ऐ हिम्मते-दुश्वारपसन्द!
मरज़े-इश्क़ अगर क़ाबिले-दरमाँ[10] निकला॥
एक हालतमें बसर उम्र न हो सकती थी।
ऐश भी दर्दका शर्मिन्दये-अहसाँ निकला॥

---

[1]तृष्णा; [2]देखनेका अभिलाषी; [3]बहती हुई जीवन नौका; [4]असरका; [5]कहनेका सुरुचिपूर्ण ढंग; [6]बलाओंका मार्ग; [7]मुसीबतें; [8]असार संसारसे; [9]असफलताओंके अतिरिक्त; [10]इलाजके योग्य।

मौत बरहक़ थी मगर काश न आती शबे-ग़म।
यह तो कहनेको न होता कि इक अरमाँ निकला ॥

रंज क़िस्मतसे मेरी राहतमें शामिल हो गया।
इनक़लाबोंकी हवासे दर्द ही दिल हो गया ॥
दर्द क्या जाता दमे-आख़िर तसल्लीसे मगर।
जिन्दगानीमें सकूने-मौत[१] शामिल हो गया ॥

वोह और उनसे तजदीदे-अहले-तमन्ना[२]।
कोई फिर तबाहीका सामान होगा ॥
जहाँतक तुम्हारी इनायत बढ़ेगी।
वहींतक तबाहीका इमकान[३] होगा ॥

यह सच है एक हालतपर कभी दुनिया नहीं रहती।
क़फ़सको आज हम तरजीह देते हैं गुलिस्ताँपर ॥
अदमका ख़्वाब[४], मदफ़नका सकूँ[५], दुनियाकी बेदारी।
ख़ुदा मालूम कितनी हालतें गुज़री हैं इन्साँपर ॥
न बनवाता यहाँ कोई मेरी तुरबत तो अच्छा था।
यह धब्बा रह गया 'शौकत'! ज़मीने-कूए-जानाँपर[६] ॥

इन सजदारेज़ियोंका वोह दौर आ रहा है।
जब बन्दगी करेगी सजदे मेरी जबींपर[७] ॥
अंजाम-बीनियोंने ज़ाहिदको खोके छोड़ा।
बरबाद कर दीं दुनिया सारी उमीदे-दींपर ॥

---

[१]मौतका चैन; [२]इच्छाओंकी पूर्ति; [३]सम्भावना; [४]परलोकका स्वप्न; [५]क़ब्रकी शान्ति; [६]प्रेयसीकी गलीमें; [७]मस्तकपर।

वोह आफ़ताबे-ताबाँ[1] दुनिया है जिससे रोशन।
इक दाग़ेमासियत[2] है इफ़लाककी[3] जबींपर[4] ॥
मतलब परस्त दुनिया बदज़न[5] बना गई है।
रहज़नका[6] अब गुमाँ[7] है हर अपने हमनशींपर[8] ॥

कर दिया तूने बेनियाज़े-विसाल[9]।
ऐ ग़मे-हिज्र ! तेरी उम्र-दराज़[10] ॥
मेरी क़िस्मतके पेचो-ख़म निकले।
मेरे रौंदे हुए नशेबो-फ़राज़[11] ॥
खो न दें मुझको दैरो-हरम।
तू कहाँ है कहींसे दे आवाज़ ॥

तासीर ही बयाँमें न हो जब तो क्या करें ?
क्या अपना हाल उनको सुनाता नहीं हूँ मैं ॥
इतना ख़याले-दोस्तने बेख़ुद बना दिया।
पहरों अब अपने होशमें आता नहीं हूँ मैं ॥
क्या हँस रहे हैं मेरी हँसीपर सब ऐ जुनूँ !
क्या क़ाबिले-मसर्रते-दुनिया[12] नहीं हूँ मैं ॥
मायूस हो चले हैं मलामतगराने-इश्क़[13]।
वोह वक़्त है कि बात समझता नहीं हूँ मैं ॥

खो दिया है ज़ब्ते-ग़मने, आशिक़ीका एतबार।
आजतक वोह यह समझते हैं कि अरमाँ कुछ नहीं ॥

---

[1]प्रकाशमान सूर्य्य; [2]पापोंका धब्बा, पाप-चिह्न; [3]आकाशकी; [4]मस्तकपर; [5]अविश्वासी; [6]लुटेरेका; [7]शक; [8]साथीपर; [9]मिलनसे उदासीन; [10]लम्बी आयु हो; [11]उत्थान-पतन; [12]संसार सुखके योग्य; [13]प्रेमकी बुराई करनेवाले।

गुलिस्ताने-हयाते-चन्दरोज़ाका[1] न सुन क़िस्सा।
बहार आई थी बरसोंमें ख़िज़ाँ आई घड़ीभरमें ॥

हरगिज़ फ़रेबे-रंगे-मसर्रत[2] न खाइये।
यह ग़मका नाम है, यह हक़ीक़ी ख़ुशी नहीं ॥

भुला दिया है ख़ुदीने मेरी मुझे 'शौकत'!
इसी सबबसे ख़ुदीको भुला रहा हूँ मैं ॥

मैं तेरा बन्दा हूँ लेकिन बन्दगीसे बे-नियाज़[3]।
तू ख़ुदा है और ख़ुदा होकर भी तू ग़ाफ़िल नहीं ॥

यह इक तुम हो कि हमको नंगे-महफ़िल कहते जाते हो।
और इक हम हैं कि तुमको ज़ीनते-महफ़िल समझते हैं ॥

यह हस्ती-ओ-अदम[4] क्यों हो? फ़ना[5] क्यों हो, बक़ा[6] क्यों हो।
तुम्हीं-तुम हो तो फिर दिलमें ख़यालें-मासिवा[7] क्यों हो ॥

या तूले-रहे-ग़ममें[8] तख़फ़ीफ़[9] नुमायाँ[10] कर।
या मुझको सम्भाले रह ऐ हिम्मते-मरदाना!

जनाबे शेख़! अच्छा आप जाते हैं ख़ुदा हाफ़िज़।
मेरा ईमाँ भी लेते जाइयेगा ताक़े-निसयाँसे[11] ॥

जब वस्लो-जुदाईमें तमीज़ नहीं रहती।
तब जाके कहीं तेरा जलवा नज़र आता है ॥

---

[1]क्षणिक जीवनरूपी उद्यानका; [2]ख़ुशीका फ़रेब; [3]बेपरवाह; [4]जीवन-परलोक; [5]मृत्यु; [6]ज़िन्दगी; [7]तुम्हारे अतिरिक्त; [8]ग़मोंकी लम्बी राहमें; [9-10]कमीकर; [11]जिसे आलेमें रखकर भूल गया था।

आस्मांके ज़ुल्म, उनके जौर, बल तक़दीरके।
आजपर क्या मुनहसिर है उम्रभर देखा किये॥

सब्रकी हिम्मत बड़ी है मुश्किलाते-ज़ीस्तसे[1]।
मौतको भी जिन्दगी कहकर गवारा कीजिये॥
देखना उनका जो नामुमकिन हो 'शौकत'! उम्रभर।
आप उनके देखनेवालोंको देखा कीजिये॥

इतना नहीं अल्लाहका बन्दा कोई 'शौकत'!
मसजिदमें जो एक छोटा-सा मयख़ाना बना दें॥

मैं बेक़रार हूँ, इससे मुझे क़रार तो है।
वह ख़ुद नहीं हैं, मगर उनका इन्तज़ार तो है॥
ख़ुदी[2] बुरी है ख़ुदाका मगर विक़ार[3] तो है।
नहीं बुलन्दिये-मेम्बर[4] उरूजे-दार[5] तो है॥

ग़रीके-बहरे-फ़ना हूँ मगर क़रार तो है।
सफ़ीना दामने-साहिलसे हमकनार तो है॥

परवाये-कुफ़्र है न ग़में-बन्दगी मुझे।
अब मैं कहाँ हूँ कुछ तो बता बेख़ुदी मुझे॥
ऐ बेख़ुदी-ए-शौक़! कहाँ ले चली मुझे?
अब मैं कहाँ हूँ कुछ तो बता बेख़ुदी मुझे॥

ऐ बेख़ुदी-ए-शौक़! कहाँ ले चली मुझे?
अब ढूँढ़ती फिरेगी मेरी बन्दगी मुझे॥

---

[1]जीवनकी कठिनाइयोंसे; [2]अहमन्यता; [3]गौरव; [4]मसजिदके मंचपर न सही; [5]सूलीकी ऊँचाईपर तो है।

अव्वल तो वहम है मेरा दुनिया ही कुछ नहीं।
और है अगर तो वह नहीं पहचानती मुझे॥

हिस्सेमें मेरे कूचये-जानाँकी जमीं है।
बिस्तर भी यहीं था, मेरी तुरबत भी यहीं है॥

क्यों अपनी तरफ़ बर्क़को ख़ुद ही न बुलाऊँ?
जब मुझको नशेमनकी[1] तबाहीका यक़ीं है॥

हाँ मेरा हाल मुझसे बयाँ कर दे चारागर[2]!
बाक़ी नहीं है ख़ुद ही उमीदे-शफ़ा[3] मुझे॥

रूह भी फूँकें तने बेजाँमें हम तो कुछ नहीं।
तुम किसीको मार भी डालो तो वोह एजाज़ है॥

जिनकी ख़्वाहिश है कि मैं हुश्यार हो जाऊँ ज़रा।
काश वोह भी दो घड़ी बेहोश होकर देखते॥

हमें दैरो-हरममें क़ैद रक्खा बदनसीबीने।
जहाँ सजदेकी गुंजाइश न थी सजदा वहाँ करते॥

बुतकदा उजड़ा था शौकत! सिर्फ़ काबेके लिए।
बुतकदा काबेमें अब तैयार करना चाहिए॥

जिसने तुम्हें हसीन बनाकर दिखा दिया।
हम उस नज़रका हुस्ने-नज़र देखते रहे[4]॥

२० जनवरी १९५३ ई०]

---

[1]घोंसलेकी; [2]चिकित्सक; [3]आराम होनेकी आशा; [4]शौकत थानवी साहबकी 'गुहरस्तान'में ६२० अशआर हैं; जिनमेंसे उक्त ६० शेर चुनकर दिये गये हैं।

'बहज़ाद' लखनवी

हमें खेद है कि हम 'बहज़ाद' लखनवी साहबका परिचय नहीं दे पाये हैं और इस लाचारीका कारण यही है कि आपका परिचय न तो आपकी पुस्तकमें मिला और न हमारे पास आनेवाले पत्र-पत्रिकाओंमें। आप अर्सेसे दिल्ली रहते हैं। १५-२० वर्ष पूर्व हमने कई मुशायरोंमें आपको सुना है। तरन्नुमसे ग़ज़ल पढ़ते हैं, और अच्छा कहते हैं। जोशे-जुनूँका यह आलम होता है कि आप क़मीज़ नहीं पहन सकते। पहना देनेपर फाड़ डालते हैं, और गलेमें सूतकी एक ढीली सुतली पड़ी रहती है। जिसे आप क़मीज़का गरेबान तसव्वुर करके दोनों हाथोंसे फाड़ते रहनेका प्रयत्न करते रहते हैं। साथ ही ग़ज़ल भी आकर्षक ढंगसे पढ़ते रहते हैं। आपको देखकर यक़ीन हो जाता है कि कभी मजनूँ भी इसी तरह कुरतेका गरेबान फाड़ा करता होगा।

हज़रते बहज़ादकी 'चराग़ेतूर' चौथी कृति हमारे सामने है। यह साक़ी बुकडिपो देहलीसे प्रकाशित हुई है। नातिया ग़ज़लें, नज़्म और गीतोंके अतिरिक्त १३०के क़रीब ग़ज़लें हैं, उन्हींमेंसे चन्द शेर दिये जा रहे हैं।

ग़मकी मसर्रतोंकी तरहसे है आरज़ी
मायूसे-ग़मको लज़्ज़ते-कामिल न मिल सकी ।।

भला और क्या होगी मैराज़े-उल्फ़त ?
तेरी हर जफ़ाको वफ़ा कह रहा हूँ ।।

उफ़ जुस्तजूमें भी न गई अपनी बेख़ुदी ।
'बहज़ाद' हम चले तो पसे-कारवाँ रहे ।।

हमें याद है जवानी बरायेनाम अपनी ।
बस इस तरहसे कभी जैसे ख़्वाब देख लिया ।।

समझमें कुछ नहीं आता है नासेह !
कि तू बेकार क्यों समझा रहा है ।।

यह ज़ब्ते-ग़म भी कोई बड़ी शै है ? चश्मे-नाज़ !
वोह काम दे कि जो यह दो आलम न कर सके ।।
ज़ाहिद शिकस्ते-तौबाका इतना-सा राज़ है ।
साक़ीकी चश्मे-नाज़को बरहम न कर सके ।।

वोह गये दिन जब तड़पता था मैं उनकी यादमें ।
यादमें अब तो ख़ुद अपनी उनको तड़पाता हूँ मैं ।।
मुझको क्या मालूम यह पानी है या है ख़ूने-दिल ।
मैं तो इतना जानता हूँ अश्क बरसाता हूँ मैं ।।
मेरे हर अरमानका मिटना मुबारक है मुझे ।
यह भी क्या कम है कि कुछ खोकर सकूँ पाता हूँ मैं ।।

दीवाना करके आपको क्या लुत्फ़ आयेगा ?
जो चीज़ बन सकूँ वोह बनाकर तो देखिये ।।

ख़ुदाकी क़सम बस हमीं जानते हैं।
मुहब्बतकी दुनियामें क्योंकर रहे हैं॥

मैं उनकी हक़ीक़तको पहचानता हूँ।
मैं रस्मे-मुहब्बत बढ़ाकर करूँ क्या?

गिरा देंगे नज़रोंसे अपनी वोह मुझको।
निगाहोंमें उनकी समाकर करूँ क्या?

पड़ी निगाह तुझीपर तमाम महफ़िलमें।
निगाहे-हुस्न! मेरा इन्तख़्वाब देख लिया॥

कहता है इसको इक जहाँ इश्ककी कामयाबियाँ।
रंजो-अलमकी जिन्दगी, हँसके गुज़ारता हूँ मैं॥

आमदे-यारपर तो हम होशो-हवास खो चुके।
देखिये अपना हाल हो वक़्ते-विदाये-यार क्या?
मुझको तबाह करके भी चैन नहीं तुझे ज़रा?
मेरा ही घर पसंद है गर्दिशे-रोज़गार क्या?

दिलको जितना है इज़्तराब मेरे।
उतना रुख़से सकूँ टपकता है॥

इश्क़ है हुस्नसे बहुत बरतर।
ख़ुदको उनसे बुलन्द रखता हूँ॥

मुझे आपने कर लिया है जो अपना।
मुझे देखिये कितना मग़रूर हूँ मैं॥

वह ख़ुद मुसकराते चले आ रहे हैं।
मेरे ग़मकी ख़ुद्दारियाँ रंग लाईं॥

बहुत रोज़ मैं रह चुका उनका बन्दा।
हसीनोंको अब अपना बन्दा करूँगा॥

कहते हैं शायद इसको मजबूरिये-मुहब्बत।
ग़ममें भी हमने जबरन, पैदा किया तबस्सुम॥

मुझको तो खुद तबाहियाँ अपनी अजीज हैं।
बिजली तड़प रही है यह क्यों आशियाँसे दूर॥
मुझको नहीं पसन्द यह ज़ूद अख़्तयारियाँ।
ऐ रहनुमाँ! बता कि है मंजिल कहाँसे दूर॥

क्या यूँ ही उजाड़ेगा तू यह मेरा क़फ़स भी?
इसको भी नशेमन जो मैं सैयाद बना लूँ॥

तेरी भी क़द्र है, तेरे दिलकी भी क़द्र है।
दो लफ़्ज़ कहके आपने बहला दिया मुझे॥

ज़ात मेरी है दो आलमसे बुलन्द।
और मुझसे बढ़के उनकी ज़ात है॥

उसकी रफ़अत, उसकी वक़अत, उसकी क़ीमत कुछ न पूछ।
हाय वह इक खूनका क़तरा जो कहलाता है दिल॥

हर चन्द गवारा न था खुद्दारिये दिलको।
कहना पड़ा मजबूर शबे-ग़मका फ़साना॥

क्या जाने अदा कौन-सी समझे है वोह इसको?
आ जाना यूँ ही और बुलायेसे न आना॥

नाकामियोंके खौफ़ने दीवाना कर दिया।
मंज़िलके सामने भी पहुँचके हिरास है॥

१६ अगस्त १९५३ ई०]

अख़्तर अन्सारी

[१९०९——ई०]

अख़्तर अन्सारी १९०९ ई०में दिल्लीमें जन्मे। यही उनका वतन है। १९३० ई०में देहलीसे बी० ए० किया। १९३१में इंगलिस्तान गये, परन्तु वहाँसे शीघ्र वापिस चले आये। १९३४ ई०में बी० टी० किया और मुस्लिम यूनिवर्सिटी स्कूलमें अंग्रेजी शिक्षक हैं।

आप १९२८से शेर कह रहे हैं। आपने पहले नज़्में कहीं! १९३६से उपन्यास लिखने शुरू किये। आपके दो उपन्यास और तीन कविता-संग्रह, १आबगीने, २खूनाब, ३ 'खन्दयेसहर' छप चुके हैं।

अख़्तर अन्सारीका मकतबे-उर्दू लाहौर द्वारा १९४३ ई०में प्रकाशित 'खूनाब' हमारे सामने है। इसमें आपकी ९२ ग़ज़लें और ५० फुटकर अशआर संकलित हैं। चन्द अशआर मुलाहिज़ा हों—

क्या याद करके इशरते-रफ़्ताको[1] रोइये।
इक लहर थी कि नाचती-गाती निकल गई॥

तारोंको देखना और हर लहज़ा आहें भरना।
कटती हैं मेरी रातें यूँ हौज़के किनारे॥

अब कोई दममें ग़र्क़ हुआ चाहता हूँ मैं।
जो मौजे-आबपर हो रवाँ[2], वोह दिया हूँ मैं॥
मैंने भी इक बनाई है दुनिया यहाँसे दूर।
ऐसा भी इक जहान है जिसका ख़ुदा हूँ मैं॥

---

[1]बीते हुए सुखके दिनोंको; [2]पानीकी लहरोंपर रखा हुआ।

यह शायरी नहीं है, तमन्नाकी क़ब्रपर—
तामीर एक ताजमहल कर रहा हूँ मैं ॥
जो जिन्दगी थी अस्लमें 'अख़्तर' वोह कट गई।
जीनेकी शर्म रखनेको अब जो रहा हूँ मैं ॥

मैं हँसता हूँ मगर ऐ दोस्त ! अक्सर हँसनेवाले भी—
छुपाये होते हैं दाग़ और नासूर अपने सीनोंमें ॥
मैं उनमें हूँ जो होकर आस्ताने-दोस्तसे महरूम।
लिये फिरते हैं सजदोंकी तड़प अपनी जवानीमें ॥

जिन्दगीभरकी अज़ीयत[1] है यह जीना या रब !
एक-दो दिनकी मुसीबत हो तो कोई सह ले ॥

यूँ तो जिये सारी उम्र लेकिन—
जीनेकी तरह न जी सके हम ॥

हसीन चाँदोंकी शमएँ मुझे जलाने दो।
मजार हैं मेरे सीनेमें आरज़ूओंके ॥

अगर अश्कों-से भी कोई न समझे मुद्दआ इनका।
तो इससे आगे हैं मजबूर मेरी बेज़बाँ आँखें ॥

वोह कैफ़ियत अरे तौबा कि वहशियोंकी तरह।
दिले-सितमज़दा सीनेमें सर पटकता था ॥

शबाब नाम है उस जाँनवाज़ लमहेका।
जब आदमीको यह महसूस हो "जवाँ हूँ मैं" ॥

---

[1]तकलीफ़।

पस्त कहता नहीं मैं पस्तीको।
अपनी फ़ितरत बुलन्द रखता हूँ॥
चश्मे-बातिनसे देखता हूँ मैं।
चश्मे-ज़ाहिरको बन्द रखता हूँ॥
कामयाबी मुहाल है 'अख्तर' !
ज़ौक़[1] इतना बुलन्द रखता हूँ॥

आलम यह है शबाबमें जोशे-शबाबका।
गोया छलक उठा है पियाला शराबका॥
अल्लाह, यह शगुफ़्तगीये-हुस्नकी[2] बहार।
गोया चमनमें फूल खिला है गुलाबका॥

रश्क[3] करते हैं जो 'अख्तर' पै वोह क्या जानें आह !
रोज़ो-शब अपने वोह किस तरह बसर करता है॥

साफ़ ज़ाहिर है निगाहोंसे कि हम मरते हैं।
मुँहसे कहते हुए यह बात मगर डरते हैं॥
आस्माँसे न कभी देखी गई अपनी खुशी।
अब यह हालत है कि हम हँसते हुए डरते हैं॥

'अख्तर' मज़ाक़े-दर्दका मारा हुआ हूँ मैं।
खाते हैं अहले-दर्द मेरे नामकी क़सम॥

समझता हूँ मैं सब कुछ सिर्फ़ समझाना नहीं आता।
तड़पता हूँ मगर औरोंको तड़पाना नहीं आता॥

---

[1]सुरुचि; [2]सौन्दर्य्यके खिलनेकी; [3]ईर्ष्या।

लबरेज़ होके दिलका साग़र छलक उठा है।
शायद इसी सबबसे बहती हैं मेरी आँखें॥

जहाँके गुलकदेसे[1] ऐ क़ज़ा मुझे ले चल।
मेरा वजूद यहाँ ख़ार-सा[2] खटकता है॥

मैं वोह महरूमे-शादमानी[3] हूँ।
जिसे बरसों हँसी नहीं आती॥

मज़ाक़े-आरज़ूकी आफ़तें दिन-रात सहता हूँ।
मुझे 'अख़्तर' तआज्जुब है मैं ज़िन्दा कैसे रहता हूँ॥

मुब्तलाये-दर्द होनेकी यह लज़्ज़त देखिये।
क़िस्सये-ग़म हो किसीका दिल मेरा धक-धक करे॥

बुझा सकोगे तुम 'अख़्तर' न आँसुओंसे इसे।
यह कोई आग नहीं जज़्बये-मुहब्बत है॥

मुझे ख़ुद भी ख़बर नहीं 'अख़्तर'!
जी रहा हूँ कि मर रहा हूँ मैं॥

क्या इससे बहस कैसे थे जो दिन गुज़र गये।
अच्छे थे या बुरे हमें बरबाद कर गये॥
'अख़्तर' यह ग़मके दिन भी गुज़र जायेंगे युँ ही।
जैसे वह राहतोंके ज़माने गुज़र गये॥

ग़मसे नालाँ हूँ, ऐशसे बेज़ार।
हाय क्या हो गया तबीयतको॥

---

[1] चमनसे; [2] काँटे-सा; [3] ख़ुशीसे रहित।

जिसमें धड़का लगा रहे ग़मका।
क्या करूँ लेके ऐसी राहतको ॥

मुहब्बत है, अज़ीयत है, हुजूमे-यासो-हसरत है।
जवानी और इतनी दुःखभरी कैसी क़यामत है ॥

मेरे धड़कते हुए दिलपै हाथ रख दे कोई।
कि आज थोड़ी-सी तस्कीन चाहता हूँ मैं ॥

बेख़ुदीकी शराब पीता हूँ।
ग़फ़लतोंके सहारे जीता हूँ ॥
वोह मसर्रतके चन्द लमहे आह।
याद करके उन्हींकी जीता हूँ ॥
शायद एक दिन उम्मीद बरआये।
हाय किस आसरेपै जीता हूँ ॥

अपने एक-एक साँसमें मैंने।
उम्रभरका अज़ाब देखा है ॥
जिन्दगीकी हरेक करवटमें।
इक नया इन्क़लाब देखा है ॥

किसीके हुस्ने-सीमींका यह शायद इक भिखारी है।
ज़मींपर चाँदने फैला दिया है अपने दामाँको ॥

ग़मके सदमे उठाये हैं बरसों।
जब मसर्रतकी क़द्र जानी है ॥

मेरे इरादे निहायत बुलन्द थे यानी—
कभी मैं अपने इरादोंमें कामयाब न था ॥

ज़ुहद[1] भी अस्लमें है ख़ुदग़रज़ी।
मैं करूँ यह गुनाह नामुमकिन॥

उजड़े दिलमें उमीदका आलम।
जैसे सहरामें[2] जल रहा हो दिया।
नौजवानी थी ज़िन्दगी दरअस्ल।
यूँ मैं जानको सारी उम्र जिया॥

मुहब्बतकी सोरिशसे[3] ख़ाली है सीना।
यह जीना भी है कोई जीनेमें जीना॥
उमंग अपने दिलमें है जैसे चमनमें।
खड़ी मुसकराती हो कोई हसीना॥
यह शबनम है 'अख़्तर' कि फ़र्ते-हयासे —
झलकता है गुलकी जबींपर पसीना॥

शबेतार ! तेरी ख़मोशीके क़ुर्बां, बता आमद-आमद है किस रश्के-महकी ?
यह बज़्मे-फ़लक क्यों सजाई गई है, यह तारोंका छिड़काव क्यों हो रहा है ?

ज़िन्दकी इक हसीन धोका है।
हमने सोचा है हमने समझा है॥
कौन समझेगा मेरे दर्दको आह !
रूहका ज़ख़्म किसने देखा है॥
है सकूँ मौतका यानी—
ज़िन्दगीमें सकून उन्क़ा[4] है॥

---

[1]दिखावटी उपासना; [2]जंगलमें; [3]चहल-पहलसे; [4]एक कल्पित पक्षी जो कभी देखा नहीं गया।

आह, मुतरिब[1]! यह तेरा धीमे सुरोंमें गाना।
जैसे दरिया शबे-महताबमें आहिस्ता बहे॥

क्या बताऊँ मैं क्या है मनकी आग।
तुमने देखी तो होगी बनकी आग॥
आबे-कुलज़म जिसे बुझा न सके।
वोह है आज़ादिये-वतनकी आग॥

जिसकी वीरानियाँ हैं रश्के-बहार।
मैं वोह उजड़ा हुआ गुलिस्ताँ हूँ॥

हमको जिसका ग़म है, उसको कुछ हमारा ग़म नहीं।
यह मुसीबत उम्रभर रोनेको भी कुछ कम नहीं॥

मेरे दिले-मायूसमें क्योंकर न हो उम्मीद।
मुरझाये हुए फूलमें क्या बू नहीं होती॥

जो सच पूछो तो दुनियामें फ़क़त रोना ही रोना है।
जिसे हम जिन्दगी कहते हैं काँटोंका बिछौना है॥

मौसमे-गुलमें सितम हाय ख़िज़ाँ याद न करं।
चन्द घड़ियाँ हैं ख़ुशीकी इन्हें बरबाद न कर॥

जिसने ग़मोंकी गोदमें पाई हो परवरिश।
वह ग़मफ़रोज़ शेर न लिक्खे तो क्या करे॥

यह दर्दमन्द दिल भी, है इक रुबाब लेकिन —
नग़मोंके बदले इसमें आहें भरी हुई हैं॥

---

[1]गानेवाली।

कामयाबीके देखता हूँ ख़्वाब।
अेरे मालिक ! मुझे हुआ क्या है ॥

मैं हँसता हूँ दिनभर, मैं रोता हूँ शबभर :
ख़ुदा जाने मुझको यह क्या हो गया है ॥

यह भी मुमकिन नहीं कि मर जायें।
जिन्दगी आह कितनी ज़ालिम है ॥

तारोंभरा यह आस्माँ, है फ़क़त आस्मान या—
दुःखभरी कायनातका सीनये-दाग़दार है ॥

२० सितम्बर १९५२ ई०]

'शफ़ीक़'
जौनपुरी

तुझे हम दोपहरकी धूपमें ऐ फूल देखेंगे ।
अभी शबनमके रोनेपर हँसी मालूम होती है ।।

जो हम, ऐ हमसफ़ीरो ! महवे-ऐशे-गुलिस्ताँ होंगे ।
यह तिनके आशियानेके क़फ़सकी तीलियाँ होंगे ।।

तंग आ चुके हैं अहले-रियाकी अज़ाँसे हम ।
दुनियाको अब जगायेंगे दिलकी फ़ुग़ाँसे हम ।।

शाहराहे-आमसे पाबन्द होता है क़दम ।
उस तरफ़से चल जिधरसे रास्ता जाता नहीं ।।

चाँद-तारे गुंच-ओ-गुल सब यहीं होंगे मगर ।
फिर भी करवट लेके दुनिया क्यासे क्या हो जायगी !

इक ऐसी आहकर बुलबुल ! चमनमें आग लग जाये ।
अभी फ़रियाद सुनकर फूल हँस देते हैं गुलशनमें ।।

ऐ दौरे चर्ख़ तेरी पाबन्दियाँ कहाँ तक।
हम ख़ुद बना रहे हैं अपने लिए ज़माना ॥

अब उस चमनमें बनायेंगे आशियाँ अपना।
कि आस्मान जहाँ बिजलियाँ गिरा न सके ॥

न बदलें 'शफ़ीक़' आके हिन्दोस्ताँमें।
वही है हिजाज़ी घराना हमारा ॥

—सफ़ीना

ख़ुदाया कुछ न दे फिर भी यह सौ देनेका देना है।
अगर इन्सानके पहलूमें तू इन्सानका दिल दे ॥
वोह क़ुव्वत दे कि टक्कर लूँ हर इक गरदाबे-दरियासे।
जब उलझाना है मौजोंमें तो कश्ती दे न साहिल दे ॥

जुनूँपे ओ मुसकरानेवाले ! बिना उमीदोंकी ढानेवाले !
वफ़ाके तेवर बदल न जायें, कि हुस्नका अहतराम कबतक ?

—निगार अगस्त १९४६ ई०

तहज़ीबका आईना अबतक शरमिन्द-ए-अहसाँ हो न सका
क्यों शोरे तरक़्क़ी है या रब ! इन्साँ ही जब इन्साँ हो न सका ॥

—शायर सालनामाँ १९५१ ई०

१४ अगस्त १९५३ ई०]

अर्शी भोपाली

वह हमसे ख़फ़ा तो हैं लेकिन, आया न ख़फ़ा होना भी उन्हें ।
अहबाबने उनकी नज़रोंको, सौबार परीशाँ देखा है ॥
अब कहिये तो उनसे क्या कहिये, कुछ याद नहीं सब भूल गये ।
दामन तो यह कहकर थामा था "कुछ आपसे हमको कहना है" ॥
तजदीदे-करम सर आँखोंपर, यह दौलतेग़म तो मुझसे न ले ।
कुछ और सँवरना है मुझको, कुछ और भी मुझको जीना है ॥

तजदीदे-आरज़ूके लिए दिल मचल न जाय ।
मुद्दतके बाद फिर वोह नज़र आ गये हैं आज ॥
शायद उन्हें भी रंजिशे-बाहम है नागवार ।
मुझसे निगाह मिलते ही घबरा गये हैं आज ॥
अब देखिये पहुँचती हैं बरबादियाँ कहाँ ?
उनकी हसीन आँखोंमें अश्क आ गये हैं आज ॥

जब कभी दर्दे-मुहब्बतमें कमी पाई है ।
अपनी हालतपै मुझे आप हँसी आई है ॥
आपके अहदे-करमका भी तसव्वुर हैं गराँ ।
उन मुक़ामातपै अब आपका सौदाई है ॥

बरहमीका दौर भी किस दरजा नाज़ुक दौर है ।
उनकी बज़्मेनाज़तक-जा-जाके लौट आता हूँ मैं ॥

हयाते-ख़ुल्द भी 'अर्शी' कहाँ जवाब उनका ।
जो उनकी बज़्ममें घड़ियाँ गुज़ार दीं मैंने ॥

बेताबिये-दिलके इन नाज़ुक लमहोंका तसव्वुर तो कीजे ।
जब अहदे-मुहब्बत होते ही फ़ुरक़तका जमाना आ जाये ॥

तेरी नीची नज़रकी यादका आलम अरे तौबा ।
चुभा कर दिलमें जैसे तोड़ डाले कोई पैकाँको ॥

थरथराते हुए हाथोंसे जाम देता है ।
चारागर आज न जाने मुझे क्या देता है ॥
कुछ तो होता है हसीनोंको भी अहसासे-जमाल ।
और कुछ इश्क़ भी मग़रूर बना देता है ॥
दार मिल ही गई मन्सूरको 'अर्शी' वरना ।
कौन दुनियामें मुहब्बतका सिला देता है ॥

आग़ाज़े-आशिक़ीका अल्लाहरे जमाना ।
हर बात बहकी-बहकी हर गाम वालहाना ॥
उनके मेरे मरासम थे बेतकल्लुफ़ाना ।
ऐसा भी आ चुका है, उल्फ़तमें इक जमाना ॥
सौ बार देखकर भी यूँ मुज़तरब हैं नज़रें ।
जैसे गुज़र गया हो देखे हुए जमाना ॥

—निगार जुलाई १९४६ ई०

उनको देखा था अभी, फिर इस तरह बेताब हूँ ।
वाक़ई देखे हुए जैसे जमाना हो गया ॥
तानये-अहबाब, दुनियाकी क़यास आराइयाँ ।
इक तेरी ख़ातिर मुझे सब कुछ गवारा हो गया ॥
अस्मते-कोनैन उस बरबादे-उलफ़तपर निसार ।
उनके दामनको बचाकर ख़ुद जो रुसवा हो गया ॥

उनकी महफ़िलमें भी 'अर्शी' कम नहीं दिलकी तड़प ।
यह तबीयतको ख़ुदा जाने मेरी क्या हो गया ॥
—निगार सितम्बर १९४६ ई०

सोज़े-उल्फ़तसे वोह कम मायये-ग़म है महरूम ।
आतिशे-दिलको जो अश्कोंसे बुझा देता है ॥

जब उन्हें अर्ज़े-अलमपर मुज़तरिब पाता हूँ मैं ।
जो न पीनेके हैं आँसू, वह भी पी जाता हूँ मैं ॥
दिलकी बेताबीके सदक़े जलवागाहे-नाज़में ।
अब तो अक्सर बेबुलाये भी चला जाता हूँ मैं ॥
बहकी-बहकी-सी निगाहें, लड़खाड़ाये-से क़दम ।
हाय ! वोह आलम कि उनके सामने जाता हूँ मैं ॥
उनकी आँखोंके तसद्दुक़, उनकी आँखोंके निसार ।
अब तो 'अर्शी'के लिए अक्सर बहक जाता हूँ मैं ॥

निगाहे-शौक़से कब तक मुक़ाबिला करते ?
वोह इल्फ़ात न करते तो और क्या करते ?
यह पूछो हुस्नको इलज़ाम देनेवालोंसे ।
जो वोह सितम भी न करता तो आप क्या करते ?
हमें तो अपनी तबाहीकी दाद भी न मिली ।
तेरी नवाज़िशे-बेजाका क्या गिला करते ?
—निगार सितम्बर १९४९ ई०

वोह आये सामने लेकिन नज़र मिला न सके ।
मेरी निगाहे-तमन्नाकी ताब ला न सके ॥
रहे-वफ़ाकी कठिन मंज़िलें अरे तौबा ।
वोह थोड़ी दूर भी हमराह मेरे आ न सके ॥

ज़माना कहता है बरबादे-आरज़ू मुझको।
ख़ुदा करे कोई इलज़ाम उनपै आ न सके॥
न जाने टूट पड़ी क्या क़यामतें दिलपर।
हम आज शिद्दते-ग़ममें भी मुसकरा न सके॥
तेरी हयाते-सकूँ आश्नासे क्या हासिल?
वोह नक़्श छोड़, ज़माना जिसे मिटा न सके॥
न कहते थे कि है बेसूद उनसे अर्ज़े-अलम।
जबींपै चन्द सितारे भी झिलमिला न सके॥
तेरी नवाज़िशे-बेहदका शुक्रिया लेकिन——
वोह क्या करे जिसे क़ुरबत भी रास आ न सके॥
न पूछ उसकी तबाही जो सामने उनके।
छुपाये राज़े-अलम और मुसकरा न सके॥
ग़मे-हयातमें यह सख़्त मरहले तौबा।
कभी-कभी तो मुझे वोह भी याद आ न सके॥
किसी तरह उसे जीनेका हक़ नहीं हासिल।
जो अपने आँसुओंमें ख़ूने-दिल मिला न सके॥

हमसे और उनसे तर्के-मुलाक़ात हो गई।
दुनिया जो चाहती थी, वही बात हो गई॥
यह तमकनत, यह ज़ोम, मह्वे-वजहे-बरहमी।
अब कौन उनसे पूछे कि क्या बात हो गई॥
इज़हारे-ग़मपै और वोह बेगाना हो गये।
क्या बात हमने सोची थी, क्या बात हो गई॥
रोज़े-फ़िराक़े यारकी अल्लाहरे तीरगी।
यह भी ख़बर नहीं है कि कब रात हो गई॥
'अर्शी' कुछ इस तरहसे हूँ ख़ुश उनको देखकर।
जैसे हर इक सितमकी मकाफ़ात हो गई॥

नैयर अकबराबादी

मरना तो मुक़द्दर था, सैयादने उजलत की।
जीते न चमनवाले, जब दौरे-ख़िज़ाँ होता ॥

ग़लतफ़हमी न हो जाये किसीको मेरी जानिबसे।
ख़ुदाके वास्ते दीवाना कह दो एक बार अपना ॥

वोह एक तुम, तुम्हें फूलोंपै भी न आई नींद।
वोह एक मैं, मुझे काँटोंपै इज़्तराब न था ॥

फ़स्लेगुल याद ख़िज़ाँमें मुझे यूँ आती है।
जब कोई ख़ार चुभा, मैंने कहा—"हाय बहार" !

चमनको कौन यूँ बरबाद होते देख सकता है।
ठहर इतना कि बन्द आँखें हम ऐ दौरेख़िज़ाँ ! करलें ॥

मायूसियाँ पहुँच गईं हद्दे-कमाल तक।
जब ख़ाक हम हुए तो उधरकी हवा नहीं ॥

इसी दुनियाको अक्सर तल्ख़ियोंने मुझको समझाया।
कि हिम्मत हो तो फिर है जहर भी एक चीज़ खानेकी ॥

उम्मीदो-बीममें 'नैयर' अभी इक जंग बरपा है।
मेरी कश्ती पलट आती है, टक्कर खाके साहिलसे ॥

वह भी सच्चे, ख़्वाबमें आनेका वादा भी दुरुस्त।
शक मगर हमको शबे-ग़म नींदके आनेमें है ॥

आओ ज़रा सकूनकी दुनिया भी देख लो।
तुमको शिकायतें थीं मेरे इज़्तराबकी ॥

कुछ इसके आनेसे तस्कीं-सी होती है 'नैयर'!
कहाँसे आती है बादे-सबा ख़ुदा जाने ॥

कुछ ऐसा डूबनेका न होता मुझे मलाल।
मुश्किल यह आ पड़ी थी कि साहिल नज़रमें था ॥

सहराकी वुस्अ़तोंमें भी बहला न मेरा जी।
अब मैं यह क्या कहूँ कि परेशान घरमें था ॥

बढ़ी है क़ल्बकी धड़कन तुम्हारे वादोंसे।
उम्मीदवारको पहले यह इज़्तराब न था ॥

उसने यूँ देखा मुझे गोया कि देखा ही नहीं।
फिर भी मुझतक इक पयामे-नातमाम आही गया ॥

हद्दूदे-सईए-तलबसे[1] गुज़र गया हूँ मैं।
वोह मिल गये हैं मगर, उनको ढूँढ़ता हूँ मैं ॥
पसीना फूलोंको 'नैयर'! चमनमें आता है।
निगाह भरके जो काँटोंको देखता हूँ मैं ॥

करूँगा शेबमें[2] अंजामे-इश्क़पर भी नज़र।
अभी शबाब है, फ़ुरसत मुझे बहुत कम है ॥

जिसे कारवाँ छोड़कर बढ़ गया था।
वही गर्द अब कारवाँ हो रही है ॥

दिलसे गर्मो-सर्दका अहसास तक जाता रहा।
जिन्दगी यह है तो 'नैयर' मौत किसका नाम है?

—निगार अप्रेल १९५१ ई०

---

[1]अभिलाषाओंकी सीमासे [2]वृद्धावस्थामें।

शफ़क़ टोंकी

ख़िज़ाँ अब आयगी तो आयेगी ढलकर बहारोंमें ।
कुछ इस अन्दाज़से नज़्मे-गुलिस्ताँ कर रहा हूँ मैं ।।

बड़ी मुश्किलसे आता है मयस्सर ज़िन्दगी भरमें ।
वोह इक लमहा जिसे इन्साँ गुज़ारे शादमाँ होकर ।।
इन्हीं ज़र्रोंसे कल होंगे नये कुछ कारवाँ पैदा ।
जो ज़र्रे आज उड़ते हैं, ग़ुबारे-कारवाँ होकर ।।

थीं जो कलतक कश्ति-ए-उम्मीदको थामे हुए ।
रुख़ बदल कर आज वोह मौजें भी तूफ़ाँ हो गईं ।।

अब इस फ़िक्रमें रातदिन कट रहे हैं ।
तुझे भूल जायें कि ख़ुदको भुला दें ।।

शायर अक्तूबर १९४६ ई०

शफ़ा गवालियरी

रवा रक्खा यहाँ तक अहतरामे-आशिक़ी मैंने।
हँसी आई कभी तो आँसुओंको सौंप दी मैंने॥

मिली ऐसी भी राहें मुझको अक्सर राहे-उल्फ़तमें।
कि खुदको ऐ 'शफ़ा'! घबराके खुद आवाज़ दी मैंने॥

सबक़ ले मंज़रे-गोरे-ग़रीबाँ देखनेवाले!
चराग़ोंको तरसते हैं, चराग़ाँ देखनेवाले॥
क़फ़समें भी तुझे रहना कहीं दूभर न हो जाये।
अरे मुड़-मुड़के ओ सूये-गुलिस्ताँ देखनेवाले!

तू जिसे ज़र्रा समझकर कर रहा है पायमाल।
देख उस ज़र्रेके सीनेमें कहीं दुनिया न हो॥

शबे-ग़म रोनेवाला रोते-रोते सो गया शायद।
जबीने-गुलपै शबनमकी, नमीं देखी नहीं जाती॥
अरे ओ बेकसीपै रोनेवाले! कुछ खबर भी है।
वही है ज़िन्दगी जो ज़िन्दगी देखी नहीं जाती॥

इक नई बुनियाद डालेंगे तजस्सुसकी 'शफ़ा'!
हर ग़ुबारे-कारवाँमें कारवाँ ढूंढ़ेंगे हम॥

न होगा पास रहकर इम्तहाँ मश्क़े-तसव्वुरका।
वोह जितना दूर हो सकता है, उतना दूर हो जाये॥

लबोंपै दम है किसीका, कोई सरे-बालीं।
'शफ़ा'! हयातका दामन पकड़के आई है॥

धड़कते दिलसे 'शफ़ा' तक रहा हूँ यूँ तारे।
किसीने जैसे कहा हो कि "आ रहा हूँ मैं"॥

शमीम जयपुरी

अव्वल तो यह कि नींद न आये तमाम रात।
फिर उसपर उनकी याद सताये तमाम रात॥

साक़ी-ओ-मुतरिब आये, जाम आये, सुबू आये।
आना था जिनको वोही न आये तमाम रात॥

ऐसे कहाँ नसीब शबे-माहताबमें।
वोह आयें और आके न जायें तमाम रात॥

वोह क्या गये कि नींद भी आँखोंसे ले गये।
यानी वोह ख़्वाबमें भी न आये तमाम रात॥

जिसने हमारी नींद उड़ाई है इस तरह।
यारब! उसे भी नींद न आये तमाम रात॥

ऐसे वोह बेख़बर तो न थे मुझसे बज़्ममें।
बैठे रहे निगाह झुकाये तमाम रात॥

शहाब

न मिला हमें कुछ गदा होकर।
न दिया तूने कुछ ख़ुदा होकर॥

ऐ बुतो आज़माके देख लिया।
न हुए तुम ख़ुदा, ख़ुदा होकर॥

शहीद वदायूनी

इतना ज़रूर है कि सकूँ तो न मिल सका।
लेकिन तेरे बग़ैर भी रातें गुज़र गईं॥

वोह सम्भले हुए थे, मगर थे फ़सुर्दा।
न आया उन्हें मुझसे दामन बचाना॥

अहसास तो ज़रूर था लेकिन बहारमें।
हम अहतियाते-जेबो-गरेबाँ न कर सके॥

सुनके कल महफ़िलमें ज़िक्रे-हुस्ने-दोस्त।
हम भी कुछ आँसू बहाकर रह गये॥

जलते तो थे चराग़ मगर रोशनी न थी।
तुम आ गये तो रौनक़े-काशाना हो गई॥

हँसी आ गई उनकी बेगानगीपर।
वोह गुज़रे बराबरसे दामन बचाये॥

हालात इजाज़त नहीं देते कि समझ लूँ।
अब ज़हर मेरे ग़मकी दवा है कि नहीं है॥

कर लिया हुस्नकी दुनियासे किनारा मैंने।
यूँ भी इक दौर मुहब्बतमें गुज़ारा मैंने॥

वोह किसीके हैं, मैं किसीका हूँ, मगर एक रब्त है आज तक।
वही अहतयाते-निगाह है, वही अहतयाते-कलाम है॥

किसने लिखा है यह दीवारोंपै ज़िन्दाँकी 'शहीद'!
"जान देना जिसने सीखा, उसको जीना आ गया"॥

जिनको बेबाक़ीके चर्चे हो रहे हैं बज़्ममें।
मैंने देखी है उन आँखोंमें हया आई हुई॥

—निगार अप्रैल १९४६ ई०

शान्तिस्वरूप भटनागर

मैं जागता हूँ कि शायद कहींसे आ जाओ।
यहींसे खोई गईं थीं, यहींसे आ जाओ॥
निगाहें ढूँढ़ती-फिरती हैं गोशे-गोशेमें।
नहीं जमींपै तो अर्शे-बरींसे आ जाओ॥
सुपुर्दे-ख़ाक अगर हो गईं तो क्या परवा?
ब-शक्ले लाला-ओ-गुल तुम जमींसे आ जाओ॥
सितम है मुझको पता तक नहीं, गई हो कहाँ?
ग़रज जहाँ भी हो, लिल्लाह वहींसे आ जाओ॥
पसन्द हो न अगर शाहे-राहे-आम तुम्हें।
तसव्वुरातमें राहे-यक़ींसे आ जाओ॥

—आजकल १ जून १९४६ ई०

शातिर हकीमी

जो नजरकी इल्तजा समझा नहीं।
हाथ उसके सामने फैलायें क्या?

जिन्दगी क्या है मुसलसल इज्तराब।
इज्तराबे-दिलसे फिर घबरायें क्या?

बैठना दुश्वार है आरामसे।
आस्ताने-यारसे उठ जायें क्या?

—निगार अप्रेल १९४९ ई०

नसीरुद्दीन शादां

ग़रूरे-हुस्न न था, शमअ़ बेनियाज न थी।
वोह ना-शनासे अदब थे, जले जो परवाने॥

शेरी भोपाली

न जीनेपर ही क़ाबू है न मरनेका ही इमकाँ है।
हक़ीक़तमें इन्हीं मजबूरियोंका नाम इन्साँ है॥

ग़जब है जुस्तजू-ए-दिलका यह अंजाम हो जाये।
कि मंजिल दूर हो और रास्तेमें शाम हो जाये॥
अभी तो दिलमें हल्की-सी खलिश मालूम होती है।
बहुत मुमकिन है कल इसका मुहब्बत नाम हो जाये॥

ख़ताके बाद इनआ़मे-ख़ताका उनसे तालिब हूँ।
किसीने आजतक ऐसी भी गुस्ताख़ी न की होगी॥

शैदा ख़ुरजवी

जिस दौरसे फ़रिश्ते दामनकशा थे या रब!
उस दौरसे गुजरकर आया हूँ जिन्दगीमें॥
ऐ दोस्त! रफ़्ता-रफ़्ता तुझको भी ढूँढ लूँगा।
खोया हूँ मैं अभी तो अपनी ही आगही में॥
किस दर्जा शादमाँ हूँ, अपनी तबाहियोंपर।
कितना अजीज़ तर है मिटना भी आशिक़ीमें॥
जो खिज्रसे न उट्ठे, उम्रे-दराज पाकर।
वोह ग़म उठाये हमने, दो दिनकी जिन्दगीमें॥

क्या पूछता है 'शैदा' ! मुझसे मेरी तबाही।
अन्धेर है लुटा हूँ, जलवोंकी रोशनीमें ॥
—आजकल १५ दिसम्बर १९४४ ई०

सरूर तोसवी

ख़याले-बर्क़ो-मिज़ाजे-शरर बदल डालो।
सकूने-दामाँसे ख़ौफ़ो-ख़तर बदल डालो ॥
फिरी-फिरी-सी जो अपने ही भाइयोंसे रही।
यह मसलहत है कि अब वोह नज़र बदल डालो ॥
हवायें जिनसे निकलती हैं ज़हर आलूदा।
चमनसे अपने वोह बर्गो-शजर बदल डालो ॥
वफ़ा-ओ-महरके क़ाबिल बने हो दुनियामें।
जफ़ा-ओ-जौरकी शामो-सहर बदल डालो ॥

सरशार सद्दीक़ी

मेरा हाल तूने पूछा यह करम भी कम नहीं है।
तेरी पुरसिशोंके सदक़े, मुझे कोई ग़म नहीं है ॥

चश्मे-गिरियाँकी क़सम मैंने ख़िज़ाँमें अक्सर।
अपने दामनमें गुलिस्ताँका गुलिस्ताँ देखा ॥

कह दो अभी न करवटें बदले निज़ामे-दहर।
मेरी जबीने-शौक़ है, और पाये-यार है ॥

बेख़ुदी देती है जब दिलको पयामे-ख़िलवत।
तू ख़ुदा जाने उस आलममें कहाँ होता है ॥
—निगार मार्च १९४८ ई०

सरीर काबरी

लब हिलायें किस तरह अहसासे-दर्दे-दिलसे हम।
साँस लेते हैं तो लेते हैं बड़ी मुश्किलसे हम॥
मशअ़ले-दाग़े-जिगरसे कल सजाया था जिसे।
लो निकाले जा रहे हैं, आज उसी महफ़िलसे हम॥

महेन्द्रसिंह सहर

नाउमीदी है अब तो वजहे-सकूँ।
फिर कोई महरबाँ न हो जाये॥
ए नशेमनको फूँकनेवाले!
बर्क़ खुद आशियाँ न हो जाये॥

क़फ़ससे सुये-आशियाँ देखता हूँ।
कहाँ हूँ इलाही कहाँ देखता हूँ॥

—आजकल १५ अक्टूबर १९४५ ई०

बलवन्तकुमार सागर

जमानेकी, न फ़लककी जफ़ासे डरता हूँ।
मगर ग़रीबकी इक बद्दुआसे डरता हूँ॥
ख़ुदाकी शान वोह डरता नहीं ख़ुदासे भी।
मगर मैं उस बुते-काफ़िर अदासे डरता हूँ॥
ख़तर नहीं कोई बेगानोंकी जफ़ासे मुझे।
मगर यगानोंकी महरो-वफ़ासे डरता हूँ॥

—आजकल उर्दू मार्च १९५३ ई०

साक़िब कानपुरी

मैं था जहाने-इश्क़में तेरे वजूदका गवाह।
कुछ न खुला यह राज़, क्यों तूने मुझे मिटा दिया॥

तुझपै भी कुछ असर हुआ, उसकी हयाते-इश्क़का ।
हाय वोह ग़म नसीब जो दर्दपै मुसकरा दिया ॥
—शायर जुलाई १९४६ ई०

ज़ुल्म कर लेकिन नज़र रख इन्तहाये-ज़ुल्मपर ।
आहपर मजबूर हो जाये न पाबन्दे-क़फ़स ॥

कौन समझेगा इस लताफ़तको ।
तेरे इन्कारमें भी है इक़रार ॥
दर्दमें उसके ज़िन्दगी तो है ।
हो मुबारक यह इश्क़का इज़हार ॥
तेरी सूरत तो है सरापा रहम ।
हुस्न तेरा है क्यों ग़रीब आज़ार ?
—आजकल १५ जून १९४६ ई०

सबा अकबराबादी

तबस्सुमको मेरे, मेरा ग़म न समझे ।
वोह भोले थे अन्दाज़े-मातम न समझे ॥
ग़लत फ़हमियोंमें जवानी गुज़ारी ।
कभी वे न समझे, कभी हम न समझे ॥
हमेशा रहे मुतमइन उस अ़तापर ।
ज़ियादा न माँगा, कभी कम न समझे ॥

महबूबे-माहवशको गलेसे लगाके पी ।
थोड़ी-सी पीके उसको पिला, फिर पिलाके पी ॥
पाबन्द रोज़े-अब्र शबे-माहका न हो ।
पिलवायें जब हसीन, तक़ाज़े हवाके पी ॥

दुनियाए बद नज़रकी नज़रसे बचाके पी।
यानी तआय्युनातके परदे गिराके पी॥
बेकैफ़की शराबका कोई मज़ा नहीं।
इसमें ज़रा-सा ख़ूने-तमन्ना मिलाके पी॥

तेरी महफ़िलमें मेरा बैठना बेलुत्फ़ था लेकिन--
ज़रा यह भी तो सुन लूँ मेरे उठ जानेपै क्या गुज़री ?
यह दीवारोंके छींटे ख़ूँके यह ज़ंजीरके टुकड़े।
फ़िज़ा ज़िन्द की शाहिद है कि दीवानेपै क्या गुज़री ?
यह अफ़साना बरहमनकी निगाहे-याससे सुनिये।
कि पूजा छोड़ दी मैंने तो बुतख़ानेपै क्या गुज़री॥

बरहमन (पुजारी)

सालिक

ऐ काश तुम आ जाते अग़ियार ही को लेकर।
कुछ उम्र तो घट जाती गो रंज सिवा होता।।

पहले सितमगरीके लिए आस्माँ बना।
कुछ बात रह गई थी, जो वोह दिलसिताँ बना।।

मुझसे सितम रसीदाका होगा कोई सरिश्क।
क़तरेका नाम मुफ़्तमें तूफ़ाँ निकल गया।।

कहलाते हो क्यों वादा फ़रामोश जहाँमें।
आ जाओ कि मैं आपमें अक्सर नहीं होता।।

हम बैठे हैं यूँ मुन्तज़िर उस राहगुज़रमें।
गोया कि उसी शोख़के ठहराये हुए हैं।।

ख़ुदा करे कि समझ जायें यह किनाया वोह।
अभी तो चर्ख़े-बरींका गिला किये जाऊँ।।

सच है सेहरामें नौआमोज़े-जुनूँका क्या काम।
ख़ाक उड़ानी भी न आती हो तो क्या ख़ाक करूँ।।

अगर न वादा करो इन्तज़ार क्योंकर हो?
सकून ख़ातिरे-उमीदवार क्योंकर हो।।

गरचे है आमदे-जानाँकी खबर बाज़ारी।
है मगर 'सालिके-'मुज़तरके सुना देनेकी।।

आ गये याद सितम हाय गुज़िश्ता उनको ।
हाय करना ही न था, शिकवये-बेदाद मुझे ॥

दरपै था क़ासिद, नवेदे-वस्ले-यार आनेको थी ।
आज ही क्या मौत ऐ परवर्दिगार ! आनेको थी ॥

उसके आँसू टपक पड़े 'सालिक' !
हाल इस दर्दसे कहा तूने ॥

'सालिक' ! ख़ुदाके वास्ते छोड़ो कुछ और ज़िक्र ।
पूछो ख़बर न कुछ दिले-हसरत मआलकी ॥

जो पास है मेरे, वोह ख़ुदा जाने कहाँ है ?
तुम दूर हो, पर बैठे हो गोया मेरे आगे ॥

ज़बाँ कट जाय गर लबसे तुम्हारा कुछ गिला निकले ।
मगर यह तो कहूँगा तुमको क्या समझा था क्या निकले ?

—निगार सितम्बर १९४९ ई०

सुलेमान अरीब

ऐ सर्वे रवाँ ! ऐ जाने जहाँ ! आहिस्ता गुज़र, आहिस्ता गुज़र !
जी भरके तुझे मैं देख तो लूँ, बस इतना ठहर, बस इतना ठहर ।।

सिराज लखनवी

मैं कबका रौमें इन अश्कोंकी अबतक बह गया होता ।
इन आँखोंपर तरस खाकर यह किसने आस्तीं रख दी ?

न आया आह आँसू पूँछना भी ग़मके मारोंको ।
निचोड़ी भी नहीं दामनपै यूँ ही आस्तीं रख दी ।।

यहीं उठकर चला आये अगर काबेका जी चाहे ।
कि अब तो नक़्शे-पा-ए-यार पर हमने जबीं रख दी ।।

—शायर सालाना नवम्बर १९५१ ई०

हबीबअहमद सद्दीक़ी एम० ए०

इलाही ! करके तय किन रफ़अ़तोंको मैं कहाँ पहुँचा ?
कि यकसाँ पड़ रही हैं अब निगाहें दोस्त-दुश्मनपर ।।

वह सितमगर है, जफ़ाजू है, सितम ईजाद है ।
इब्तदाये-रस्मेउल्फ़त फिर भी की, नाचार की ।।

ख़ुगरे-जौर ही बना देते ।
तुमसे तो यह भी उम्रभर न हुआ ।।

अहतरामे-बेहिजाबीहाए हुस्ने-दोस्त था ।
लोग यह समझे कि मूसा तूरपर बेहोश था ।।

यूँ देखता हूँ बर्क़को अल्लाहरे बेदिली ।
जैसे चमनमें मेरा कहीं आशियाँ नहीं ।।

ऐ दिल ! सरे-नियाजको क्या क़ैदे-संगे-दर ।
काबा ही क्या बुरा है जो यह आस्ताँ नहीं ।।

ख़यालमें बसा हुआ है, आश्नाके रूपमें ।
वोह दिलनवाज़ अजनबी कि जिससे गुफ़्तगू नहीं ।।

मुझको अहसासे-रंगो-बू न हुआ ।
यूँ भी अक्सर बहार आई है ।।

खिज़ाँ-ना दीदा, ग़म ना-आश्ना, बेगानये-इसयाँ ।
इलाही किस क़दर मायूसकुन ख़ुल्देबरीं होगी ?

उससे क्या हालते-आशोबे-तमन्ना कहिये।
जिसको अन्दाज़ये-बेताबिये-तूफ़ाँ ही नहीं॥

क्या मसर्रतका भरोसा? ऐतबारे-ग़म नहीं।
दीदये-गिरियाँ भी मुद्दत हो गईं पुरनम नहीं॥

सितम है अब भी उम्मीदे-वफ़ापै जीता है।
वोह कम नसीब कि शाइस्तये-वफ़ा भी नहीं॥

तक़द्दुस शेख़का तसलीम, लेकिन पूछिये इतना।
मुहब्बत भी कभी मिनजुमलये-आदाबे-दीं होगी॥

—निगार सितम्बर १९४८ ई०

हसरत तरमज़वी

मुमकिन हो तो इक दिन आ जाओ, या ख़ुद ही बुलाओ तुम हमको ।
और यह भी तुम्हारे बसमें न हो, तो याद न आओ तुम हमको ।।
ग़म बढ़ते-बढ़ते ग़म न रहे, इतना तो बढ़ाओ ग़म दिलका ।
रोनेके लिए आँसू न रहें, इतना तो रुलाओ तुम हमको ।।

—निगार अगस्त १९४५ ई०

हसरत सुहवाई

वोह पलकोंपै आही गया बनके आँसू ।
ज़बाँ पर न हम ला सके जो फ़साना ।।

हुरमतउलइकराम

ग़मे-दुनियाका नहीं कोई कनारा लेकिन—
फिर भी मुमकिन नहीं दुनियासे कनारा ऐ दोस्त !
मेरी सीरतके ख़तो-ख़ाल नज़र क्या आते ?
मुझको दुनियाने बहुत दूरसे देखा ऐ दोस्त !
दूसरे मुझको न समझें तो कोई बात न थी ।
शिकवा यह है कि मुझे तू भी न समझा ऐ दोस्त !
मुझसे हरबार मसर्रतने छुड़ाया दामन ।
मुझको सौबार दिया ग़मने सहारा ऐ दोस्त !

—निगार मार्च १९४७ ई०

मौजोंने खे दिये हैं सफ़ीने हज़ार-हा ।
उट्ठा है इस तरह भी तलातुम कभी-कभी ।।

औरोंको कम मुझीको तआज्जुब बहुत हुआ।
आया है गर लबोंपै तबस्सुम कभी-कभी॥
—शायर जून १९५० ई०

मुक़ाम ऐसा भी इक आता है राहे-ज़िन्दगानीमें।
जहाँ मंज़िल भी गर्दे-कारवाँ मालूम होती है॥
कभी इक आग ऐसी भी भड़क उठती है सीनेमें।
कि हर कैफ़ीयते-दिलको जलन कहना ही पड़ता है॥
—निगार सितम्बर १९४७ ई०

वोह ग़म कि जिससे मयस्सर क़रार होता है।
वोह ग़म तो रहमते-परवर्दिगार होता है॥
न मुसकराके उठाओ नज़र, मिरी जानिब।
कि अब ख़ुशीका तसव्वुर भी बार होता है॥
यह कहके डूब गया, आज सुबहका तारा—
"अजीब चीज ग़मे-इन्तज़ार होता है"॥

अब्दुलमजीद हैरत

वज़अ़दारी लिये जाती है किसीके दर तक।
वरना क्या हाथ बजुज़ रंजो-मलाल आता है॥
बेनियाज़ीका किसीकी वोह असर है दिलपर।
अब ब-मुश्किल ही कोई लबपै सवाल आता है॥
असरे-गर्दिशे-तक़दीर इलाही तौबा।
ओज आने नहीं पाता कि ज़वाल आता है॥
जुरअते-अर्ज़े-तमन्ना तो नहीं कम लेकिन—
अपनी कोताहिए-क़िस्मतका ख़याल आता है॥
जैसे ख़ुद हमने यह दरयाफ़्त किया था उनसे।
ख़तमें लिक्खा हुआ अग़ियारका हाल आता है॥
—आजकल मार्च १९५३ ई०

गंगा-जमुनी शेर

अन्तमें पुराने और नये ढंगके चन्द अशआर ऐसे दिये जा रहे हैं, जिनके रचयिताओंके नाम हमें स्मरण नहीं हैं—

कारफ़रमा निगहे-शोख़ है पैमानेमें।
तौबा घबराई हुई फिरती है मैख़ानेमें॥

दावरके सामने बुते-काफ़िरको क्या कहूँ।
दोनोंकी शक्ल एक है, किसको ख़ुदा कहूँ?
मारो भी तुम, जिलाओ भी तुम, तुमको क्या कहूँ?
तुमको ख़ुदा कहूँ या ख़ुदाको ख़ुदा कहूँ?

इसी बाइससे दाया तिफ़्लको अफ़यून देती है।
कि ता-हो जाय लज्ज़तआश्ना तलख़ीये-दौराँसे॥

सुनते हैं हम बहिश्तकी तारीफ़ सब दुरुस्त।
लेकिन ख़ुदा करे वोह तेरी जलवागाह हो॥

रहे इक बाँकपन भी बेदमाग़ीमें तो ज़ेबा है।
बढ़ा दो चीने-अबरूपर अदाये-कजकुलाहीको॥

खिज़ाँ क्या, फ़स्ले-गुल कहते हैं किसको कोई मौसम हो।
वही हम हैं, क़फ़स है, और मातम बालो-परका है॥

ना तीर कमाँमें हैं, ना सैयाद कहीं है।
गोशेमें क़फ़सके, मुझे आराम बहुत है॥

नुक़्साँ नहीं जुनूँमें, बलासे हो घर ख़राब।
दो गज़ ज़मींके बदले बयाबाँ बुरा नहीं॥

जबाँ जलाई, किये क़तअ़ हाथ पहुँचोंसे।
यह बन्दोबस्त हुए हैं मेरी दुआके लिए?

दामन उसका तो भला दूर है ऐ दस्तेजुनूँ!
क्यों है बेकार? गरेबाँ तो मेरा दूर नहीं॥

मिले जो हश्रमें ले लूँ जबान नासेहकी।
अजीब चीज है यह तूले-मुद्दआके लिए॥

मुझे यह डर है, दिलेजिन्दा! तू न मर जाये।
कि जिन्दगानी इबादत है तेरे जीनेसे॥

वह हमीं हैं जो तेरा दर्द छुपाकर दिलमें।
काम दुनियाके बदस्तूर किये जाते हैं॥

एक हम हैं कि लिया अपनी ही सूरतको बिगाड़।
एक वोह हैं, जिन्हें तसवीर बना आती है॥

किसको होती हैं अ़ता इस शानकी बरबादियाँ।
आशियाँ हम क्या बचाते, बिजलियाँ देखा किये॥

अज़ाँ हो रही है पिला जल्द साक़ी!
इबादत करूँ आज मख़मूर होकर॥

कुछ दिनोंसे अब तो राहो-रस्मे-उल्फ़त बन्द हैं।
वरना बरसों नामाबर आता रहा, जाता रहा॥

वक़्ते-पीरी दोस्तोंकी बेरुख़ीका क्या गिला।
बचके चलता है हरएक गिरती हुई दीवारसे॥

दरियाको अपनी मौजकी तुग़यानियोंसे काम।
किश्ती किसीकी पार हो या दरमियाँ रहे॥

आपने जब भी कहा कम्बख़्तो-बदक़िस्मत कहा।
मैं भी आख़िर आदमी हूँ नाम होना चाहिए॥

न हुस्नसे कोई मतलब न. इश्क़से सरोकार।
कुछ इस तरहकी भी रातें गुज़ार दीं मैंने॥

मिटा दिया है ज़मानेने इस क़दर हमको।
कि अब हरीफ़ भी अपना नज़र नहीं आता॥

वाबस्ता तेरी यादमें कुछ तल्ख़ियाँ भी थीं।
अच्छा किया जो तुझको फ़रामोश कर दिया॥

इस ख़मोशीमें भी आहे-सर्दसे।
मैं जो कहना चाहिए था, कह गया॥

ख़ुदाकी देनका मूसासे पूछिये अहवाल।
कि आग लेनेको जायें, पयम्बरी मिल जाय॥

हरम नादीदा, बुतख़ाना गुरेज़ाँ, बरहमन रहबर।
किसी आवारये-कूए-बुताँकी आज़माइश है॥

मलिकुलमौत अड़ा था कि मैं जाँ लेके टलूँ।
और मसीहाको यह ज़िद थी कि मेरी बात रहे॥

लोग कुछ पूछनेको आये हैं।
अहले-मैय्यत जनाज़ा ठहरायें॥

हैराँ हूँ दिलको रोऊँ कि पीटूँ जिगरको मैं।
मक़दूर हो तो साथ रखूँ नौहागरको मैं॥

रंगीं हैं आजकलके गुले-नौ-बहारसे।
अगला जो बर्गे-ज़र्द कोई इस चमनमें है॥

लुत्फ़े-कलाम क्या जो न हो दिलमें जख़्मे-इश्क़ ।
बिस्मिल नहीं है तू तो तड़पना भी छोड़ दे ।।

वोह हमसे ख़फ़ा हैं, हम उनसे ख़फ़ा हैं ।
मगर बात करनेको जी चाहता है ।।

वस्लमें ज़िक्रे-उदू भी दम-ब-दम होता रहा ।
शरबते-दीदार मेरे हक़में सम होता रहा ।।

जाहिदो ! दो दिनसे चर्चा हक़-परस्तीका हुआ ।
वरना काबेमें सदा ज़िक्रे-सनम होता रहा ।।

कहो उश्शाक़से अपने कि ज़ब्ते-गिरिया फ़रमाएँ ।
रुकेगा रास्ता घरका, अगर कूचेमें दल-दल हो ।।

इब्तदा आवारगीकी जोशे-वहशतका सबब ।
हम तो समझे हैं मगर नासेहको समझाएँगे क्या ?

बाद तौबाके भी है दिलमें यह हसरत बाक़ी ।
देके क़समें कोई एक जाम पिला दे हमको ।।

यह फ़क़त आपकी इनायत है ।
वरना मैं क्या, मेरी हक़ीक़त क्या ।।

हमनशीं देखी नहूसत दास्ताने-हिज्रकी ।
सोहबतें जमने न पाईं थीं कि बरहम हो गईं ।।।

दश्ते-जुनूँकी सैरमें बहला हुआ था दिल ।
ज़िन्दामें लाये फिर मुझे अहबाब घेरके ।।

हुक्म है कूचये-जानाँसे निकल जानेका ।
बेकसी हाथ लगा दे कि मैं बिस्तर बाँधूँ ।।

इश्क़ और पासे-वज़अ, फिर उसपर मिरा नसीब ।
क्योंकर हुई है उम्र बसर कुछ न पूछिये ।।

दे फड़कनेकी इजाज़त सैयाद !
शबे-अव्वल है गिरफ़्तारीकी ।।

सैय्याद

शायराएँ

उर्दू-साहित्यको समृद्ध बनानेमें महिलायें भी भरसक प्रयत्न कर रही हैं। साहित्यका कोई ऐसा अंग नहीं, जिसपर वे न लिख रही हों। पुराने ज़मानेमें भी अनेक महिलायें फ़ारसी-उर्दूमें गद्य-पद्य लिखती रही हैं, एवं वर्त्तमान युगमें भी लिख रही हैं और बहुत अच्छी सफलता प्राप्त कर रही हैं। हम महिला शायराओंका विस्तृत परिचय, कलाम एवं विवेचन किसी जुदा पुस्तकमें देंगे। नमूनेके तौरपर चन्द शायराओंकी ग़ज़लोंके चन्द अशआ़र यहाँ दिये जा रहे हैं :—

श्रीमती सफ़िया शमीम मलीहाबादी

अगर नग़मये-सरमदी छेड़ दूँ मैं।
ख़िज़ाँमें गुलोंको महकना सिखा दूँ॥

अजल भी मेरे ग़मपै आँसू बहाये।
अगर नालये-ज़िन्दगानी सुना दूँ॥

अगर छेड़ दूँ साज़ ख़िलवतमें तेरी।
चराग़ोंको ताक़े-हरमसे गिरा दूँ॥

कहो तो बदल दूँ निज़ामे-दो आलम?
जहन्नुममें फूलोंकी जन्नत बसा दूँ॥

गुलिस्ताँका हर फूल दिल बनके महके।
अगर एक अश्के-तमन्ना गिरा दूँ॥

'शमीम' आह कर दूँ तो लौ दे ज़माना।
फ़िज़ा मुसकरा दे अगर मुसकरा दूँ।।
—आजकल १५ दिसम्बर १९४५ ई०

कुछ ख़बर हो सकी न तेरे बग़ैर।
कब बहार आई, कब ख़िज़ाँ आई।।

ख़िज़ाने ख़ाक उड़ाई हज़ार गुलशनमें।
चमनमें फूल मगर मुसकराये जाते हैं।।

जहाँ उजड़ा, वहीं तामीर होगा आशियाँ अपना।
तड़पती बिजलियोंपर हँस रहा है गुलसिताँ अपना।।
—निगार मई १९५२

चमनमें जश्ने-उरूसे-बहार है आजा।
उरूसे-नग़मा सरे-आबशार है आजा।।
हर-एक जुम्बिशे-गुलमें हज़ार नग़मे हैं।
हर-इक नसीमका झोंका बहार है आजा।।
सरूरबख़्श घटाओंके मस्त सायेमें।
जमाले लाल-ओ-गुल ताबदार है आजा।।
रविश-रविशपै छिड़ी है हदीसे-लाला-ओ-गुल।
कली-कलीको तेरा इन्तज़ार है आजा।।
तुझे ख़बर भी है इस मौसमे-बहारमें भी।
'शमीम' नावके-ग़मका शिकार है आजा।।

वोह तसव्वुरमें यकायक आ गये।
हिज्रकी सूरत बदलकर रह गई।।

यह किसके अश्क थे, जो बन गये तबस्सुमे-गुल ?
यह किसके दिलकी तमन्ना बहार होके रही ?

जल बुझी शम-ए-आरज़ू, लेकिन—
इक धुआँ-सा ज़रूर उठता है ॥

क्या क़यामत थी परदादारियेग़म ।
मुसकराते ही आ गये आँसू ॥

बेख़बर ! मंज़िले-मक़सूद नहीं दूर, मगर—
आलमे-होशसे हस्तीको गुज़र जाने दे ॥

उनकी नज़रको जुरअते-पुरसिश न हो सकी ।
दिल ग़मपै इस क़दर हुआ नाज़ाँ कभी-कभी ॥

—निगार अप्रैल १९५१ ई०

श्रीमती अनीस बानो

आपकी नज़रोंके फिरते ही यह सामाँ हो गया ।
मुनक़लब दुनिया हुई आलम परेशाँ हो गया ॥
अल्लाह-अल्लाह वोह नसीमे-सुबहकी अठखेलियाँ ।
ग़ुंचये-दिल खिलते ही महवे-गुलिस्ताँ हो गया ॥
अपनी वहशतकी तरक़्क़ी हदसे गुज़री ऐ जुनूँ !
हाथको जुम्बिश हुई और चाक दामाँ हो गया ॥
आपके कहनेसे कहती हूँ फ़साना हिज्रका ।
फिर न कहियेगा कि मेरा दिल परेशाँ हो गया ॥
बदनसीबीकी हदें क्या पूछती हो ऐ 'अनीस' ?
जिस चमनमें दो घड़ी बैठी बयाबाँ हो गया ॥

श्रीमती अज़मत शमअ्

जुस्तजू-ए-राह बाक़ी है न मंज़िलकी तलाश ।
मुझको खुद है अब मेरे खोये हुए दिलकी तलाश ॥

१४

रोक ऐ हमदम ! न मेरी अश्क-अफ़शानीको तू।
महफ़िले-हस्तीको है इक शम-ए-महफ़िलकी तलाश ॥
अब नज़र आये जहाँ अपने सिवा कोई न हो।
दिलको राहे-शौक़में है ऐसी मंज़िलकी तलाश ॥
दीदये-ज़ाहिरसे कब तक देखिये अन्दाज़े-दोस्त।
कीजिये ऐ 'शमअ़' ! अब इक दीदये-दिलकी तलाश ॥

श्रीमती पिन्हाँ

फिर नये अपने ज़मीनो-आसमाँ पैदा करें।
मावराये-लामकाँ अपना जहाँ पैदा करें ॥
फूँक डालें जो हवादसके ख़सो-ख़ाशाकको।
आतिशीं आहोंसे ऐसी बिजलियाँ पैदा करें ॥
कायनाते-हुस्नमें आ जाये जिससे ज़लज़ला।
साज़े-दिलसे वोह नवाये-ख़ूँ चुकाँ पैदा करें ॥
खेलते हो इस शकिस्ता साज़के तारोंसे क्या ?
दिलके टुकड़े क्या नवाये-दास्ताँ पैदा करें ?
कारगर हो जायगा 'पिन्हाँ' कभी जज़बे-जुनूँ।
नाल-ए-शबगीरो-सोज़े-जाविदाँ पैदा करें ॥

श्रीमती कनीज़ फ़ातिमा काश

तुम्हारी यादसे दिलको सजाके आई हूँ।
मैं और ख़ानये-उल्फ़त बनाके आई हूँ ॥
तख़ैय्युलातकी वादीमें छुपके आलससे।
किसीकी गोदको अकसर सजाके आई हूँ ॥

वोह नशअ-खेज़िये-उलफ़त वोह ज़िन्दगीका शबाब।
हसीन होंटोंसे अक्सर पिलाके आई हूँ॥
रुख़ोंपै आज भी इक अर्क़े-सदनदामत है।
गुलोंका रंग चमनसे उड़ाके लाई हूँ॥
तू 'काश' मुझसे न पूछे शबाबकी तफ़सीर।
मेरे हबीब मैं सब कुछ लुटाके आई हूँ॥

श्रीमती सैयदा अख़्तर

किसीकी यादमें आँसू बहा रही हूँ मैं।
हदीसे-दर्दे-मुहब्बत सुना रही हूँ मैं॥
सम्भल ज़मान-ए-हाज़िर कि तुझसे कुछ पहिले।
क़रीब मंज़िले-मक़सूद जा रही हूँ मैं॥
सुनी है जबसे खबर उनकी आमद-आमदकी।
हरीमे-दीदये-दिलको सजा रही हूँ मैं॥
अभी ज़माना नहीं उनके आज़मानेका।
अभी तो अपनेको खुद आज़मा रही हूँ मैं॥
नफ़स-नफ़स है मेरा साज़े-ग़ैब ऐ 'अख़्तर'!
जो सुन रही हूँ जहाँको सुना रही हूँ मैं॥

जिसमें सरूरे-दर्दे-ग़मे आशिक़ी नहीं।
वोह ज़िन्दगी, तो मौत है, वोह ज़िन्दगी नहीं॥
जिसमें बराये-रास्त हो उनसे मुआमला।
वल्लाह! ऐन होश है, वोह बेखुदी नहीं॥

इक ख़ूने-अन्दलीबके दमसे थी सब बहार।
फूलोंमें अब वोह रंग नहीं, दिलकशी नहीं ।।
अल्लाहरे हिज्रे-यारकी हैरत तराज़ियाँ।
निकला हुआ है चाँद, मगर रोशनी नहीं ।।
उनकी तरफ़ उठाऊँ मैं अब क्या निगाहे-शौक़।
अपनी तजल्लियों ही से फ़ुर्सत अभी नहीं ।।
यूँ दिन गुज़ारती हूँ किसीके फ़िराक़में।
ज़िन्दा बराये नाम हूँ और ज़िन्दगी नहीं ।।

—शायर अगस्त १९४६ ई०

श्रीमती सफ़िया रअ़ना

हिजाबे-मुहब्बत उठाये गये हैं।
बड़ी शानसे हम बुलाये गये हैं ।।
जिन्हें माहो-अंजुम न अपना सके थे।
वोह अक्सर मेरे दिलमें पाये गये हैं ।।
जवानीकी रितुमें निगहकी ज़बानी।
मुहब्बतके क़िस्से सुनाये गये हैं ।।
वोह ख़ुद ही इलाजे-मुहब्बत करेंगे।
जो इक दर्दे-दिलमें उठाये गये हैं ।।
वही अश्क थे हासिले-इश्क़ 'रअ़ना' !
तेरी यादमें जो बहाये गये हैं ।।

श्रीमती शान्ति बेख़ुद

फिर दास्ताने-दिलको रक़म कर रही हूँ मैं।
क़तरेको मौजे-ज़हरमें ज़म कर रही हूँ मैं ।।

अच्छा हुआ कि आप मेरे दिलमें बस गये।
घर बैठे अब तवाफ़े-हरम कर रही हूँ मैं॥
जाहिद ! यह क्या हुआ मेरे ज़ौक़े-नियाज़को।
सजदे जो आज पेशे-सनम कर रही हूँ मैं॥
वक़्ते-नज़अ़ भी उनसे तसव्वुरमें बार-बार।
क्यों अर्ज़े-इल्तफ़ाते-करम कर रही हूँ मैं॥
आसानियोंके शौक़में 'बेख़ुद' हूँ इस क़दर।
दुश्वारियोंको अपने बहम कर रही हूँ मैं॥

श्रीमती सहाब आग़ा शाइर

हज़ार बातें हैं दिलमें अभी बतानेको।
मगर ज़बाँ नहीं मिलती हमें सुनानेको॥
हम अहले-ज़र्फ़ अभी तक हैं एक जिन्से-लतीफ़।
जिन्हें कुचल दिया दुनियाने आज़मानेको॥
वोह आँख आज सितारे तराशते देखें।
जिन्होंने रंगे-तबस्सुम दिया ज़मानेको॥
हमारे फूल, हमारा चमन, हमारी बहार।
हमींको जा नहीं मिलती है आशियानेको॥
'सहाब' ! इतने तग़ैय्युरनवाज़ हैं हम भी।
कि अपने नग़मोंसे चौंका दिया ज़मानेको॥

—आजकल १ जनवरी १९४७ ई०

श्रीमती नाज़

हुस्नका इश्क़ राज़ क्या जाने ?
सादगीये-नियाज़ क्या जाने ?

हायरी सादगी मुहब्बतकी।
यह नशेबो-फ़राज़ क्या जाने ?
चोट सी दिलपै लग गई कैसी ?
निगहे-नीमबाज़ क्या जाने ?
'नाज़'के दिलपै क्या गुज़रती है ?
तुझ-सा ज़ालिम यह राज़ क्या जाने ?

करामत फ़ातिमा बेगम

भरी महफ़िलमें भी तनहाइयाँ महसूस करती हूँ।
कि दिलमें आजकल वीरानियाँ महसूस करती हूँ॥
कभी वोह दिन थे हासिल थी, मुझे ग़ममें भी इक लज्ज़त।
मसर्रतमें भी अब तो तल्ख़ियाँ महसूस करती हूँ॥
कभी मालूम होता है कि गोया है हरइक ज़र्रा।
कभी हर चारसू ख़ामोशियाँ महसूस करती हूँ॥
वही है गुलशने-हस्ती मगर ऐ हमनशीं! फिर भी।
ख़ुदा जाने कि क्यों बेकैफ़ियाँ महसूस करती हूँ॥
नहीं मालूम क्या दुनिया-ए-दिलमें इनक़लाब आया।
सकूने-क़ल्बकी बरबादियाँ महसूस करती हूँ॥
क़फ़समें घुटके रह जाता है मेरा ज़ौक़े-आज़ादी।
तड़प जाती हूँ जब मजबूरियाँ महसूस करती हूँ॥
हुजूमे-ग़मसे घबराकर निकल आते हैं जब आँसू।
शिकस्ते-ज़ब्तकी रुसवाइयाँ महसूस करती हूँ॥

—आजकल १५ मई १९४६ ई०

श्रीमती ज़ोहरा जमाल

अपने हर तारे-नज़रमें गो उन्हें पाती हूँ मैं।
फिर भी दिलकी उलझनोंमें हाय खो जाती हूँ मैं॥

उनसे यूँ मिलती हूँ, अपने दिलकी ख़िलवतगाहमें ।
जैसे कोई गुमशुदा-सी चीज पा जाती हूँ मैं ॥
उनकी नज़रोंने न जाने चुपके-चुपके क्या किया ?
दिल बहलता ही नहीं, गो लाख बहलाती हूँ मैं ॥

—आजकल १ अप्रेल १९४६ ई०

श्रीमती सरला बर्क़

उसका सानी जमाल मुश्किल है ।
और मेरी मिसाल मुश्किल है ॥

दिलके हाथों है जान आफ़तमें ।
नासमझकी सम्भाल मुश्किल है ॥

लाख मरहम रखे कोई दिलपर ।
ज़ख़्मका अन्दमाल मुश्किल है ॥

अभी नादान है मेरा नासेह ।
कैफ़में एत्तदाल मुश्किल है ॥

हम न कहते थे हज़रते मूसा !
ताबे-बर्क़े-जमाल मुश्किल है ॥

श्रीमती शफ़ीक़ बानो शफ़ीक़

बार-हा मैं अपनी तासीरे-फ़ुग़ाँ देखा किया ।
बार-हा बरहम निज़ामे-दो जहाँ देखा किया ॥

फिर रही थी कल जिन आँखोंमें बहारे-आशियाँ ।
आज उन्हीं आँखोंसे ख़ाके-आशियाँ देखा किया ॥

ऐ 'शफ़ीक़'! हमदर्दिये-उलफ़त कि मैं उसके निसार।
नज़अ़में वोह मेरे मरनेका समा देखा किया॥

—आजकल १५ अक्तूबर १९४५ ई०

श्रीमती ज़ेबा

शबे-महताब जब, उस महलक़ाकी याद आती है।
तका करती हूँ हसरतसे मैं अकसर माहेताबाँको॥
ज़बाने-इश्क़पर 'ज़ेबा' कभी शिकवा नहीं आता।
बुरा किस मुँहसे कहिये और वह भी हुस्ने-जानाँको॥

उम्मतुलरुफ़ नसरी

जहाँपनाह ! यह गुस्ताख़ियाँ हैं मजबूरन।
ख़ता मुआफ़, मुझे आपसे मुहब्बत है॥

तुम्हारी याद बड़ी ख़ुशगवार थी लेकिन—
दिले-हज़ींके लिए तल्ख़ियाँ बढ़ा भी गईं॥

मेरी तनहाइयोंपै ऐ हमदम !
रातभर शमअ़ रोती रहती है॥

तेरी उल्फ़तकी लाज रखती हूँ।
वरना तर्के-वफ़ा तो आसाँ हैं॥

मैं जी तो रही थी हिज्रमें दोस्त !
पर आह ! वोह जिन्दगी नहीं थी॥

अब आपकी मुसकराहटोंमें ।
इक ख़ास महक-सी आगई है ।।

वाह, क्या कैफ़े-तसव्वुर है कि अक्सर हिज्रमें ।
यूँ हुआ महसूस गोया वोह अचानक आ गये ।।

जानती हूँ कि उन्हें मुझसे मुहब्बत है मगर—
जी धड़कता है वोह जब मुझसे जुदा होते हैं ।।

मैं जीत लाई उनकी मुहब्बत ।
ख़ामोश आँसू काम आ गये हैं ।।

तुम भी ख़फ़ा हो, हम भी ख़फ़ा हैं ।
लेकिन यह नजरें क्यों मिल रही हैं ?

तेरा शबाब अपनी मिसाल आप ही रहा ।
फिर कोई ऐसा फ़ितनये-दौरां न उठ सका ।।

कहाँकी तमन्ना, कहाँकी मुहब्बत ?
परीशाँ निगाहीसे मजबूर हैं हम ।।

—निगार अगस्त १९४६ ई०

इक अनोखी-सी बात है ऐ दोस्त !
कैसे मानूँ कि तुमने याद किया ।।

मैंने बेताब होके हाथ बढ़ाये ।
उसने बेताब होके चूम लिये ।।

वोह आख़िरे-शब किसीकी आमद ।
तारे भी फ़लकपै सो गये थे ।।

—निगार मार्च १९४७ ई०

आईना देखकर ख़याल आया।
तुम मुझे बेमिसाल कहते थे ॥

ग़मे-ज़माना भी रखता है एक ख़ास गुदाज़।
शरीक कर लें उसे भी ग़मे-मुहब्बतमें ॥

माज़ीके महल सरामें आओ।
यादोंके हसीं दिये जलायें ॥

अब तेरे बग़ैर ज़िन्दगानी।
बेमायनी-सी बात हो गई है ॥

हम तल्ख़िये-हयातसे आगाह हो गये।
तेरी नज़रने फ़िक्रको संजीदा कर दिया ॥

ठहर-ठहरके किनारे लगा मेरी किश्ती।
कि नाख़ुदा! मेरा दिल डूबता है साहिलपर ॥

अजब नहीं तेरी हलकी-सी मुसकराहटसे।
मेरी हयातका वक़्फ़ा तवील हो जाये ॥

—निगार जून १९४६ ई०

मुशायरा

महफ़िल-मुशाएरा

मुशायरोंका प्रचलन कब और कैसे हुआ और इनकी दाग़बेल डालनेवाला कौन था, यह बता सकनेमें इतिहासके पृष्ठ असमर्थ हैं, किन्तु यह निश्चय पूर्वक कहा जा सकता है कि सुखनगोईका रिवाज अरबमें इसलाम धर्मके पूर्व भी था। मुशायरोंका विकसित, व्यवस्थित और निखरा हुआ रूप जो आज है, भले ही वह तब न हो, परन्तु एक अस्पष्ट-सा मानचित्र अवश्य था, जिसपर वर्त्तमान मुशायरोंका निर्माण हो सका।

मुशायरोंका प्रारम्भिक रूप

इसलामधर्मके पूर्व अरबके क़बाइली, अशिक्षित, एवं जनसाधारण, हाटों, मेलों, त्योहारों, उत्सवों आदिपर जब एकत्र होते तो उनमें शायरीका शौक़ रखनेवाले परस्पर शेर कहते-सुनते थे। कभी यह शेरगोई सीमित व्यक्तियोंमें होती थी, कभी जनसमूहमें होती थी। परस्पर प्रतिद्वन्द्विता चलती थी। एक-दूसरे पर शायरीमें चोट करते थे। एक प्रकारसे यह ग्रामीण तुकबन्दी वाद-विवादका रूप ले लेती थी।

बहुत दिन नहीं गुजरे इसी तरहकी अखाड़े बाज़ी हिन्दी कवित्तोंकी मैंने अपने बचपनमें (१६१०–१६२०) में मथुरा ज़िलेके क़सबों-गाँवोंमें देखी हैं। वहाँ झूलना, लावनी, सवैया आदि कहनेवालोंके बाक़ायदे दल होते थे, जोकि उस दलके उस्तादोंके नामपर अखाड़े कहलाते थे। बा-क़ायदा उस्तादी-शागिर्दी चलती थी। यह अखाड़ेबाज़ी कोई आजीविकाका साधन नहीं थी, अपितु शौक़िया थी। क़सबेमें बारात आई नहीं कि छेड़-छाड़ करनेको बड़े-बूढ़े, युवा-बालक, सभीके जी मचलने लगे। उन दिनों मज़ाक़ करनेका एक आम रिवाज था। बड़े-से-बड़े बारातीको अदना-से-अदना व्यक्ति छेड़ सकता था, परन्तु क्या मजाल कि कोई बुरा मान जाय। यही छेड़-छाड़ कभी-कभी कवित्तगोईका रूप ले लेती थी।

जहाँ किसी एकने परिहासमें कवित्त कह दिया कि सामनेके पक्षको उसका जवाब कवित्तमें देना लाज़िमी हो जाता था, और कवित्तमें एक-दूसरेपर फ़ब्तियाँ कसता था। एक-दूसरेकी बोलती बन्द करनेके लिए कवित्तमें अटपटे, पेचीदा प्रश्नोत्तरोंकी झड़ी लगा देते थे। ग़रज़ हर गिरोह नहले-पर दहला मारनेकी ताकमें रहता था, और इस तरहकी मुक़ाबिलेबाज़ी करनेके लिए अवकाशके समय ख़ूब अभ्यास किया जाता था।

लावनी कहने वालोंके उत्तर प्रदेश तथा देहलीकी तरफ़ कलगीवाले और तुर्रेवाले दो दल बहुत प्रसिद्ध हैं। इनमें परस्पर ख़ूब प्रतिद्वंद्विता चलती है। कभी-कभी बड़े मार्केके मोर्चे जमते हैं। इनमें बहुत-से पेशेवर भी होते हैं। जो बाज़ारों, मेलों, तमाशोंमें चंगपर गाते हुए फिरते हैं और सुननेवालोंसे पैसा एकत्र करते हैं।

अरब या भारतके इन मजमोंको मुशायरा या कवि-सम्मेलन भले ही न कहा जाय, परन्तु नींवकी ईंट तो कहना ही पड़ेगा, क्योंकि इन्हींपर इनका निर्माण हुआ है। जब लिखने-पढ़नेके साधन नहीं थे, तब यही मजमे साहित्यिक अभिरुचिको तृप्त करते थे।

तरही मुशायरोंका प्रचलन सम्भवतः सबसे पहिले ईरानमें ईसाकी दसवीं शताब्दीमें हुआ।

अरबके उन मजमोंमें देहाती जीवनकी झलक होती थी, जन-साधारणके मनोभावोंका प्रतिबिम्ब होता था, और ईरानके इन मुशायरोंमें दरबारी शानो-शौकत होती थी। दरबारसे सम्बन्धित शायर बादशाहोंके कृपा-पात्र बननेके लिए और अधिक-से-अधिक अर्थ झटकनेके लिए बादशाहोंकी खुशामदमें प्रशंसात्मक अतिशयोक्तियोंसे भरे क़सीदे कहते थे। अपने-अपने क़सीदे कहकर ही सन्तोष नहीं करते थे, अपितु एक-दूसरेके क़सीदेको निम्नस्तरका साबित करनेकी धुनमें उन क़सीदोंपर फ़िलबदी क़सीदे भी कहते थे। इसी तरह—ग़ज़लोंपर ग़ज़लें कहते थे। इस तरहके मुशायरे दरबारोंतक ही सीमित थे। जन-साधारणका इनसे कोई सरोकार नहीं था।

भारतमें फ़ारसी मुशायरोंका प्रचलन सोलहवीं शताब्दीमें हुआ। मुग़लिया सल्तनतके पाँव जमनेपर यहाँ ईरानी शायर बहुत बड़ी संख्यामें आने लगे, और उन्हें दिल्ली, बीजापुर, गोलकुण्डा आदि सल्तनतोंमें सम्मानपूर्वक आश्रय मिलने लगा। तत्कालीन-शासकोंका आतिथ्य-सत्कार, उदारता, दान-शीलता और साहित्यिक अभिरुचि ही उनके यहाँ आते रहनेके मुख्य आकर्षण थे। ईरानी शायरोंके आनेपर यहाँ भी फ़ारसीके दरबारी मुशायरे होने लगे।

मुशायरोंका विकसित रूप

मुहम्मद शाही दौर (१८वीं शताब्दी) में जब कि मुग़लिया सल्तनत पतनोन्मुखी थी, मुशायरे अपने चरम विकासपर थे। इस युगमें रेख़्ता (उर्दूका पूर्व नाम) काफ़ी उन्नति कर चुकी थी, और मीर, दर्द, सौदा, सोज़—जैसे उच्च-कोटिके शायर आस्माने-शायरीपर चमक रहे थे। फ़ारसी अब केवल रस्मी रह गई थी। जन-साधारणकी भाषा रेख़्ता हो गई थी। अतः फ़ारसी मुशायरोंके अलावा अब रेख़्तेके मुशायरे भी होने लगे, जो कि फ़ारसी मुशायरोंसे पृथकता एवं भिन्नता दिखानेकी ग़रज़से मुराख़्ते कहलाते थे। इन मुराख़्तोंकी शानो-शौक़त और सजावटका क्या कहना? महीनों पहिलेसे तैयारियाँ होतीं थीं। ऐसे ही एक मुराख़्तेकी क़लमी तसवीर मिर्ज़ा फ़रहतउल्लाबेगने इस प्रकार खींची है—

मुराख़्ते

"चूनेमें अबरक मिलाकर मकानमें क़लई की गई थी। जिसकी वजहसे दरो-दीवार बड़े जगमग-जगमग कर रहे थे। तख़्तोंपर चांदनीका फ़र्श, उस पर क़ालीनोंका हाशिया, पीछे गावतकियोंकी क़तार, झाड़ों, फानूसों, हाँडियों, दीवालगीरियों, क़ुमक़ुमों, चीनी-क़न्दीलों और गिलासोंकी वोह बहुतायत थी कि तमाम मकान बक़िया नूर बन गया था। जो चीज़ थी

ख़ूबसूरत और जो शै थी क़रीनेसे। सामनेकी सफ़के बीचों-बीच छोटा-सा सब्ज़ मख़मलका कारचोबी शामियाना, गंगा-जमुनी चोबों पर सब्ज़ई रेशमी तनावोंसे अस्तादह था। उसके नीचे सब्ज़ मख़मलकी कारचौबी मसनद, पीछे सब्ज़ कारचौबी गावतकिया, चारों चोबोंपर छोटे-छोटे आठ चान्दीके फ़ानूस कसे हुए, फ़ानूसोंके कँवल भी सब्ज़[1]। चोबोंके सुनेहरी कलसोंसे लगाकर नीचे तक मोटे-मोटे मोतियाके गजरे सेहरेकी तरह लटके हुए, बीचकी लड़ियोंको समेटकर कलाबत्तूनी डोरियोंसे (जिनके सिरों पर मुक़्क़ैशके गुच्छे थे) इस तरह चोबोंपर कस दिया गया था कि शामियानेके चारों तरफ़ फूलोंके दरवाज़े बन गये थे। दीवारोंपर जहाँ खूँटियाँ थीं, वहाँ खूँटियों पर और जहाँ खूँटियाँ नहीं थीं, वहाँ कीलें गाड़कर फूलोंके हार लटकाये थे। इस सिरेसे उस सिरेतक सफ़ेद छतगीरी, जिसके हाशिये सब्ज़ थे, खींची हुई थी। छतगीरीके बीचोंबीचमें मोतियोंके हार लटकाकर लड़ियोंको चारों तरफ़ इस तरह खींच दिया था कि फूलोंकी छतरी बन गई थी। एक सहनचीमें पानीका इन्तज़ाम था। कोरे-कोरे घड़े रखे थे और शोरेमें जस्तकी सुराहियाँ लगी हुई थीं। दूसरी सहनचीमें पान बन रहे थे। बावर्चीख़ानेमें हुक़्क़ोंका तमाम सामान सलीक़े-से जमा हुआ था। जा-बजा नौकर साफ़-सुथरा लिबास पहिने दस्तबस्ता मुअदब खड़े थे। तमाम मकान मुश्को-अम्बर और अगरकी खशबूसे पड़ा महक रहा था। क़ालीनोंके सामने थोड़े-थोड़े फ़ासले पर हुक़्क़ोंकी क़तार थी। हुक़्क़े ऐसे साफ़-सुथरे थे कि मालूम होता था अभी दूकानपरसे उठ आये हैं। हुक़्क़ोंके बीचमें जो जगह छूट गई थी, वहाँ छोटी तिपाइयाँ रखकर उनपर ख़ासदान रख दिये थे। ख़ासदानोंमें लालक़न्दकी साफ़ियोंमें लिपटे हुए पान। गिलोरियोंको साफ़ीमें इस तरह जमाया था कि बीचमें एक-एक तह फूलोंकी आ गई थी। ख़ासदानोंके बराबर छोटी-छोटी

---

[1]क्योंकि शाही निशान सब्ज़ था।

किश्तियाँ, उनमें इलायचियाँ, चिकनी डालियाँ। मसनदके सामने चान्दीके दो शमादान, अन्दर काफ़ूरी बत्तियाँ, ऊपर हलके सब्ज़रंगके छोटे कँवल, शमादानके नीचे चान्दीके छोटे लगन, (थाली) लगनोंमें केवड़ा। ग़रज़ क्या कहूँ एक अजीब तमाशा था"।[1]

शुरू-शुरूमें यह मुराख़्ते भी दरबारतक ही सीमित रहे; परन्तु शनैः शनैः सार्वजनिक रूप लेते गये। फ़ारसीके मुशायरे माँद पड़ते गये और मुराख़्ते अब मुशायरे कहे जाने लगे।

दिल्ली उजड़नेके बाद वहाँके शायर लखनऊ, रामपुर, हैदराबाद, अज़ीमाबाद, (पटना) टाँडा, टोंक आदि जिन रियासतोंमें पहुँचे, मुशायरोंकी दाग़बेल डाल दी और इस तरह उर्दू-मुशायरे सर्वत्र होने लगे।

यह मुशायरे साहित्यिक जीवनका एक अंग बन गये। इनको व्यवस्थिति और सुरुचिपूर्ण रूप देनेके लिए क़ायदे-क़ानून भी बनाये गये। उनका उल्लंघन या पूर्णरूपेण पालन न करना असभ्यता एवं बदतमीज़ी समझी जाती थी।

'मीर-मुशायरे' का इन्तख़ाब (अध्यक्षका चुनाव), ग़ज़ल कहनेका सलीक़ा, दाद देनेका तरीक़ा, दाद मिलनेपर शायरके आभार प्रदर्शित करनेका शऊर, श्रोता और शायरोंके बैठनेके स्थान, पहले और बादमें पढ़नेके नियम निश्चित किये गये।

दरबारी मुशायरोंमें मीर मुशायरा स्वयं शासक होता था। पहले वह स्वयं ग़ज़ल पढ़ता था, बादमें अन्य शायर। मीर मुशायरेके संकेतपर चोबदार जिस शायरके सामने शमअ़ रख देता था, वही शायर ग़ज़ल पढ़ता था। जब मुशायरे दरबारकी परिधिसे निकल कर आम हो गये, तब भी किसी शासकको ही मीर मुशायरा बनानेका प्रयत्न किया जाता था। क्योंकि इससे ख्याति प्राप्त शायरों एवं प्रतिष्ठित नागरिकोंको सुगमता

---

[1]आख़िरी शमअ़, पृ० ३१–३३।

पूर्वक मुशायरेके लिए आकर्षित किया जा सकता था। जैसे कि वर्त्तमानमें किसी भी समारोहका अध्यक्ष एवं उद्घाटन कर्त्ता किसी मिनिस्टरको ही बनाया जाता है, चाहे उसे उस समारोहके उद्देश्यसे दूरका भी वास्ता न हो, और सचमुच मिनिस्टरोंके कारण समारोह सफल भी होते हैं। इच्छित विद्वानों, प्रतिष्ठित व्यक्तियों, अफ़सरोंका सहयोग तो मिलता ही है, अर्थ-संचय भी सुगमतासे हो जाता है। जब प्रजातन्त्रकालमें यह स्थिति है, तब वह तो सामन्ती युग था। प्रायः सभी अच्छे शायर दरबारसे सम्बन्धित होते थे, प्रतिष्ठित नागरिकोंका भी कुछ-न-कुछ दरबारसे वास्ता होता था और स्वयं शासक शायर, अथवा शायर-नवाज़ होते थे। अतः उनको मीर-मुशायरा बनानेका प्रयत्न स्वाभाविक था। श्रोताओं और शायरोंके यथा स्थान बैठ जानेके बाद मीर-मुशायरा तशरीफ़ लाते थे। एक देहलवी मुशायरेके मीर मुशायरा मिर्ज़ा फ़तहउलमुल्क उर्फ़ मिर्ज़ा फ़ख़रू युवराज थे। उनकी तशरीफ़ आवरीका चित्र मिर्ज़ा फ़रहतउल्लाबेगने इस प्रकार खींचा है—

"हवादारसे उनका नीचे क़दम रखना था कि सब सरोक़द खड़े हो गये। चार चोबदार सब्ज़ खिड़कीदार पगड़ियाँ बान्धे, नीची-नीची सब्ज़ बानातकी अचकनें पहने, सुर्ख़शाली रूमाल कमरसे लपेटे, हाथोंमें गंगा-जमुनी असा और मोरछल लिये हुए हवादारके पीछे थे। उधर मिर्ज़ा फ़ख़रूने फ़र्शपर क़दम रखा। उधर असाबरदार तो उनके सामने आ गये और मोरछलबरदार पीछे हो लिये। इस सिलसिलेमें यह जुलूस आहिस्ता-आहिस्ता शामियाने तक आया। मिर्ज़ा फ़ख़रूने शामियानेके क़रीब खड़े होकर सबका सलाम लिया। फिर चारों तरफ़ नज़र डालकर कहा "इजाज़त है।" सबने कहा—"बिस्मिल्लाह-बिस्मिल्लाह" इजाज़त पाकर यह शामियानेमें गये और सबको सलाम करके बैठ गये। दूसरे सब लोग बैठनेकी इजाज़तके इन्तज़ारमें खड़े थे। उन सबकी तरफ़ नज़र डालकर कहा—"तशरीफ़ रखिये, तशरीफ़ रखिये।" सब लोग सलाम करके

अपनी-अपनी जगह बैठ गये।......मोरछल बरदार शामियानेके पीछे और असाबरदार सामनेकी सफ़की पुश्तपर जा खड़े हुए।.... "मीर मुशायरेका इशारा पाते ही दोनों चोवदारोंने बा-आवाज़ बुलन्द कहा—"हज़रत मुशायरा शुरू होता है।"[1]

मुशायरेके अध्यक्ष यदि स्वयं बादशाह या नव्वाब होते तो पहले वह स्वयं ग़ज़ल पढ़ते फिर क्रमशः शायर पढ़ते। यदि किसी सार्वजनिक मुशायरेमें बादशाह शिरकत न फ़रमाते और प्रबन्धकोंके आग्रहपर ग़ज़ल भेजना मंज़ूर कर लेते तो मुशायरेके प्रारम्भमें किसी ख़ुश गुलूसे बादशाहकी ग़ज़ल पढ़वाई जाती, फिर मीर मुशायरा अपनी ग़ज़ल पढ़ते, फिर बारी-बारीसे जिस शायरके आगे शमअ़ रखी जाती, वह पढ़ता था। शायरोंके पढ़नेका ढंग और अन्दाज़े-बयान अपना-अपना होता था। मगर कुछ शायर ऐसे भी होते थे, जो पढ़नेके साथ हाव-भाव भी व्यक्त करते थे। एक बानगी देखिये—

"शमअ़ सरक कर लाला बालमुकुन्द 'हुज़ूर' के सामने आई। यह ज़ातके खत्री और ख्वाजा मीर 'दर्द' के शागिर्द हैं। कोई ७०–८० बरसका सिन है। सफ़ेद नूरानी चेहरा, उस पर सफ़ेद लिबास, बग़लमें अँगोछा, कंधोंपर सफ़ेद काश्मीरी रूमाल। बस जी चाहता था कि उनको देखे ही जाइये। शमअ़ सामने आई तो उन्होंने उज्र किया कि—"मैं अब सुनानेके क़ाबिल नहीं रहा। सुननेके क़ाबिल रह गया हूँ।" जब सभोंने इसरार किया तो उन्होंने यह क़िता पढ़ा—

न पाँवोंमें जुम्बिश, न हाथोंमें ताक़त।
जो उठ खींचें दामन हम उस दिलरुबाका॥
सरे-राह बैठे हैं और यह सदा है।
कि अल्लाहवाली हैं वे दस्तो-पाका॥

---

[1]आख़िरी शमअ़, पृ० ४२–४३।

क़िता इस तरह पढ़ा कि ख़ुद तसवीर हो गये। 'न पाँवोंमें ताक़त' कहते हुए उठे, मगर पाँवने यारी न की, लड़खड़ाकर बैठ गये। 'न हाथोंमें ताक़त' कहकर हाथ उठाये, मगर ज़ोफ़से वह भी कुछ यूँही उठकर रह गये। दूसरा मिसरा ज़रा तेज़ पढ़ा। तीसरा मिसरा पढ़ते वक़्त इस तरह बैठ गये, जैसे कोई बे-दस्तो-पा सरे-राह बैठकर सदा लगाता है और एक दफ़ा ही दोनों आँखोंको आसमानकी तरफ़ उठाकर जो चौथा मिसरा पढ़ा तो यह मालूम होता था, गोया सारी मजलिसपर जादू कर दिया। हरेकके मुँहसे तारीफ़के बजाय बे साख़्ता यही निकल गया कि "अल्लाह वाली है बे दस्तो-पाका।"[१]

अच्छा शेर पढ़े जाने पर आम तौरपर श्रोताओंमेंसे 'वाह-वा, सुब्हान अल्लाह, मरहबा' आदिका शोर बुलन्द होता ही था। मगर शायर भी अपने ढंगसे दाद देते थे। इस तरहके दाद देनेके ढंगकी एक ख़याली तसवीर बाबा-ए-उर्दू अल्लामा पं० दत्तात्रिय 'कैफ़ी'ने यूँ खींची है—

"शमअ़ इन्शाके सामने रखी जाती है। इंन्शा ग़ज़ल पढ़ते हैं—"

कमर बान्धे हुए चलनेको याँ सब यार बैठे हैं।
बहुत आगे गये, बाक़ी जो हैं तैयार बैठे हैं॥

सौदा—क्या मतला कहा है?
मीर—लफ़्ज़ हैं कि तीरो-नश्तर।
दर्द—सैयद इन्शा इसकी दाद है छाती कूटना।
मुसहफ़ी—वाह क्या हमागीर तबीयत पाई है। क्या दर्दभरा मतला कहा है।
नसीम—बे पनाह मतला हुआ है।
नासिख़—वल्लाह दिल भरा आता है।
ज़ौक़—दो मिसरे हैं कि दुधारा तेग़ा, दिलमें खुबा जाता है।
ग़ालिब—लुत्फ़ यह कि हुस्ने-अदा कितनी नुदरत लिये हुए है।

---

[१]आख़िरी शमअ़, पृ० ७१।

इन्शा— न छेड़ ऐ निकहते-बादे-बहारी राह लग अपनी।
तुझे अठखेलियाँ सूझी हैं हम बेज़ार बैठे हैं॥

मीर—"शेर है कि दुगाड़ा। अब ऐसा शेर और न पढ़ना, वरना एक-आध जनाज़ा आज मुशायरेसे उठेगा।"[1]

इन उर्दूके मुशायरोंका प्रारम्भ भी दरबारोंसे हुआ था। अतः इनमें भी वे सब दोष आ गये जो फ़ारसी मुशायरोंमें थे। प्रतिद्वन्द्वीको नीचा दिखानेके लिए उस्ताद अपने शिष्योंके दलके साथ आते। ये शिष्य प्रतिद्वन्द्वीके पढ़नेपर फ़ब्तियाँ कसते, नुक्ताचीनी करते, व्याकरणकी भूल निकालते, शेरमें कहे हुए भावोंके लिए प्रमाण माँगते और अपने पक्षके शायरके ग़ज़ल पढ़नेपर खूब-खूब दाद देते। कौन कहाँ बैठे और कौन पहिले या बादमें पढ़े, इस पर भी ऐतराज़ उठते। परिणामस्वरूप यह मुशायरे साहित्यिक गोष्ठी न रहकर पहलवानी अखाड़े बन गये।

'सौदा' जिससे नाराज़ हो जाते, भरी महफ़िलमें उसकी हिजो कह डालते। 'आतिश'-ओ-'नासिख', 'मुसहफ़ी'-ओ-'इन्शा', 'जुरअत'-ओ 'करेला' भाण्डके वाद-विवादोंने जो घिनावना रूप ले लिया था, उसीसे खीझकर 'मुसहफ़ी' ने तत्कालीन मुशायरोंके बारे में कहा था—

बज़्मे-शुअ़रा है या यह मुर्ग़ियोंकी पाली है

इन झगड़ोंके कारण बहुत-से लोगोंकी तो मुशायरे करानेकी हिम्मत ही न होती थी और जो साहब अपने यहाँ नियमित[2] मुशायरे कराते थे, उनमें-से भी अक्सर स्थगित करनेको बाध्य हो जाते थे। भले आदमी इन मुशायरोंमें जानेसे घबराते थे। एक साहब हकीम 'मोमिन'को मुशायरेका निमंत्रण देने गये तो 'मोमिन' बोले—"बस साहब मुझे तो मुआफ़ ही कीजिये। अब देहलीके मुशायरे शरीफ़ोंके जानेके क़ाबिल नहीं रहे। एक साहब हैं,

---

[1] तमसीली मुशायरा, पृ० ४६–४७।

[2] कोई साप्ताहिक, कोई मासिक, कोई छमाही मुशायरे कराते थे।

वह अपनी उम्मत (अनुयायियों, शिष्यों) को लेकर चढ़ आते हैं। शेर समझनेकी तो किसीको तमीज़ नहीं, मुफ़्तमें वाह, वाह, सुब्हान अल्लाहका गुल मचाकर तबीयतको मुन्नग़िज़ (अप्रसन्न) कर देते हैं। दूसरे साहब हैं, वोह हुदहुद (शिष्यका उपनाम) को साथ लिये फिरते हैं, और ख़्वाम-ख़्वाह उस्तादोंपर हमले कराते हैं। ख़ुद तो मैदानमें आते नहीं और अपने ना अहल (मूर्ख) पट्ठोंको मुक़ाबिलेमें लाते हैं। ......भई मैंने तो इसी वजहसे मुशायरोंमें जाना ही तर्क कर दिया है।"[1] बाज़-बाज़ शायर तो अपने साथ बटेरें भी लाते थे। मिर्ज़ा फ़रहतउल्लाबेग एक मुशायरेके बारेमें लिखते हुए फ़रमाते हैं—

"एक चीज़ जो मुझे अजीब मालूम हुई, वोह यह थी कि क़िले वाले (शाहज़ादे वग़ैरह) जितने आये थे, सबके हाथोंमें बटेरें दबी हुई थीं। यह बटेरबाज़ी और मुर्ग़बाज़ीका मर्ज़ क़िलेमें बहुत है। रोज़ाना तीतरों, बटेरों और मुर्ग़ोंकी पालियाँ होती हैं। एक शाहज़ादे साहबने तो कमाल किया है। एक बड़े छकड़े पर ठाठर लगाकर छोटा-सा घर बना लिया है और ऊपर छतपर मिट्टी डालकर कँगनी बो दी है। ठाठरमें ख़ुदा झूठ न बुलाये तो लाखों ही पिदड़ियाँ हैं। जहाँ चाहा छकड़ा ले गये और पिद-ड़ियाँ उड़ादीं। ऐसी सधी हुई हैं कि झल्लड़से एक भी फटकर नहीं जाती। उन्होंने झण्डी हिलाई और वोह उड़ीं, उन्होंने आवाज दी और वोह छतपर आकर बैठ गईं।"[2]

मुशायरा प्रारम्भ होनेपर यह बटेरें थैलियोंमें बन्द कर दी जाती थीं।

कुछ मुशायरे बहुत व्यवस्थित और अनुशासनपूर्ण होते थे। बड़े-से-बड़ा आदमी नियम भंग करनेका साहस नहीं कर सकता था। देहलीके प्रसिद्ध सूफ़ी शायर ख़्वाजा 'दर्द' के यहाँ पाक्षिक मुशायरे हुआ करते थे।

---

[1] आख़िरी शमअ, पृ० २६।

[2] आख़िरी शमअ, पृ० ४२।

शाह आलम भी उसमें शरीक होनेकी अभिलाषा रखते थे। मगर आप टालते ही रहे। बड़े आदमियोंके स्वागत-सत्कारमें जो कष्ट और ज़िल्लतें उठानी पड़ती हैं, शायद इसीका ख्याल करके ख्वाजा दर्दने अपनी आध्यात्मिक शान्तिमें बिघ्न न डालनेकी ग़रजसे उन्हें न बुलाना चाहा होगा। फिर भी एक रोज़ सूचित किये बिना ही बादशाह मुशायरेमें तशरीफ़ ले आये। तशरीफ़ जब ले ही आये तो जहाँ उचित स्थान मिला, बैठ गये। संयोगकी बात पाँवमें दर्द होनेके कारण बादशाहने पाँव फैला दिये। ख्वाजा साहबको यह अच्छा न लगा। बोले—"महफ़िलमें पाँव पसारकर बैठना तहज़ीबके खिलाफ़ है।" बादशाहने अपने दर्दकी कैफ़ियत बताकर मग्राज़रत चाही तो ख्वाजा साहबने जवाब दिया कि अगर पाँवमें दर्द था तो यहाँ आनेकी आपने तकलीफ़ ही क्यों की।"[1]

इन मुशायरोंसे उर्दूका खूब प्रसार हुआ। वह कोने-कोनेमें पहुँच गई। ज़बान निखरती गई, मुहावरे खरादपर चढ़कर चमकते गये। भावों और उदाहरणोंसे उर्दूका कोश भरता गया।

लाभके साथ हानि भी हुई। उस हानिके निम्न कारण थे—

१—कोई भी शायर उर्दूका पूर्णरूपेण ज्ञान प्राप्त किये बग़ैर और उस्तादको दिखाये बग़ैर मुशायरेमें ग़ज़ल नहीं पढ़ सकता था। इससे उर्दूका क्षेत्र सीमित होने लगा।

२—विरोधियोंकी कटु आलोचनाओंके भयसे अक्सर शायर नवीन भावों–उदाहरणोंको शेरमें समोते हुए झिझकते थे और वही पुराने सुने-सुनाये विचारोंकी पुनरावृत्ति करते रहते थे।

३—शब्दोंके बाह्य सौन्दर्य और उसके ज़ाहिरा रख-रखावपर दाद अधिक मिलती थी।

४—शायराना करतब दिखानेके लिए बड़े ऊट-पटाँग, अजीबो-

---

[1]आबे-हयातके लतीफ़े, पृ० २२।

ग़रीब बेमायने मिसरे तरह दिये जाते थे। जिनपर कई-कई ग़ज़लें लिखी जाती थीं। भला बताइये इस तरहके मश्क़े-सुख़नसे उर्दू-शायरीका क्या महत्व बढ़ सकता था—

बुलबुल चमनसे रूठके बैठी है ठुंठ पर

न उड़ा सकता है मुँहकी न बग़लकी मक्खी

अयाँ हो नैरंगिये-दिगरसे फ़लक पै बिजली, जमी पै बाराँ

हुआ रंगी चमन सारा अहा-हा-हा, अहा, हा-हा

जमी ठंडी, हवा ठंडी, मकाँ ठंडा, चमन ठंडा

१८५७ ई० के विप्लवके बाद ग़ज़लके साथ-साथ मुशायरोंकी भी मुख़ालफ़त प्रारम्भ हुई। एक ही मिसरे तरहपर सैकड़ों शायरोंकी

मुनाज़मे

प्रायः एक-से भावों-विचारोंकी ग़ज़लें सुनते-सुनते लोग ऊब-से गये थे। अतः लाहौरमें १५ अगस्त १८६७ ई० को 'अंजुमने-उर्दू'की स्थापना की गई। जिसमें नज़्मों, भाषणों, और निबंधोंके पढ़नेका रिवाज डाला गया। नज़्मोंकी महफ़िलोंको मुनाज़मा कहा जाता था। इन मुनाज़मोंके लिए पहिलेसे शीर्षक निश्चित कर दिये जाते थे, जिनपर शायर नज़्म लिखकर लाते और मुनाज़मोंमें पढ़ते थे। इस प्रकार शायरीको जीवनके समीप-से-समीप लानेका प्रयत्न किया जाता था। लेकिन यह क्रम अधिक दिन नहीं चल सका और यहाँ भी नज़्म शीर्षकके साथ ग़ज़लोंके लिए मिसरा तरह दिया जाने लगा और यह भी आम मुशायरे-जैसी चीज़ बनकर रह गई।

मुद्रणका प्रसार होनेपर मुशायरे तहरीरी भी होने लगे। पत्र-सम्पादक कोई मिसरा तरह देकर उसपर ग़ज़ल भेजनेको अच्छे-अच्छे शायरोंको आमंत्रण करता था और ग़ज़लें आनेपर पत्रमें प्रकाशित करता था। इन लिखित मुशायरोंसे उर्दूको बहुत लाभ पहुँचा। न तो इन लिखित मुशायरोंमें महफ़िली मुशायरोंकी व्यवस्थाकी परेशानी रही और न पारस्परिक कलहका भय। एक ही जगह भिन्न-भिन्न शायरोंका कलाम सुलभ होनेसे जनताकी रुचि परिष्कृत हुई। अच्छे-बुरे समझनेका शऊर आया। जो अच्छे शायर अच्छा न पढ़ सकनेके कारण बाज़ घटिया शायरोंके आगे उनकी गलेबाज़ीकी वजहसे माँद पड़ जाते थे, अब पूरे आबो-ताबके साथ चमके। जनतामें शायरीकी तरफ़ सही, वास्तविक रुचि उत्पन्न हुई। इसप्रकारके मुशायरे बाज़ उर्दू-पत्र अब भी कराते रहते हैं। 'शायर' का १९५० का मुशायरा नम्बर हमारे सामने है।

तहरीरी मुशायरे

इन्हीं अँधेरोंसे बज़्मे-गीतीको एक दिन रोशनी मिलेगी

मिसरा तरह पर ४ शायरोंकी नज़्में और १०६ शायरोंकी ग़ज़लें १५२ पृष्ठोंमें मुद्रित हैं। यहाँ हम बतौर नमूना कुछ ख्यातिप्राप्त शायरोंकी नज़्में और ग़ज़लोंके अपनी पसन्दके चन्द अशआर हर रंगके बहुत-बहुत शुक्रियेके साथ 'शायर' से उद्धृत कर रहे हैं।[1]

मुशायरेके इन चुने हुए अशआरसे पाठकोंको विदित हो सकेगा कि एक ही मिसरा तरहपर शायर अपने भाव किस तरह व्यक्त करते हैं। साथ ही पुरानी शायरी और आजकी शायरीमें कितना महान अन्तर आगया है, यह भी जान सकेंगे। पुरानी और नई शायरीपर तुलनात्मक अध्ययन हम विस्तारसे सिंहावलोकनमें दे रहे हैं।

[1]अल्लामा सीमाब अकबराबादी द्वारा स्थापित और हज़रत एजाज़ सद्दीक़ी द्वारा सम्पादित। पहले आगरेसे प्रकाशित होता था, अब बम्बईसे प्रकाशित होता है।

नज़्मोंके चन्द अशआर

ऐ असरे-नौके शाइर !

ख़बर भी है असरे-नौके शायर[१] कि ज़ीस्त[२] है एक जुर्मे-संगी[३] ।
यह जुर्मकी शमअ्[४] जब बुझेगी तो दौलते-रोशनी[५] मिलेगी ॥

रुबाब[६] जब बे सदा[७] बनेगा तो राग गूँजेंगे ज़ेरे-गरदूँ[८] ।
कलीम[९] जब ज़ेरे-ख़ाक होगा, कलामको बरतरी[१०] मिलेगी ॥

किसीको इसमें नहीं है घाटा, अदबका[११] है 'जोश' नक़्द सौदा ।
गड़ा तो पैग़म्बरी मिलेगी, सड़ा तो फिर दावरी[१२] मिलेगी ॥

—जोश मलीहाबादी

एक महाजरीन[१३] दोस्तसे

तेरी ग़रीबीका क्या मदावा[१४] कि तू है अहसासका[१५] सताया ।
रहा अगर तेरा ज़हन[१६] मुफ़लिस तो हर जगह मुफ़लिसी मिलेगी ॥
ख़ला-ए-ज़हनीको[१७] अपने पुर कर[१८], नहीं तो जीना भी होगा दूभर ।
यह जेबे-फ़ितरत[१९] रही जो ख़ाली तो सारी दुनिया तही[२०] मिलेगी ॥
वतनको तू छोड़ दे मगर, क्या, ग़मे-वतन तुझको छोड़ देगा ?
वोह साज़की[२१] हो, कि मतरुबाकी[२२] हरइक सदा दुख भरी मिलेगी ॥
वहाँ जो अहलेवतन मिलेंगे तो वोह भी तसवीरे-ग़म मिलेंगे ।
अदा-अदा ग़मज़दा मिलेगी, नज़र-नज़र शबनमी[२३] मिलेगी ॥

---

[१]नवयुगके कवि; [२]ज़िन्दगी; [३]महान अपराध; [४]दीपक; [५]प्रकाश-धन; [६]सरोद; [७]बेआवाज़; [८]आकाशके नीचे; [९]शायर, लेखक; [१०]श्रेष्टता; [११]साहित्यका; [१२]जन्नतकी न्यायाधीशी; [१३]देश छोड़ने-वाले (पुरुषार्थी); [१४]उपाय, इलाज; [१५]घटिया मनोवृत्तिका; [१६]मनोभाव; [१७]मानसिक गड्ढेको; [१८]भर; [१९]मनकी जेब; [२०]ख़ाली; [२१]वाद्यकी; [२२]संगीतज्ञकी; [२३]भीगी हुई ।

यहाँका जब तज़करा छिड़ेगा, तो उन फ़िज़ाओंमें[1] दम घुटेगा।
बुझी-बुझी होगी शमअ् दिलकी, धुआँ-धुआँ ज़िन्दगी मिलेगी॥
न कर मुझे मौतके हवाले, वतनसे ऐ दूर जानेवाले!
यहाँ तड़पती हैं आज लाशें, यहींपै कल ज़िन्दगी मिलेगी॥
यह ज़र्द पत्ते सिमट-सिमटकर समेट ही लेंगे अपने बिस्तर।
चमन सलामत, बहार इक दिन तवाफ़[2] करती हुई मिलेगी॥
नया ज़माना, नया सबेरा, नई-नई रोशनी मिलेगी।
यह रात जब ले चुकेगी हिचकी हयात[3] इक दूसरी मिलेगी॥

—नज़ीर बनारसी

मंज़िलतक

अभी तो गीतीकी[4] ज़ुल्फ़े-पेचाँको और भी बरहमी[5] मिलेगी।
अभी तो इन्सानियतको हमदम! कुछ और शरमिन्दगी मिलेगी॥
अभी तो दामनपै आदमीयतके और धब्बे हैं पड़नेवाले।
अभी हयाते-बशरके[6] होंटोंको और भी तिश्नगी[7] मिलेगी॥
ख़लूस[8] सोयेगा और कुछ दिन अभी तो मुँह ढाँपकर कफ़नसे।
अभी तो महरो-वफ़ाके[9] जज़बेको[10] हर घड़ी मौत ही मिलेगी॥
अभी तो चेहरोंपै और उभरेंगी ग़मकी पुरहौल झाइयाँ-सी।
अभी जबीनोंपै[11] अहले-गुलशनके और भी बेबसी मिलेगी॥
कुछ और ख़ूने-जिगरसे गुलकारियाँ-सी होंगी हर आस्तींपर।
अभी कुछ और आँख हर बशरकी इसी तरह शबनमी[12] मिलेगी॥

---

[1]वातावरणमें; [2]प्रदक्षिणा; [3]ज़िन्दगी; [4]संसाररूपी प्रेयसीकी; [5]परेशानी; [6]मनुष्यजीवनके; [7]पिपासा; [8]स्नेह, मित्रता; [9]नेकी-भलाईकी; [10]भावनाओंको; [11]मस्तकोंपै; [12]भीगी हुई।

इन्हीं मसाइबकी[१] गोदमें पल रही हैं 'नाज़िश' मसर्रतें[२] भी।
इसी जहन्नुमकदेसे[३] इक रोज़ राह फ़रदौसकी[४] मिलेगी॥

—नाज़िश परतापगढ़ी

ग़ज़लोंके चन्द अशआर

फ़सुर्दगीकी[५] तहोंमें बाक़ी हरारते-ज़िन्दगी मिलेगी।
निगाहने दूरतक कुरेदा तो आग दिलमें दबी मिलेगी॥
हयाते-ताज़ापै[६] मरनेवाले! हयाते-ताज़ा है मौत ही से।
यह ज़िन्दगी पहले ख़त्म करले, तो फिर नई ज़िन्दगी मिलेगी॥
न भूल ऐ तारके-मुहब्बत[७]! कि तर्के-उल्फ़त भी इक ख़लिश है[८]।
जो फाँस तूने निकाल दी है, वोह फाँस दिलमें लगी मिलेगी॥
ज़रा-सी ख़ातिर शिकस्तगीकी[९] नहीं है बरदाश्त आदमीको।
कलीको वक़्ते-शिकस्त देखो तो मुसकराती हुई मिलेगी॥

—सीमाब अकबराबादी

वोह आप आयेंगे वक़्ते-आख़िर इजाज़ते-दीद[१०] भी मिलेगी।
किसे ख़बर थी कि मौत ही में हलावते-ज़िन्दगी[११] मिलेगी॥
तलाशकी हद तो ख़त्म कर दे, हसूले-मक़सदकी फ़िक्र क्या है?
जहाँ क़दम लड़खड़ाये थककर वहीं यह दौलत पड़ी मिलेगी॥
कमरको कसले तो मुन्तज़िर बन,[१२] कि जिसदम होगी तलब[१३] अचानक।
न वक़्फ़ा[१४] इक साँसका रहेगा, न फ़ुरसत इक बातकी मिलेगी॥

---

[१]मुसीबतोंकी; [२]ख़ुशियाँ; [३]नरकसे; [४]स्वर्गमार्गकी; [५]मुर्झाहटकी; [६]नवजीवनपै; [७]प्रेम-त्यागी; [८]चुभन; [९]पराजयताकी; [१०]दर्शनोंकी आज्ञा; [११]जीवन-मिठास; [१२]प्रतीक्षा करनेवाला; [१३]बुलाहट; [१४]अन्तर।

सम्भलके रह, है जो रिन्दे-मशरब,[1] हवास खोये तो खो दिया सब ।
न होगा लुत्फ़े-खुदी[2] हीं हासिल, न लज्ज़ते-बेख़ुदी[3] मिलेगी ।।
कठिन मुहब्बतकी मंज़िलें हैं और आगे बढ़ना है बे सहारे ।
जब 'आरज़ू' आप मिट चुकेंगे तो आरज़ूए-दिली[4] मिलेगी ।।

—आरज़ू लखनवी

अज़ीज़[5] जब होगा बाग़बाँको चमनका हर गुल हर आशियाना ।
उरूस[6] जैसे हो एक शबकी[7] बहार ऐसी सजी मिलेगी ।।
ज़मीरे-शबसे[8] तुलूअ[9] होगा इक आफ़ताबे-निज़ामे-ताज़ा[10] ।
नई नवेली सहरकी[11] किरनोंसे खेलती ज़िन्दगी मिलेगी ।।
बजाए हुब्बेवतन है बाहम चलन बग़ावत कि दुश्मनीका ।
यही जो पायाने-हुर्रियत[12] है, तो ख़ाक आसूदगी[13] मिलेगी ।।
बुने हैं नफ़रतने जाल क्या-क्या, फ़रेबो-मकरो-दग़ा-ओ-शरके ।
यह जिनके गुन हैं, यह उनके दावे कि जल्द ही शान्ति मिलेगी ।।
जो नेकियाँ हैं शिकस्तख़ुरदा[14] तो सरनगूँ रास्तीका परचम[15] ।
यही जो नक़्शा है, आदमीयत कफ़नमें लिपटी हुई मिलेगी ।।
यही जो हैं दुन्द ख़्वाहिशोंका यही जो है गन्दगीकी पूजा ।
मुहज़्ज़ब[16] इन्साँकी वहशियोंसे कड़ी-कड़ीसे जुड़ी मिलेगी ।।

—असर लखनवी

निशाने-सोज़े-दरूँ[17] हमारा, मिटा नहीं है न मिट सकेगा ।
अगर्चे दिल जलके रह गया है, कुछ आग फिर भी दबी मिलेगी ।।

—वहशत कलकतवी

---

[1]सच्चा मद्यप; [2]अहम-आनन्द; [3]आत्मलीनताका सुख; [4]हृदयाभिलाषा; [5]प्रिय; [6]दुल्हन; [7]रातकी; [8]अन्तःकरण रूपी रात्रिसे; [9]उदय; [10]नव-व्यवस्था-सूर्य; [11]प्रातःकालकी; [12]स्वतन्त्रताकी सीमा; [13]सुख-शान्ति; [14]पराजित; [15]भलाईकी ध्वजा झुकी हुई; [16]भद्र पुरुषोंकी; [17]अन्तरंग आग ।

नक़ाब रुख़से उठायेंगे वोह, ज़रूर महशरमें आयेंगे वोह।
मगर इसे पहले सोच लूँ मैं, इजाज़ते-दीद[1] भी मिलेगी॥

—नूह नारवी

अगर मैं नाकामे-दीद मर जाऊँ अपने कूचेमें ढूँढ़ लेना।
वहीं कहीं ख़ाको-ख़ूँमें ग़लताँ[2] मेरी तमन्ना पड़ी मिलेगी॥
ब-होश-ह-वास ऐ मुसाफ़िरे-राहे-ज़िन्दगी! यह वोह रास्ता है।
जहाँ तुझे रहबरीकी[3] सूरतमें जा-बजा रहज़नी[4] मिलेगी॥

—मानी जायसी

ख़ुदाकी रहमतको पारसा अब, अज़ाबे-दोज़ख़ समझ रहे हैं।
उन्हें गुमाँतक न था कि जन्नत गुनाहगारोंको भी मिलेगी॥

—जोश मलसियानी

चराग़े-सजदा जलाके देखो, है बुतकदा दफ़्न ज़ेरे-काबा[5]।
हदूदे-इसलाम ही के अन्दर यह सरहदे-काफ़िरी मिलेगी॥
हदूदे-दैरो-हरमसे हटकर झुका जबींने-नियाज़ अपनी।
ग़रज़से जब बेनियाज़ होगा, तो उजरते-बन्दगी मिलेगी॥
है जौरे-सैयादका ही सदक़ा चमनकी हंगामा आफ़रीनी।
तबाहियाँ जिस जगहपै होंगी वहीं कहीं ज़िन्दगी मिलेगी॥

—सिराज लखनवी

न ख़ौफ़े-तूफ़ाँ न शौक़े-साहिल ख़ुशामदें नाख़ुदा करें क्यों।
जो इन थपेड़ोंको सह गये हम तो ख़ुद नई ज़िन्दगी मिलेगी॥

—महवी लखनवी

---

[1]देखनेकी आज्ञा; [2]सनी हुई; [3]पथ-प्रदर्शकी; [4]डाकेज़नी; [5]जहाँ पहले मूर्तियाँ थीं, उन्हींको तोड़कर वहीं काबा बना था, उसी ओर संकेत है।

जो राज आज़ादिए-वतनमें निहाँ था कौन उसको जानता था।
कि इक तरफ़ ख़्वाजगी[1] मिलेगी तो इक तरफ़ बन्दगी[2] मिलेगी ॥
यही हैं जमहूरियतके[3] मानी तो फिर ग़ुलामीका क्या गिला है।
किसीको ग़म होगा और किसीको मसर्रते-दायमी[4] मिलेगी ॥
जो मुल्कमें इनक़लाब आया, तो क़त्लो-ग़ारतके साथ आया।
समझ रहे थे समझनेवाले, कि इक नई जिन्दगी मिलेगी ॥

—सरीर काबरी मीनाई गयावी

किसे गुमाँ[5] था कि जुअ़्मे-ख़ालिक़के बावजूद[6] आदमे-हज़ींको[7]।
न इशरते-ख़्वाजगी[8] मिलेगी, न लज़्ज़ते-बन्दगी मिलेगी ॥
अभी कहाँ आदमीकी मंज़िल, अभी तो ख़ुद आदमी ही गुम है।
यह अहदे-हाज़िर तबाह हो ले, तो मंज़िले-आदमी मिलेगी ॥
ख़िरदको[9] अपनी जुनूँ बनाकर जो जिन्दगीको ख़िराज[10] देगा।
यहाँ उसी साहबे-ख़िरदको जुनूँकी पैग़म्बरी मिलेगी ॥
यह ना उम्मीदी यह बे यक़ीनी, यक़ीनो-उम्मीदकी झलक हैं।
इन्हीं अँधेरोंको पार करके यक़ीनकी रोशनी मिलेगी ॥
हज़ार हो राख क़ल्बे-'साग़र' मगर इसी राखमें है जौहर।
तलाश जब अहले-दिल करेंगे, शररकी[11] दुनिया दबी मिलेगी ॥

—साग़र निज़ामी

सुना है दीवानगाने-उलफ़तको[12] दादे-आशुफ़्तगी[13] मिलेगी।
अगर यह सच है तो जुल्फ़ेगीतीको[14] और कुछ बरहमी[15] मिलेगी ॥

---

[1]पूज्यता (नेतागिरी); [2]ग़ुलामी (सर झुकानेकी मजबूरी); [3]प्रजातन्त्रताके; [4]स्थाई सुख; [5]विश्वास, ख़याल; [6]ईश्वरके भरोसेके होनेपर भी; [7]ग़मगीन आदमीको; [8]आदरका सुख, मालिकाना आनन्द; [9]अक़्लको; [10]कर, टैक्स; [11]चिनगारियोंकी; [12]प्रेमोन्मत्तोंको; [13]परेशानियोंकी दाद, प्रशंसा; [14]संसाररूपी प्रेयसीकी जुल्फ़ोंको; [15]परेशानी।

ग़रूबे-ख़ुरशैदपर[1] रहेगा फ़रोग़े-शबका[2] मदार[3] कबतक ?
यह सोचता हूँ कि इन सितारोंको कब नई ज़िन्दगी मिलेगी ॥
वोह सुबहे-जन्नत कि जिसने ज़ाहिदको दीनो-दुनियासे खो दिया है।
कहीं मिलेगी तो मैकदेका तवाफ़[4] करती हुई मिलेगी ॥
यही नशेमन तिरी निगाहोंको जिसने महदूद कर दिया है।
इसी नशेमनके आईनेमें क़फ़सकी तसवीर भी मिलेगी ॥
कहाँ-कहाँ हमसफ़र रहे हम, वही है बेगानगीका आलम।
किसे ख़बर थी कि हर तमन्ना, ब-सूरते-अजनबी मिलेगी ॥
ग़रज़-परस्तोंकी दोस्तीके फ़रेब सब खुल चुके हैं लेकिन।
'रविश' यह दुनिया क़दम-क़दमपर ख़लूसकी[5] मुद्दई मिलेगी ॥
—रविश सद्दीक़ी

इस अंजुमनमें शरीक होनेसे पहले ही मैं यह जानता था।
नवाज़िशें दूसरोंकी क़िस्मत, मुझे फ़क़त बरहमी मिलेगी ॥
अज़लके दिन जब बिनाए-हस्ती रखी थी, ऐलान कर दिया था।
सरोंको सौदा[6] नसीब होगा दिलोंको आशुफ़्तगी[7] मिलेगी ॥
हुए थे जिस दिन असीर[8] हम सब, चमनके आसार कह रहे थे।
तुम आओगे जब क़फ़ससे छुटकर बहार जाती हुई मिलेगी ॥
—माहिरउलक़ादिरी

क़दम बढ़ाओ ख़िज़ाँ नसीबो ! वोह मंज़िलें मुन्तज़िर हैं अपनी।
जहाँ पहुँचकर निगाहो-दिलको, बहारकी ताज़गी मिलेगी ॥
उस आदमे-नौकी आमद-आमद है जिसके इदराककी[9] दमकसे।
समाजको बाँकापन मिलेगा, हयातको[10] दिलकशी मिलेगी ॥
—नरेशकुमार शाद

---

[1]सूर्यास्तपर; [2]रात्रिके आनेका; [3]आसरा, भरोसा; [4]परिक्रमा; [5]मित्रताकी हामी; [6]दीवानगी; [7]प्रसन्नता; [8]बन्दी; [9]अक़्लकी; [10]जीवनको।

नई लहर लाई थी सन्देशा, कि अब नई जिन्दगी मिलेगी।
किसे ख़बर थी हयाते-ताज़ा लहूमें लिथड़ी हुई मिलेगी॥
उदास चेहरे, हज़ीं-निगाहें, फ़सुर्दा दिल और सिसकती रूहें।
नये ज़मानेमें ऐ मुसाफ़िर ! तुझे हर इक शै नई मिलेगी॥
नये-नये रहनुमां[1] फ़रेबे-खुद ऐतमादीमें[2] घिर गये हैं।
निगाहे-मंजिल-शनास कहिए, जिसे वोह भटकी हुई मिलेगी॥
न उठ सका बार नस्ले-आदमसे ज़िन्दगीकी नज़ाकतोंका।
किसी नये क़द्र-आश्नाये-हयातको ज़िन्दगी मिलेगी॥
गुज़र सका तू अगर तुलू-ओ-ग़रूबे-हस्तीकी मंज़िलोंसे[3]।
तो फिर यही ज़िन्दगी तेरी ठोकरोंमें इक दिन पड़ी मिलेगी॥

—मंज़र सद्दीक़ी

थकी हुई सूरतोंसे जिस वक़्त मलगजी चादरें हटेंगी।
तो दश्ते-ग़ुरबतके क़ाफ़िलोंमें भी रातभर चाँदनी मिलेगी॥
ख़बीस रूहें[4] अँधेरे जंगलमें, गर्म शोलोंसे खेलती हैं।
चला है बहका हुआ मुसाफ़िर कि उस तरफ़ रोशनी मिलेगी॥

—शफ़ीक़ जौनपुरी

रहे-वफ़ामें[5] फ़ना जो होगा, उसे नई ज़िन्दगी मिलेगी।
गुज़र मक़ामे-खुदीसे,[6] पहले हक़ीक़ते-बेखुदी[7] मिलेगी॥
यह चन्द लमहे जो मुग़तनम[8] हैं तलाशे-साहिलमें[9] खो न इनको।
डुबोदे तूफ़ाने-ग़ममें कश्ती, यहीं कुछ आसूदगी[10] मिलेगी॥
मुझे डराता है बाग़बाँ क्यों तू बर्क़-ख़ातिफ़की यूरिशोंसे[11]।
जलेगा जलने दे आशियाँको, चमनको तो रोशनी मिलेगी॥

—अलम मुज़फ़्फ़रनगरी

---

[1]नेता; [2]अहमन्यताके जालमें; [3]जीवनके उतार-चढ़ावकी मंजिलोंसे; [4]अपवित्र आत्मायें; [5]नेक मार्गमें; [6]अहमभावसे; [7]आत्मलीनता; [8]ग़नीमत समझ; [9]किनारेकी खोजमें; [10]शान्ति-चैन; [11]बिजलीके भयानक हमलोंसे।

नहीं हूँ मायूस[1] ज़िन्दगीसे, मुझे यक़ीं है कि इक-न-इक दिन।
अलमके[2] तीरह उफ़क़पै[3] मुझको, शुआए-उम्मीद[4] भी मिलेगी ॥

—ज़िया फ़तेहाबादी

यह बज़्मे-अहबाब[5] है यहाँ ऐ दिले-परीशाँ ! ख़लूस कैसा ?
यहाँ तो हर परदये-वफ़ामें छुपी हुई दुश्मनी मिलेगी ॥
हो जिसकी अंजामपर[6] नज़र और उसपै भी मुसकरा रही हो।
रियाज़े-आलममें[7] तुझको ऐ दिल ! कहीं न ऐसी कली मिलेगी ॥

—जगन्नाथ आज़ाद

ग़मेजहाँ-ओ-ग़मेमुहब्बत, बहर प्याला जुदा हैं लेकिन।
मज़ाक़े-रिन्दीमें पुख़्तगी हो, तो कैफ़ियत एक-सी मिलेगी ॥
'शमीम' आसाँ नहीं ख़ुशीको, ग़मे-ज़मानासे छीन लेना।
हज़ार दिल आँसुओंमें डूबेंगे तब कहीं इक हँसी मिलेगी ॥

—शमीम करहानी

अगर न हो दिलमें सोज़[8] पिन्हाँ[9] नज़रको क्या रोशनी मिलेगी ?
ज़मीन उगलेगी चाँद-सूरज मगर वही तीरगी[10] मिलेगी।
ख़ुशी कहाँ है जहाने-ग़ममें ? मिली तो इतनी ख़ुशी मिलेगी।
लबोंपै खेलेगी मुसकराहट नज़रमें अफ़सुर्दगी[11] मिलेगी ॥
जो क़ैदो-बन्देचमनसे[12] घबराके आशियानेको छोड़ देगा।
करेगा जिस शाख़पर बसेरा वही लचकती हुई मिलेगी ॥

—निसार इटावी

---

[1]निराश; [2]दुःखके; [3]अँधेरे आकाशपर; [4]आशा-किरण; [5]इष्टमित्रोंकी गोष्ठी; [6]परिणामपर; [7]संसारमें; [8]दर्द; [9]छुपा हुआ; [10]अँधेरी; [11]मुर्झायापन; [12]चमनकी बन्दिशरूपी क़ैदसे।

हमारी आँखोंमें हुस्न भरकर, वोह खुद ही हमसे झिझक रहे हैं।
किसीकी रंगी अदाके सदक़े, किसीमें यह सादगी मिलेगी ?

—वफ़ा बराही

क़फ़ससे छुटनेपै शाद थे हम कि लज़्ज़ते-ज़िन्दगी मिलेगी।
यह क्या ख़बर थी बहारे-गुलशन लहूमें डूबी हुई मिलेगी ।।
वही जहालतकी बादशाही, वही ज़लालतकी कजकुलाही[1]।
जो बा-ग़रज़ दोस्ती मिलेगी, तो बेसबब दुश्मनी मिलेगी ।।
नई सहर[2] के हसीन सूरज, तुझे ग़रीबोंसे वास्ता क्या ?
जहाँ उजाला है सीमो-ज़रका[3] वहीं तेरी रोशनी मिलेगी ।।
वोह दिन भी थे जब अँधेरी रातोंमें भी क़दम राहे-रास्तपर थे।
और आज जब रोशनी मिली है तो ज़ीस्त भटकी हुई मिलेगी ।।
जिन अहले-हिम्मतके रास्तोंमें बिछाये जाते हैं, आज काँटे।
उन्हींके खूने-जिगरसे रंगीं चमनकी हर इक कली मिलेगी ।।
वोह हम नहीं हैं कि सिर्फ़ अपने ही घरमें शमएँ जलाके बैठें।
वहाँ-वहाँ रोशनी करेंगे, जहाँ-जहाँ तीरगी[4] मिलेगी ।।

—अब्दुल मजाहिद जाहिद

वोह हुस्न हो या शबाब तेरा, वोह नाज़[5] हो या नियाज़[6] मेरा।
सिवाय उल्फ़तके इस जहाँमें हरेक शै आरज़ी[7] मिलेगी ।।

—शफ़ीक़ कोटी

सितमतराज़ी-ए-दस्ते-गुलचीं,[8] तग़ाफ़ुले-बाग़ बाँ[9] सरासर।
यही रविश है तो क्या चमनमें, शगुफ़्ता कोई कली मिलेगी ।।

—तमन्ना बिजनौरी

---

[1] बाँकी तिरछी टोपी; [2] सुबहके; [3] चाँदी, धनका; [4] अँधेरी; [5] अभिमान; [6] नम्रता; [7] अस्थाई; [8] फूल तोड़नेवालेका ज़ुल्म; [9] मालीकी उपेक्षा।

मक़ामे अबरो-करमसे[1] आगे, इक और मंजिल भी है कि जिसमें।
न काहिशे-ग़मपै[2] बस चलेगा, न लज्ज़ते-सरख़ुशी[3] मिलेगी ॥
—महज़ूँ नियाज़ी

बँधी हुई लौसे इस दियेकी जलेंगे कितने चराग़ देखो।
मेरे नशेमनकी आग ही से चमनको अब रोशनी मिलेगी ॥
—बिस्मिल सद्दीक़ी लखनवी

अजीब है गरदिशे-ज़माना, हक़ीक़तें बन गईं फ़साना।
जिन्हें था दावाए-रहनुमाई, उन्हींमें अब गुमरही मिलेगी ॥
'नसीम' इस दौरके सियासतज़दह ख़ुदाओंसे बचके रहना।
कि दिलपै इक हाथ बहरे-तसकीं[4] तो दूसरेमें छुरी मिलेगी ॥
—नसीम रायपुरी

ग़मे-मुहब्बतका ज़िक्र ही क्या, ख़ुशीके लमहे न रास आये।
यह सब फ़रेबे-ख़याल ही था, कि तुमसे मिलकर ख़ुशी मिलेगी।
—सैफ़ भुसावली

उठा सके आदमी तो पहले नज़रसे अपनी नक़ाब उठाये।
ज़माने भरकी तजल्लियोंसे नक़ाब उलटी हुई मिलेगी ॥
—नवाब झाँसवी

दयारे-गुरबतके यह नशेबोफ़राज़ हिम्मत शिकन हैं लेकिन।
यही वोह पगडंडियाँ हैं जिनसे कभी तो राहे-ख़ुशी मिलेगी॥
—रौनक़ दक्कनी

यह किसको मालूम था कि कल थी जो जिन्दगी-जिन्दगीकी ज़ामिन।
वोह जिन्दगी आज जिन्दगीका लहू बहाती हुई मिलेगी ॥
—कोकब उलक़ादिरी

---

[1]कृपा-अत्याचारसे; [2]ग़मकी कमीपै; [3]शराबका आनन्द; [4]धैर्य्य बँधानेके लिए।

ख़ुदा-फ़रोशीकी[1] हैं दुकानें, यह मदरसे और ख़ानक़ाहें[2] :
यक़ीनो-ईमाँकी क़ीमतोंपर यहाँ मताये-ख़ुदी[3] मिलेगी ॥
ग़रज़के बन्दों, ज़रूरतोंके पुजारियोंका है यह ज़माना ।
क़दम-क़दमपर यहाँ नज़रको ख़लूसे-दिलकी[4] कमी मिलेगी ॥

—अनवर साबिरी

जमील[5] ज़ौक़े-फ़ना[6] अगर है तो जाँ-फ़िज़ा मौत भी मिलेगी ।
तुझे मुबारक हो मरनेवाले कि इक नई ज़िन्दगी मिलेगी ॥
है मुनहसिर[7] शौक़े-जुस्तजूपर सुबकरवी[8] हो कि तेज़ग़ामी ।
हरेक मुसाफ़िरको अपनी मंज़िल क़रीब भी दूर भी मिलेगी ॥
है शर्त सजदेसे बेनियाज़ी[9] वगर्ना मालूम सरफ़राज़ी ।
जबींसे धोले जो हाथ उसको इजाज़ते-बन्दगी मिलेगी ॥
हिसाब उसका है कुछ अनोखा शुमार उसका है कुछ निराला ।
वहीं जफ़ा कामयाब होगी, जहाँ वफ़ाकी कमी मिलेगी ॥

—विशेश्वरप्रसाद मुनव्वर लखनवी

मज़ाक़े-उलफ़त लतीफ़ होगा तो दिलकशा होगी शामेग़म भी ।
अँधेरे उगलेंगे चाँद-तारे, हरइक तरफ़ चाँदनी मिलेगी ॥
अदब-नवाज़ाने-दहर[10] 'तुर्फ़ा' करें अदीबोंपर भी नवाज़िश[11] ।
अदीब ज़िन्दा अगर रहेंगे, अदबको भी ज़िन्दगी मिलेगी ॥

—तुर्फ़ा क़ुरैशी

तुम्हींने ग़मसे मुझे नवाज़ा, तुम्हींसे मुझको ख़ुशी मिलेगी ।
जबींको जिस दरने दाग़ बख़्शा उसीसे ताबिन्दगी[12] मिलेगी ॥

---

[1]ईश्वर-विक्रीकी; [2]मसजिद, दरगाहें; [3]अहमन्यताकी दौलत; [4]सच्ची मित्रताकी; [5]हसीन; [6]मृत्युका चाव; [7]दार-मदार; [8]मन्द चाल; [9]निष्काम उपासना; [10]साहित्य प्रेमी श्रीमंत; [11]साहित्यिकोंका सम्मान करें; [12]रोशनी ।

इसी भरोसेपै कट रही है, बुरी-भली जिन्दगी अभी तक।
जहाँसे बेदाद हो रही हैं, वहींसे फिर दाद भी मिलेगी॥

—नजर सहवारवी

अँधेरी रातोंमें रोनेवालोंसे कह रही है शफ़क़की सुर्ख़ी[1]।
न अब बहाओ कोई भी आँसू तुम्हें नई रोशनी मिलेगी॥
कोई मजाहिद[2] तो होगा पैदा, जो ख़ूँसे सींचेगा अपना गुलशन।
उसीके ख़ूँसे ख़िज़ाँ रसीदा चमनको फिर जिन्दगी मिलेगी॥

—जमनादास अख़्तर

उजड़के आये हैं जो वतनसे उन्हें ज़रा इक नज़र तो देखो।
अभी तक उन अह्ले-ग़मकी आँखोंमें आँसुओंकी नमी मिलेगी॥

—रामकृष्ण मुज़्तर

अमल हर इक नेको-बद तुम्हारा, सदा-ए-गुम्बद है याद रक्खो।
करोगे नेकी मिलेगी नेकी, बदी करोगे बदी मिलेगी॥
इसी भरोसेपै गामज़न[3] हूँ, तेरी मुहब्बतके रास्तेपर।
कहीं तो तेरा निशाँ मिलेगा, कभी तो तेरी गली मिलेगी॥
हज़ार नाकामियाँ हों 'नश्तर' हज़ार गुमराहियाँ हों लेकिन।
तलाशे-मंज़िल अगर है दिलसे तो एक दिन लाज़िमी मिलेगी॥

—हरगोविन्दसिंह नश्तर हतगामी

यही दरिन्दे उठेंगे इक रोज़ सारे आलमकी रहबरीको?
"इन्हीं अँधेरोंसे बज़्मेगीतीको एक दिन रोशनी मिलेगी"॥

—मशहूद मुफ़्ती

मेरे फ़सानेसे काम क्या है? मेरा फ़साना है नामुकम्मिल।
मेरे फ़सानेकी राह तुम हो, उसीकी इसमें कमी मिलेगी॥

—वफ़ा बराही

---

[1]सन्ध्याकालीन सूर्यलालिमा; [2]धर्मपर मरनेवाला; [3]चल रहा हूँ।

इन आस्तानोंपै मत झुको तुम, यह शाही ऐवाँ[1] हैं शाने-नख़वत[2]।
ख़लूसो-उल्फ़तके[3] बदले तुमको, यहाँ फ़क़त बरहमी[4] मिलेगी॥

—साज बिलगरामी

जबीने-इफ़लास[5] ख़म[6] न होगी, अब अहले दौलतके आस्ताँपर[7]।
नया मज़ाक़े-सजूद[8] होगा, नई रहे-बन्दगी मिलेगी॥

—ज़फ़र आज़मी

जिसे न काबेसे वास्ता हो, न जिसको मतलब हो बुतकदेसे।
मेरी जबीने-नियाज़में[9] ऐसी रफ़अ़ते-बन्दगी[10] मिलेगी॥
न देखो नक़्शो-निगारे-हस्ती[11] कि आदमीयत यहाँ है सस्ती।
उरूजे-इन्सानियत कहाँ अब तो पस्ती-ए-आदमी मिलेगी॥

—प्रेम देहलवी

वोह आग जिसको बुझा दिया था, तुम्हारी बेइल्तफ़ातियोंने[12]।
वोह आग अबतक बुझी नहीं है, वोह आग दिलमें दबी मिलेगी॥
ग़मे-जहाँसे फ़राग़[13] मिलता, तो हम ख़ुदासे यह पूछ लेते।
जहाँके मालिक तेरे जहाँमें कभी हमें भी ख़ुशी मिलेगी?

—नैयर सीमाबी

---

[1]महल; [2]घृणाकी शान लिये हुए; [3]स्नेह-प्यारके; [4]परेशानी-तिरस्कार; [5]दरिद्रताका मस्तक; [6]नहीं झुकेगी; [7]धनवानोंके दरपर; [8]उपास्य नया होगा; [9]नम्र मस्तकमें; [10]उपासनाकी शक्ति; [11]जीवन-सुखके चिह्न; [12]अकृपाओंने; [13]अवकाश, फ़ुरसत।

पुराने वक़्तोंमें जब कि बिजली नहीं थी, मुशायरोंमें शुअ़रा ऊँची

मौजूदा मुशायरे

मसनदपर श्रोताओंकी तरफ़ मुँह करके अर्द्ध चन्द्राकार अपने-अपने मर्त्तबेके हिसाबसे बैठते थे और शमअ़ सामने रखी जाने पर अपनी ग़ज़ल पढ़ते थे[1]।

वर्तमान युगमें ढंग बदल गया है। अब मुशायरोंकी व्यवस्था आधुनिक व्याख्यान-सभाओं-जैसी होती हैं। श्रोता मंचके सामने और शायर मंचपर बैठते हैं; और मीर मुशायरेके आदेशपर माइकपर जाकर अपना-अपना कलाम सुनाते हैं।

कभी यह मुशायरे तरही (समस्यापूर्ति), कभी ग़ैर तरही, कभी सिर्फ़ ग़ज़लोंके, कभी सिर्फ़ नज़्मोंके और अक्सर मिले-जुले होते हैं। ग़ैर तरही मुशायरोंकी बिना इसलिए डाली गई थी कि शायरका बेहतर-से-बेहतर कलाम सुना जा सके। तरही मुशायरोंमें एक खामी तो यह थी कि बाज़ दफ़ा फ़ुरसत न मिलनेकी वजहसे अच्छे शायर मिसरा तरह पर ग़ज़ल नहीं कह सकनेकी वजहसे मुशायरोंमें शिरकत नहीं फ़रमाते थे; और उनकी ग़ैर मौजूदगी बहुत अखरती थी। दूसरी खामी यह थी कि शायर मिसरेपर गिरह लगानेमें पूरी शक्ति लगा देते थे और प्रायः मिलती-जुलती एक-सी ग़ज़लोंको सुनते-सुनते लोग ऊब जाते थे।

ग़ैर तरही मुशायरोंके रिवाजसे जहाँ यह लाभ हुआ कि हर शायरसे जुदा-जुदा रंगका कलाम सुननेको मिलता है, वहाँ यह नुक़सान भी पहुँचा

---

[1]इस तरहके कई मुशायरे १६२१–२२ ई० में दिल्लीके हिन्दुरावके बाड़ेमें देखनेका मुझे भी इत्तफ़ाक़ हुआ है।

—गोयलीय

कि अक्सर शायर पचासों दफ़ाका मुशायरोंमें सुनाया हुआ, और कई-कई पत्र-पत्रिकाओंमें प्रकाशित कलाम पढ़ते रहते हैं।

भारत और पाकिस्तानके भिन्न-भिन्न रेडियो स्टेशनोंसे भी मुशायरे मासिक-पाक्षिक ध्वनित होते रहते हैं। कभी यह अपनी ओरसे मुशायरोंका आयोजन करते हैं और कभी पब्लिक मुशायरोंको रिले करते रहते हैं।

इन मुशायरोंसे यह फ़ायदा पहुँचा कि घण्टे-डेढ़-घण्टेके अर्सेमें ही अच्छे-अच्छे शायरोंका कलाम घर बैठे हुए आरामसे सुननेको मिल जाता है और परिवारके सभी सदस्य लुत्फ़अन्दोज़ हो सकते हैं।

हज़रत 'सरूर' तोंसवीं साहबने एक नया कमाल और ईजाद किया है कि वे बड़े-बड़े मुशायरोंकी रनिंग कमेंट्री अपने 'शाने-हिन्द' अखबारमें शाया करते रहते हैं। समूचे मुशायरेका हू-ब-हू ऐसा खाका पेश करते हैं कि वह चल-चित्रके समान नज़रोंके सामने नाचने लगता है और पढ़ते हुए ऐसा मालूम होता है कि हम स्वयं मुशायरेमें अच्छी-से-अच्छी जगह बैठे हुए यह सब देख रहे हैं।

यूँ तो आप स्वतन्त्रता, ग़ालिब, हाली, इक़बाल, चकबस्त, बर्क़ आदि दिवसोंपर हुए वृहत मुशायरों और भारत-पाकिस्तानके मिले-जुले मुशायरोंकी न जाने कितनी कमेण्ट्री प्रकाशित कर चुके हैं। हम सिर्फ़ यहाँ एक मुशायरेका तनिक-सा अंश बतौर बानगी दे रहे हैं। यह मुशायरा पटनेमें बिहार रियासती उर्दू कान्फ्रेन्सके तत्वावधानमें १४ मई १९५१ को हुआ था। जिसे पटनेके रेडियो स्टेशनने भी रात्रिके ९॥ बजेसे ११ बजे तक प्रसारित किया था। मैंने भी यह मुशायरा रेडियोपर सुना था। उसी मुशायरेकी हज़रत 'सरूर' तोंसवीं द्वारा की गई कमेण्ट्रीकी एक झाँकी देखिये—

"अब ऐलान हो रहा है कि जनाब जगन्नाथ 'आज़ाद' अपना कलाम पेश करेंगे। लीजिये 'आज़ाद' साहब अपना पेटेण्ट लिबास पहिने माइक पर तशरीफ़ ले आये हैं, और दो-तीन क़ताआत सुनानेके बाद आपने मज-

मूअये कलाम 'सितारोंसे ज़र्रोंतक' में-से मतबूआ ग़ज़ल पढ़नी शुरू की है। मतला फ़रमाते हैं—

मुहब्बतमें उन्हें अहले नज़र कामिल समझते हैं।
जो इस तूफ़ानकी हर मौजको साहिल समझते हैं॥

आज़ाद साहब बहुत अच्छा पढ़ते हैं, इसलिए दाद लेनेमें उन्हें बहुत आसानी रहती है। शेर फ़रमा रहे हैं—

कभी वो दिन थे अपने दिलको हम अपना न कहते थे।
मगर अब हर बशरके दिलको अपना दिल समझते हैं॥
वोह फ़न जो ताब ला सकता न हो दर्दे-ज़मानेकी।
हम ऐसे फ़नको इक अफ़सानये-बातिल समझते हैं॥
वही इन्सान साहिलपर, जिन्हें तूफ़ाँका धोका हो।
अगर अड़ जायें तूफ़ानोंको भी साहिल समझते हैं॥

इस शेरपर 'आज़ाद' साहबको अच्छी दाद दी गई है और आप फ़रमा रहे हैं—

हमींने ऐ मुहब्बत क़द्र पहचानी है कुछ तेरी।
तुझे तूफ़ां, तुझे किश्ती, तुझे साहिल समझते हैं॥

'आज़ाद' साहब काफ़ी दाद पानेके बाद अपनी जगह पर तशरीफ़ ले आये हैं। अब हज़रत रविश सद्दीक़ी अपने ख़ास अन्दाज़से मुसकराते हुए माइकके सामने तशरीफ़ ले आये हैं, और फ़रमा रहे हैं 'नज़्मका उनुवान (शीर्षक) है 'यादश बख़ैर', इरशाद हुआ है—

शामे-ग़ुरबत ही में सुबहे-वतन भूल गये।
हम तो हर ख़्वाबको ऐ चर्खे-कुहन भूल गये॥
नख़वते-शेख़ो-बिरहमन तो बजा है लेकिन—
क्या हुआ, क्यों हमें, इसनामे-वतन भूल गये॥

दादका एक रेला है कि थमनेमें नहीं आ रहा है। चुनांचे 'रविश' साहबसे यह शेर तीन-चार मर्तबा पढ़वाया गया है। इसके बाद इरशाद होता है—

जिन्दगी दश्त नशीनीमें गुज़ारी जिसने।
उसी वहशीको ग़ज़ालाने-ख़तन भूल गये॥
मशरबे-इश्क़के आदाब सिखाये जिसने।
उसी मैख़्वारको रिन्दाने-कुहन भूल गये॥

रविश साहबको बहुत ज़्यादा दाद दी जा रही है और रविश साहब निहायत अच्छे अन्दाज़में फ़रमा रहे हैं—

ख़ारको जिसने दिया शोल-ए-बरहमका जलाल।
ख़ुद फ़रामोश वोह एजाज़े-सुख़न भूल गये॥
नामुकम्मल ही रही बरबादे-वतनकी रूदाद।
आज सब तज़कर ए-दारो-रसन भूल गये॥

रविश साहबको निहायत अच्छी दाद दी जा रही है और हक़ भी यह है कि उनकी नज़्म क़ाबिले तारीफ़ है। फ़रामते हैं—

दर्द था क़िस्सये-शब हाये-ग़ुलामी जिनको।
वही ख़ुरशीदकी पहली ही किरन भूल गये॥
क्या यह सब रंजो-मुहन परदये-ग़फ़लत हैं 'रविश'!
हमतो इस सोचमें सब रंजो-मुहन भूल गये॥

जनाब 'रविश' साहब निहायत अच्छी दाद पानेके बाद अपनी जगह पर तशरीफ़ ले आये हैं और अब हज़रत बालमुकुन्द 'अर्श' मलसियानी माइक पर तशरीफ़ ले आये हैं। मतला फ़रमाया है—

वह दौरे-ख़िरद है, दौरे-जुनूं, इस दौरमें जीना मुश्किल है।
अंगूरकी मै के धोकेमें ज़हर-आबका पीना मुश्किल है॥

अर्श साहबको मतलेसे ही दाद मिलना शुरू हो गई है और आप फ़रमा रहे हैं--

जब नाखुने-वहशत चलते थे, रोकेसे किसीके रुक न सके।
अब चाके-दिले-इन्सानीयत, सीते हैं तो सीना मुश्किल है ॥

बस कुछ न पूछिये दादका एक रेला है कि थमनेमें नहीं आ रहा है। दादका शोर कुछ कम हुआ तो 'अर्श' साहबने यह शेर दुबारा पढ़नेके बाद इरशाद फ़रमाया—

जो धरमपै बीती देख चुके, ईमाँपै जो गुज़री देख चुके।
इस रामो-रहीमकी दुनियामें इन्सानका जीना मुश्किल है ॥

दाद उसी अन्दाज़से दी जा रही है और जनाब अर्श फ़रमा रहे हैं--

इक सब्रके घूँटसे मिट जाती सब तिश्नालबोंकी तिश्नालबी।
कम-ज़र्फ़ी-ए-दुनियाके सदक़े यह घूँट भी पीना मुश्किल है ॥
वह शोला नहीं, जो बुझ जाये, आँधीके एक ही झोंकेसे।
बुझनेका सलीक़ा आसाँ है, जलनेका तरीक़ा मुश्किल है ॥

'अर्श' साहब मुशायरेपर छा गये हैं और दाद है कि झोलियाँ भर-भर कर दी जा रही हैं। सुनिये अर्श साहब क्या फ़रमा रहे हैं—

करनेको रफ़ू कर ही लेंगे, दुनिया वाले सब ज़ख़्म अपने।
जो ज़ख़्म दिले-इन्साँ पै लगा, उस ज़ख़्मका सीना मुश्किल है ॥

इस शेर पर बहुत ज़्यादा दाद दी गई है, और सुनिये अर्श साहब किस क़दर बेहतरीन शेर फ़रमा रहे हैं--

वोह मर्द नहीं जो डर जाये, माहौलके ख़ूनी मंज़रसे।
उस हालमें जीना लाज़िम है, जिस हालमें जीना मुश्किल है ॥

इस शेरने तो एक क़यामत बरपा कर दी है, और दाद है कि अपनी इन्तहाको पहुँच गई है। कई बार यह शेर 'अर्श' साहबसे पढ़वाया जा रहा है, और हरबार दादमें इज़ाफ़ा हो रहा है। काफ़ी देरके बाद जब दादका रेला कुछ थमा तो अर्श साहब मक्ता फ़रमा रहे हैं—

मिलनेको मिलेगा बिलआख़िर ऐ 'अर्श' सकूने-साहिल भी।
तूफ़ाने-हवादससे लेकिन बच जाये सफ़ीना मुश्किल है॥

'अर्श' साहबकी यह ग़ज़ल बिला ख़ौफ़ोतरदीद हासिले-मुशायरा रही और जिस क़दर दाद 'अर्श' साहबको मिली, इस मुशायरेमें किसीको नसीब न हुई।

लीजिये 'अनवर' साहब झूमते हुए माइककी तरफ़ जा रहे हैं। सुनिये मतला फ़रमा रहे हैं—

अब भी यह तअ़ाल्लुक़ बाक़ी है, अब भी यह करम फ़रमाते हैं।
जब कोई ख़बर सुन लेते हैं, पुरसिशके लिए आ जाते हैं॥

अनवर साबरी और दाद तो अब लाज़िम-ओ-मलज़ूम होकर रह गये हैं। लिहाज़ा ख़ूब दाद मिल रही है—

वोह आख़िरे-शब चुपके-चुपके, जब याद मुझे फ़रमाते हैं।
शबनमकी धड़कती है छाती, तारोंको पसीने आते हैं॥
जब उनको ज़रूरत होती है, कुछ बात मुझे समझानेकी।
बेरब्तसे मुबहम अफ़साने, औरोंको सुनाये जाते हैं॥

अनवर साबरी साहबको दाद मिल रही है और 'अख़्तर' और 'नेवी' (संचालक मुशायरा) उनका पाँव दबा रहे हैं, जिसका मतलब यह है कि अनवर साहब और न पढ़ें, क्योंकि ११ बजनेमें वक़्त बहुत कम रह गया है और 'अख़्तर' साहबके प्रोग्रामके मुताबिक़ अभी कुछ और शुअ़राने

पढ़ना है। 'अनवर' साहबने अपना भारी भरकम पाँव 'अख़्तर' साहबके पाँवपर रख दिया है। जिसका मतलब है कि घबराइये नहीं, अभी ख़त्म किये देता हूँ। चुनांचे 'अनवर' साहब आख़िरी शेर पढ़ रहे हैं—

मजबूर तमाशा होते हैं, जब ज़ेरे नक़ाब उनके जलवे।
दुनियाकी नज़रसे बचनेको वोह मेरी नज़र बन जाते हैं॥

'सरूर' साहबकी की हुई कमेण्ट्री की हमने तनिक-सी झलक दिखाई है। वरना ख़ास-ख़ास आदमी कहाँ बैठे हैं, किस लिबासमें आये हैं, चुपके-चुपके क्या बातें होती हैं, कौन किस पर फ़ब्तियाँ कस रहा है? मुशायरोंके संयोजकोंपर क्या हाशियाराई हो रही हैं, वग़ैरह-वग़ैरह सभी कुछ जो आँखोंसे देखते और कानोंसे सुनते हैं, बहुत ख़ूबीसे बयान करते हैं।

१७ फ़रवरी १९५४ ई०]

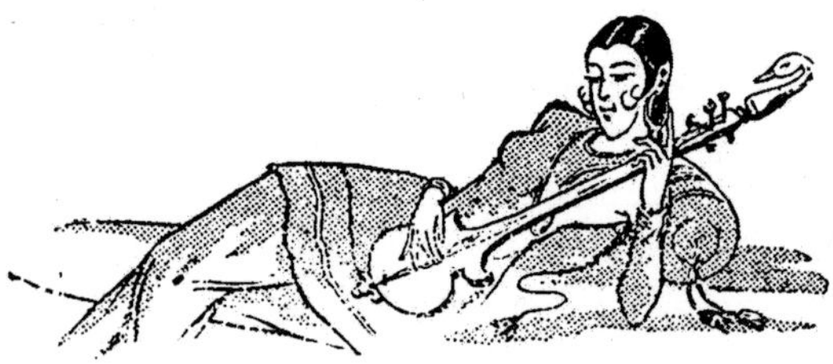